U0165764

1
—
2

1. 屏東縣行政地圖。
   本圖改繪自 https://www.cultural.
   pthg.gov.tw/Son/Library/library05.
   aspx
2. 黃光男,《高屏溪連作》,
   1985,彩墨、紙,134.5×
   274 cm,藝術家自藏。
   圖片來源:黃麗蓉執行編輯,《穿
   　　　　梭水墨時空──黃光
   　　　　男繪畫歷程展》,臺
   　　　　中:國立臺灣美術館,
   　　　　2009,頁45。

先鋒堆：萬巒
中堆：竹田
前堆：長治、麟洛、九如圳寮、下
　　　屏東市田寮、佳冬、鹽埔七份行
後堆：內埔
左堆：新埤、佳冬
右堆：高樹、美濃
六龜、杉林、甲仙一邱台
里港夭洽、旗山子巾寮

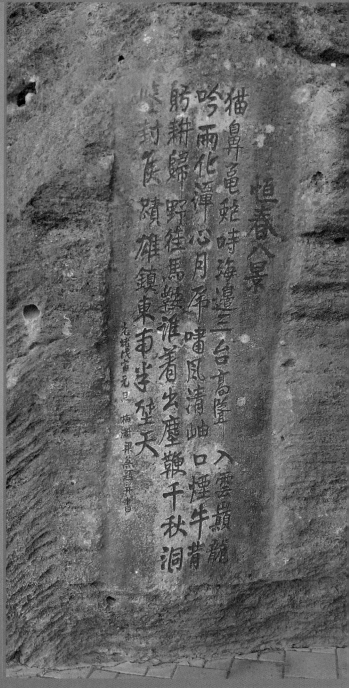

恒春八景

貓鼻龜蛇時海邊三台高隆年　入雲顛龍
吟兩化潭心月屏嘴風清岫口煙牛背
防耕歸野往馬鞍誰著出塵鞭千秋洞
恆封簇蹟雄鎮東南半壁天

光緒代甲元旦　梅瀨罪燕題并書

3. 六堆，怎麼分？
　　資料來源：李錦旭攝於竹田驛園的李秀雲先生攝影紀念館。

4. 恆春西門附近廣寧宮旁，清朝總兵梁燕所題之「恆春八景詩」。（黃文車拍攝・2012）

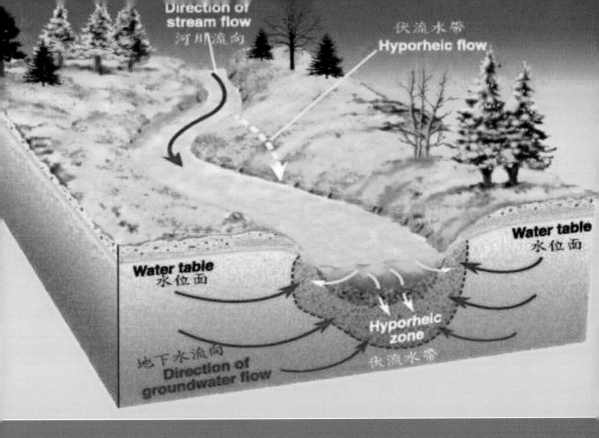

Direction of stream flow
河川流向

伏流水帶
Hyporheic flow

Water table
水位面

Hyporheic zone
伏流水帶

地下水流向
Direction of groundwater flow

Water table
水位面

$\dfrac{5}{6}$

5. 二峰圳當年興建時沒有用抽水機，而是用地形高低差取水，跟現在臺灣其他用伏流水的方式有些微不同。
圖片來源：經濟部水利署 南區水資源局

6. 新七佳社區地景。
資料來源：郭東雄

文化圖騰（vecik）

祖靈祭（五年祭）（maljeceq）
人神盟約祭（五年祭）（maljeveq）

7
——
8 | 9

7. 下淡水溪（高屏溪）舊鐵橋（佐藤敏洋2023年4月拍攝）
8. 屏東市慈鳳宮（佐藤敏洋2021年4月拍攝）
9. 屏東公園（佐藤敏洋2020年12月拍攝）

▼昭和11（1936）年潮州大武山鳥瞰図

▼大正4年泗林警察派出所新築落成記念（前列左から三人目）

10 | 11
———
12

10. 潮州大武山鳥瞰圖。（1936）
11. 泗林警察派出所落成。（1915）
12. 屏東戲曲故事館。（周明傑攝）

13. 陳進，〈三地門社之女〉，絹本膠彩畫
1936，147.7 cm×199.9 cm，日本福岡
亞洲美術館典藏。
圖片來源：大紀元網站・國立臺灣美術館提供
〈三地門社之女〉圖片。2018/5/15
覽。網址：http://www.epochtimes.com
b5/5/1/21/n787961.htm

14. 以百合花為「魯凱族族花」，文化核心價
值以百合花的佩飾權最富特色，具有表彰
聖潔、膽識、勇氣與尊榮的意義。當男子
陸續獵獲6頭（有些部落獵獲5頭）長出獠
牙的公山豬（valisane）後，才可享有象
徵獵人勇士榮譽的百合花配戴資格。（陳
馨惠2014拍攝於霧臺鄉文物館）

15. 張繼文，〈恆春半島風
    光〉，彩墨、宣紙，
    2018，69×68 cm，藝
    術家自藏。
    圖片來源：張繼文提供。

16. 謝水能藝師吹奏雙管鼻
    笛。（周明傑拍攝）

17. （易毅成拍攝）
    說明：以臺灣黑熊與雲豹為
    　　　主題的「繪本販賣
    　　　機」。

18. 屏東佳冬楊氏宗祠（黃文車拍攝）

19. 戴志岳創作的Q版神像系列：媽祖與順風耳、千里
眼。（易毅成攝於戴志岳工作室）

屏東學概論

李錦姐
李錦旭
易毅成
怡蒨
編

容、黃文車、張繼文、周明傑、賀瑞麟、

屏東學在屏東大學

屏東大學作為屏東地區唯一的綜合大學，推動屏東學的研究順理成章；身為屏東人，在屏東出生成長，學成後返鄉，在產業、縣政府與大學服務，推動屏東學，義不容辭。

本校社會發展學系自2005年開始舉辦「南臺灣社會發展研討會」，中文系則自2011年開始舉辦「屏東文學學術研討會」，兩種會議均持續舉辦，形成在地特色。2017年5月，李錦旭教授將「南臺灣社會發展研討會」250篇論文擇優選取16篇，出版《邁向屏東學：認識論、社會結構與社區營造》，實為屏東學的集大成之作，也成為本校推動屏東學的里程碑。當時前人文社會學院伍鴻沂院長順勢而為，經過討論形成共識，將「屏東學概論」定為學院必修，成為學院的亮點。

2017年9月，「屏東學概論」正式上路，新院長簡光明教授蕭規曹隨，邀請李錦旭主任擔任課程召集人以及教育部教學增能計畫「人社院88微型課程『屏東學』計畫」主持人，組織授課教師形成社群，積極推動「屏東學」。社群舉辦「地方學的教育哲學」座談會，建構屏東學的教育理論基礎；辦理講座，吸取成功大學辦理「踏溯臺南」的開課以及編撰《臺中文學史》的經驗，並透過大武山成年禮與屏東飛行故事，了解屏東的研究與實踐。此外，參訪老七佳部落以及踏查屏東農村，既增進教學團隊對屏東學的了解，也培養教學共識。有論學基礎與團隊默契，《屏東學概論》應運而成。

高等教育深耕計畫，本校提出「從UGSI到USR」，表現亮眼，獲得教育部6千7百萬元補助。「屏東學」為學校的特色，也是計畫的亮點，除了人文社會學院從數位產業、原民音樂、公民培育、文化推展、多元語文、文創社群等人文學與社會科學切入，建構跨域整合的屏東學

外，管理學院、資訊學院、教育學院與理學院的老師，也在既有深厚的基礎上陸續加入屏東學的行列。期盼屏東學在屏東大學全面展開、持續深化，並結出豐碩的果實。

屏東大學前校長

古源光

貼近與聆聽屏東這片土地

　　屏東，這一片富饒的土地，在先人們的拓墾努力下，萬千年來孕育出多元具有深度的地景、多元的文化以及總是多一度會黏人的情感。

　　國立屏東大學身為以屏東在地為名的綜合大學，對於屏東在地研究需扛下最重大的責任與義務，因而「屏東學、學屏東」成為全校學術與課程發展重要主軸。在全校師生與來自全國各地方學專家學者共同努力與建構下，「屏東學」逐步成為地方研究推動的顯學之一，如今「屏東學」也成為屏東大學同學們的必修學分，屏東大學師生們可以透過傳統授課、研討會、實地踏查、文獻討論、社區實作……等，多元不同的角度來認識屏東。

　　大學存在的一項重要的目的，就是必須作為知識積累的平臺，建構出學門與研究典範，進而將知識向下傳遞、向外擴散。《屏東學概論》出版即受到地方學教學與研究極大的肯定與回饋，奠定下一項指標典範，而後又以產業經營管理角度出版《屏東管理學》。本書為《屏東學概論》第二版，集結屏東大學眾師長，以貼近地方脈動、結合時代趨勢與最新的教學理念完成。

　　透過屏東學的教學與研究，期待未來繼續扎根屏東這片我們共同鍾愛的土地。

國立屏東大學校長

陳永森

2024.02.

走讀屏東　體驗國境之南

　　多年來人社院的同仁們與本人一樣，始終共同關心除了各系之專業能力外如何建立學院的特色，協助學生建構專業以外之特色素養。終於在105學年度結束前建立了共識並克服了困難，106學年起，以「屏東學」作為全院共同必修課程。

　　經過一年的實施，「屏東學概論」課程靈活的授課方式與很接地氣的教學內容，師生反應熱烈，其他學院學生也爭相爭取選課，並獲得社會各界的好奇與鼓勵。經由任課老師們的努力與學校的支持，「屏東學概論」即將出書為典範教材，值此，特申此賀！

屏東大學人文社會學院前院長

任鴻祈

2018.7.20

生活在屏東的緣故

　　我們的生活難免受環境影響，關心身處這塊土地上的人事物，其實也是關心自己的生活。

　　高雄大寮是我的故鄉，離開故鄉的求學階段，對於故鄉的變化感受特別深刻，於是在《中時晚報》「臺灣觀察站」專欄發表一系列大寮觀察的文章，期能改善環境。完成博士學位返回大寮輔英科技大學任教，想要在課堂介紹高雄文化，讓學生了解在地文化，經友人介紹在春暉出版社找到不少高雄文化的書籍。請出版社老闆幫忙裝箱，並詢問價格。陳坤崙先生是南臺灣的詩人，他笑了笑表示，難得有大學老師關心並推廣高雄文化，就把所有的書送給我。我覺得不好意思，匯錢給《文學臺灣》雜誌社，不久，又收到一箱書。2003年，運用教育部補助「提升大學基礎教育計畫」舉辦「高雄文化研討會」，發行《高雄文化研究年刊》，並結合高雄地區五所大學校院共同成立「高雄市高雄文化研究學會」，期望結合在地大學共同探討高雄文化。

　　喜歡鄉土、關心在地文化，自然會有志同道合的朋友，不會孤單。

　　2004年到屏東大學中文系任教，學系以屏東文學為特色，舉辦屏東文學研討會。黃文車老師帶著「民間文學」修課學生進行在地故事的採集，轉成繪本，結合地方劇團到小學演出在地故事，目前則朝動畫形式邁進；余昭玟主任與林秀蓉老師編撰《屏東文學史》，拍攝屏東作家身影，在在都可以看到屏東文學研究的多元發展。

　　2017年人文社會學院將「屏東學概論」課程列為學院必修科目，所有學系全部動員，分別從社會發展、原住民社會、美術、音樂、文學、文創、節慶英文以及日治時期屏東文化等八個面向呈現屏東學的樣貌。為了使課程順利進行，在課程檢討會議提出編撰教材的構想，獲得授課

教師的認同並辛勤編撰，於是有《屏東學概論》的出版。不同學術領域格式有所差異，編撰過程，多方討論，備極辛勞，幸好有主編李錦旭主任，以累積數十年地方學研究的經驗帶領教師團隊編撰教材，學院辦公室熊惠娟助教負責聯繫並協助編務，都是本書能夠順利完成的大功臣。

屏東大學的老師在屏東教書，學生在屏東求學，我們都生活在屏東。《屏東學概論》透過不同的學術專業開發屏東學多元的文化內涵，讓師生一起認識屏東，而屏東學也豐富了我們的生活。

人文社會學院前院長

簡光明

探索屏東的過去、體驗屏東的現在，並創造屏東的未來

　　《屏東學概論》自初版發行以來，已成為國立屏東大學人文社會學院學生探索屏東本地歷史、文化、藝術與族群的重要指南，也成為本學院的特色亮點。「屏東學概論」是本學院同學的必修課程，而我作為本學院院長和本書二版其中一章的作者，非常榮幸，也非常興奮來推薦這本書。

　　這次的更新不僅是對原有內容的修訂與擴充，更是對屏東學這一跨學科領域的深化與拓展。二版《屏東學概論》融合了最新的教學與研究成果，包括對屏東獨有的社會發展、族群、語言、文學、藝術和文化創意產業的深入探討，旨在為學生提供一個更加全面、多元的地方知識寶典。

　　我們深信，知識的傳承與創新是大學的基本任務之一。因此，本版教材不僅聚焦於屏東的過去與現在，更著眼於未來的可能性。透過對屏東在地知識的深度挖掘，我們期望學生能夠建立起在地文化的認同感，並在全球化的脈絡中找到屬於屏東的獨特地位。

　　作為人文社會學院的一份子，我們深感責任重大。這本教材的持續不斷的精益求精，不僅是學術追求的成果，也是我們對教育質量持續提升的承諾。我們鼓勵學生們帶著好奇心和探索精神，深入《屏東學概論》所開啟的地方學之門，探求地方知識，並將這份知識轉化為對地方之愛，並且落實到社會實踐。

　　在此，我要感謝第一版和第二版所有的作者們，是他們每一位無私的奉獻，才能讓這本教材得以站在新的起點；同時，我也要感謝參與這

門課的每一位同學，是他們的回饋才得以讓這門課程以及這本教材更為完美。我也希望《屏東學概論》能成為本學院所有同學們在屏東大學學習旅程中的良師益友，引領大家一同探索屏東的過去，體驗屏東的現在，並創造屏東的未來。

國立屏東大學人文社會學院院長

賀瑞麟

為屏東學的專長奠定基礎

　　《屏東學概論》初版於2018年10月，是應國立屏東大學人文社會學院必修課「屏東學概論」教學需要而出版的教科書。當時出版匆促，我應院長簡光明教授的邀請，擔任主編，最後甚至來不及寫〈主編序〉。

　　隨著一年一年的過去，教學相長之下，不只作者們的相關學養增加了，教學團隊也歷經人事更迭，出版增訂版的呼聲越來越大；另一方面，初版二刷也已售罄，這本書的第二版也就順勢有了出版的機會。

　　初版與第二版相對照，全書頁數從320頁增加成352頁，每章的頁數，除了第四章由於換了作者為全新稿子讓頁數減少以外，其他八章都增加頁數；其中第二章、第七章、新添一位作者的第八章，以及第九章，篇幅增加較多。

　　本書由屏東大學人文社會學院各系的教師合作撰寫，內容依序包括屏東的社會發展、原住民、日治時期、文學、美術、音樂、文創產業、節慶英文等，從「屏東學」教科書的理想內容架構來看，並不完整。理想的地方學內容架構，至少還需要增加更多的內容，例如環境生態、教育、宗教……。但囿於人社院師資結構有限，無法盡善盡美，請讀者諒解。

　　雖然如此，這本書還是能夠為屏東學奠定很多基礎，至於更深入的了解，則有待各系所開出更專門的課程來充實，同時也能一起來打造人社院畢業生的另一項專長，而非只是通識課程而已。

　　晚近社會對於人文社會科系畢業生的就業問題很是擔心，跨領域的要求也越來越高。地方學相關課程，以區域為研究範圍，需要多學科的知識和研究方法共融其中，才能做得更好。例如從事地方誌書的撰寫、社區營造／地方創生的工作，乃至導遊的工作，都需要多學科的知識和

研究方法運用其中。因此，地方學可以成為人文社會科系畢業生的另一項專長，這是傳統單一學門系所做不到的。

　　大學地方學不只是幾門課甚至一門課而已，地方學更是一種辦學、教學和研究的取向（approach），也代表一種在地實踐的願景。大學地方學不僅要研究區域的過去（靜態的地方學），更要研究區域的現在與未來（動態的地方學），兩者相輔相成，如此一來，地方學就能夠扮演地方發展更積極的角色。大學如能做到以下幾點，當可增加大學及其畢業生的競爭力：1.增設地方學課程，使其達到一定的量和能見度；2.鼓勵既有課程融入地方學的內容；3.強化在地研究成果，以鞏固地方學的價值；4.進行回應地方需求的服務。

　　萬丈高樓平地起，「屏東學概論」就是打造屏大人社院學生另一項專長的基礎。

李錦旭

2024年2月

CONTENTS
目　錄

第一章

導論

李錦旭

　　地方本位教育是一種跨課程的過程，利用地方社區和環境作為起點，來傳授語言、數學、社會、自然和其他科目的概念。

　　這種教育取向強調動手實作、真實世界的學習經驗，可以增加學業成就，幫助學生和他們的社區發展更堅實的連結，提高學生對於自然世界的賞析能力，而且能夠創造高度的許諾，成為積極的、有貢獻的公民。透過校園生活中地方公民、社區組織和環境資源的積極投入，社區的活力與環境的品質得以獲得改善。

—— David Sobel (2004: 7)

　　我總是告訴人們，當你來到我們學校的任何教室，應該知道你在俄勒岡，應該知道你在波特蘭，應該知道這是什麼季節，應該知道那是過去選擇的結果。你應該扎根在地方。

—— Sarah Taylor（美國俄勒岡州波特蘭陽光環境學校創校校長）

轉引自 Gregory A. Smith & David Sobel (2010: 114)

壹、屏東學是什麼？

一、臺灣地方學的發展背景

　　粗略來分，臺灣的地方學有兩種型態：

1. 傳統的區域研究（或地方學），以學院為主體，將地方視為客體，強

調客觀研究。

2. 一九九〇年代初期，隨著臺灣政治社會的轉變，地方學的核心精神也產生質變，雖然仍以地域爲對象，卻隱含回饋鄉土的歷史文化覺醒運動的精神，具有草根性，強調地方的主體性和能動性，各地縣市政府和社區大學扮演重要角色。至今形成了兩種地方學並存的現象。

如今，大學的社會責任日益被要求，學術風氣也越來越強調研究與實踐的結合，大學應當趁此趨勢，融合這兩種地方學，開展出地方學的新風貌。

二、屛東學的定義

(一) 靜態的屛東學，亦即「屛東學ed」

指對於屛東縣過去各方面，不論是環境和生態、族群、經濟、交通、政治、社會、文化和教育等所累積的成果，追尋其發展的軌跡，從而進行認識和探究。

(二) 動態的屛東學，亦即「屛東學ing」

指對於屛東縣目前和未來所面對的議題進行發想，想方設法提出改進的策略，期求形塑出更加美好的屛東。

三、屛東學有什麼用？

(一) 對學生而言

1. 增加學生對屛東的認知。
2. 培養學生親近土地和人民的習慣。
3. 形塑學生跨領域學習的態度和能力。
4. 強化學生參與地方、治理地方的能力。
5. 鼓勵學生將上述的習慣、態度和能力，帶到天涯海角。

(二)對教師而言

1. 研究產出更具有在地實用性。

2. 教學更有切身性、活潑有趣。

3. 增加教師個人與地方的連結，豐富其身土不二的生活樂趣。

(三)對地方政府、社區和產業而言

透過與大學合作，可以發揮在地群聚的效應，互助互利、事半功倍。

(四)對大學而言

1. 建立大學的在地特色。

2. 增加大學在地的功能。

貳、屏東學在屏東大學的發展

屏東大學是屏東地區唯一的國立綜合大學，擁有人文社會學院、教育學院、管理學院、理學院、資訊學院、大武山學院、國際學院，共七個學院，適合也有責任貢獻於屏東地區的發展，從而樹立屏東大學的特色。以下依歷史發展的脈絡來介紹：

一、各系舉行系列相關研討會

社會發展學系從2005年開始每年舉辦「南臺灣社會發展研討會」，迄2023年共舉行了18屆，其中有不少有關屏東的研究。中國語文學系從2011年開始舉辦「屏東文學研討會」，迄2023年為止已舉行8屆。原住民族教育研究中心暨原住民專班於2016年創辦「排灣學研討會」，迄2023年已辦過6屆。

二、舉行「《屏東縣志》讀書會」和「屏東產業展」

當第3次《屏東縣志》於2014年11月出版時，社會發展學系李錦旭副教授結合校內外自願者成立「《屏東縣志》讀書會」，利用該系場地，從

2015年2月開始每兩週聚會一次，至10月讀畢。期間並應屏東縣政府文化處的邀請，結合系內多位教師，主要根據《屏東縣志：產業篇》，從5月28日至8月2日，假屏東旅遊文學館策展「綠色經濟的故事——屏東百年產業變遷展覽」。

三、實施「教育部屏東大學特色大學試辦計畫」

李錦旭與中國語文學系黃文車副教授一起主持「教育部屏東大學特色大學試辦計畫主軸2-1：走讀屏東，在地文史與屏東學的社區實踐」，從2015年11月開始執行到2016年12月結束，分成社會發展學系的「何謂『屏東學』？」以及中國語文學系的「屏東文學」兩部分。

四、舉行「屏東學在屏東大學」發表會

古源光校長率領師生，於2017年5月1日上午假本校公民社會培力教室，為人文社會學院全院學生必修的「屏東學概論」新課程以及《邁向屏東學：認識論、社會結構與社區營造》和《屏東文學青少年讀本》兩套新書舉行聯合發表會。

五、開課「屏東學概論」

2017年9月開始，本校人文社會學院在「教育部106年教學創新試辦計畫之人社院屏東學計畫」的支持下，全院大一新生必修「屏東學概論」，配合全院系所組成，分成八個單元，由人社院各系教師聯合教學。除了成立專門網頁服務師生、免費發給每位修課學生一本講義以及課堂教學以外，師生們也到屏東各地進行參訪學習。2018年10月正式出版教科書《屏東學概論》，2024年2月出版第二版。另外，大武山學院從2019年9月開始，由全校五個學院聯合開通識課程——「屏東學」，供全校學生選修。

2023年5月並制定〈國立屏東大學推動屏東學課程實施辦法〉規定：2023年9月以後入學的日間部大學生，需修畢屏東學課程始得畢業。所謂「屏東學」課程，是指本校學術單位開設課程名稱含「屏東」字樣的課程。

六、成立「屏東大學屏東學教師社群」

為了推動屏東學，屏東大學結合有興趣的教師22位成立「屏東大學屏東學教師社群」，每個月至少舉行一次相關的活動，包括教師增能演講、座談、實地踏察、讀書會、社區演講，以及研討會等，以作為屏東學的行動智庫和活水源頭。

七、圖書館成立屏東學專區

配合「屏東學課程」的開課，本校在民生校區圖書館成立「屏東學專區」，以便長期收藏有關屏東的資料，並與原有的「屏東作家專區」，聯合舉行屏東學相關的活動，以支援屏東學的教學和研究。

八、高教深耕計畫繼續耕耘屏東學

本校向教育部申請「高等教育深耕計畫」，第一年榮獲6,700多萬元，其中有些計畫與屏東學有關，關係最密切的是人文社會學院負責的子計畫5：「走讀屏東」在地關懷、文創加值與多元語文計畫。其中不論是數位產業、公民培育、文創社群、原民音樂、文化推展或多元語文，都環繞著屏東學來設計。

九、舉行屏東學學術研討會並出版論文集

本校人文社會學院於2020年3月創辦「屏東學學術研討會」並出版論文集——《地方理論與社會人文對話：2020年第一屆屏東學學術研討會論文集》（2021年11月出版）、《大學地方學的形塑與發展：從發展史

到認識論——2021年第二屆屏東學學術研討會論文集》（2022年7月出版）、《主題「屏東縣地方學的多層次建構與協作」：2023年第三屆屏東學學術研討會論文集》（2024年2月出版）。

十、與國內外大學進行地方學交流

本校以人文社會學院教師為主，從2019年6月開始組團到國內外大學／地方政府進行地方學的參訪見學：日本青森縣弘前大學（2019年6月）、金門大學（2020年12月）、澎湖縣政府（2022年8月）、暨南大學（2022年12月）、中央大學（2023年5月）、佛光大學（2023年6月）。同時，也接受各大學的地方學來本校交流。

參、本書內容簡介

第一章　導論（李錦旭 撰）

本章首先說明「屏東學是什麼」，其次敘述屏東學在屏東大學的發展過程，最後簡介本書的內容。

第二章　屏東縣社會發展的軌跡與形塑（李錦旭 撰）

本章分成兩節：第一節「屏東縣社會發展的軌跡」，內容包括土地、行政區劃、屏東社會的形成、交通、產業、屏東社會的展望；第二節「屏東縣社會發展的形塑」，內容包括屏東縣的公共議題、屏東縣公共議題的治理方法。

第三章　變遷中的屏東原住民社會（李馨慈、郭東雄 撰）

本章介紹屏東地區以排灣族與魯凱族為主的文化特色，包括各族群間的地理分布、生活文化、社會制度、文化變遷等，並且探討氣候變遷下當

代原住民的衝擊與挑戰。此外也介紹屏東縣春日鄉老七佳部落石板屋建築與文化，以及屏東原住民族文化學習資源。

第四章　日治時期屏東歷史與文化（佐藤敏洋 撰）

本章分成五節，首先簡單說明臺灣屏東與應用日語學之關聯性；其次介紹日治時期前夕的三件大事；第三鳥瞰日治時期屏東歷史暨屏東市區之發展；第四介紹日治時期屏東市區的有形文化資產及四項重大建設；最後做個簡單的總結。

第五章　屏東文學（余昭玟、林秀蓉、黃文車 撰）

屏東文學的起源目前可以追溯至十八世紀清朝遊宦人士整理的原住民口傳歌謠文字紀錄，接著跨入清領時期漢人的古典詩歌作品，並持續發展至日治時期，當時屏東地區存有不少古典詩社。日治中期後，臺灣新文學興起，屏東文學涵蓋小說、新詩與評論亦逐漸萌芽發展。戰後俟至七〇、八〇年代，鄉土文學運動帶起的家鄉寫作，才讓屏東文學書寫又再度發展，直至九〇年代縣府推動屏東作家作品集至千禧年後，屏東文學才逐漸進入繁花盛開的一個新時代。

第六章　屏東美術（張繼文 撰）

屏東地區現代美術的發展始於日治時期，日本畫家筆下具有「地方色彩」的「南國之美」。屏東的美術家以多元族群和文化為基礎，運用不同的藝術手法描繪與表現屏東的自然與人文樣貌，呈現「五彩繽紛」的「南方」美術風格。

第七章　屏東音樂發展概論（周明傑 撰）

屏東縣的音樂獨特而耀眼，音樂內涵上，多種語言、豐富的樂曲型態，以及呈現歷史軌跡是其特色。藝術表現上，多樣而繁複的各族群音樂

形式、精緻熱鬧的各類表演型態，以及典雅而嚴肅的西方古典音樂展現，都在屏東這個土地上碰撞出燦爛的火花。

第八章　屏東的文化創意產業（賀瑞麟、易毅成 撰）

　　屏東有豐富的文化資產與多元的自然環境，在現代全球化的過程中，逐漸走出了具有在地特色的文創亮點。但什麼叫「文創產業」？什麼又是「屏東的文創產業」？本章先說明何謂「文化創意產業」，再說明什麼是具有屏東在地特色的「屏東的文化創意產業」；然後再對屏東文創產業的案例進行分析討論（例如文化園區、歷史空間活化與文化資產等）；最後則是從學生的立場來進行實踐與應用，探究屏東的文創個案或規劃屏東在地的文化觀光旅遊行程。

第九章　屏東節慶英文（余慧珠、潘怡靜 撰）

　　本章主要介紹屏東節慶與文化觀光景點的相關英文詞彙及句型，也會介紹在地文化的翻譯原則，以深入淺出的方式說明屏東節慶的特色以及文化景點的歷史淵源，同時提出問題幫助學生進行跨文化比較與省思。

參考資料

李錦旭（主編），陳其南、陳秋坤等（撰）（2017）。《邁向屏東學：認識論、社會結構與社區營造》。臺北市：屏東大學與開學文化公司合作出版。

李錦旭（主編）（2021）。《地方理論與社會人文對話：2020年第一屆屏東學學術研討會論文集》。高雄市：春暉。

李錦旭（主編）（2022）。《大學地方學的形塑與發展：從發展史到認識論——2021年第二屆屏東學學術研討會論文集》。臺北市：萬卷樓。

Smith, Gregory A. & Sobel, David (2010). *Place - and Community-Based Education in Schools*. New York: Routledge.

Sobel, David (2004). *Place-Based Education: Connecting Classrooms & Communities*. MA: The Orion Society.

第二章

屏東縣社會發展的軌跡與形塑

李錦旭

社會發展是指構成社會的各種要素前進、上升的變遷過程。

「社會發展」與「社會變遷」有同也有異。共同點是都涉及時間的演變。差異點則是：「社會變遷」，變好是變遷，變壞也是變遷，都是社會科學客觀的研究對象。「社會發展」是有價值導向的，變好才是發展，變壞則不會被認為是發展；當然，好與壞的標準在哪裡，卻常成為人們爭議的起點。

從研究的角度來看，當我們研究「社會變遷」時，探究變遷的事實為何？如何發生的？是主要的重點；至於如何改善事實，則是次要的重點。而當我們研究「社會發展」時，探究變遷的事實為何？如何發生的？固然重要，但更重要的是要研究如何改善現實。

其次，屏東社會是什麼？有這種東西嗎？如果有的話，她的內涵是什麼？又是如何形成的？

這樣的思路還真印證了本系（社會發展學系）學生為自己的學系想出來的口號——「社會發展，發展社會」。「社會發展」，既可以做名詞解，也可以當成動詞來用；「發展社會」更是動詞；因此這句口號隱含著「結構」與「行動」互為因果的關係。對屏東而言，這種關係是什麼呢？而身處屏東如此這般關係中的人們，其境遇又是什麼？將會是什麼？

本文旨在讓學生了解屏東縣社會發展的軌跡及其形塑的力量，主要的內容分成兩節：第一節「屏東縣社會發展的軌跡」，內容包括土地、行政

區劃、屏東社會的形成、交通、產業，屏東社會的展望；第二節「屏東縣社會發展的形塑」，內容包括屏東縣的公共議題、屏東縣公共議題的治理方法。

壹、屏東縣社會發展的軌跡

首先，將「時間」和「空間」的觀念建立起來，以便敘說屏東的「人間」故事。

誠如學者所言：「區域社會史研究並不必然會帶來『碎片化』，只要研究者能夠將『總體史的眼光』始終作爲一種學術自覺，敏銳地提煉『問題意識』，重視『長時段』研究，注重多學科的交叉融合，即使再細小的區域研究也不會是『碎片化』的。」（行龍，2015：39）

臺灣歷代政權分期

1. 南島語族為主時代：1624年之前。
2. 荷蘭時代（先統轄南部後擴及北臺），西班牙殖民北臺灣（1626-1642）：1624年（明天啟4年）-1662年（明永曆16年、清康熙元年），共38年。
3. 鄭氏東寧政權時代：1662年（明永曆16年、清康熙元年）-1683年（清康熙21年），共21年。
4. 滿清帝國統治時代：1683年（康熙21年）-1895年（光緒21年），共212年。
5. 日本統治時代：1895年（明治28年）-1945年（昭和20年），共50年。
6. 中華民國代表盟軍接管臺灣：1945年-1949年，共4年。
7. 中華民國撤退來臺：1949年（民國38年）迄今，一九九〇年代後，逐漸民主化、在地化（李筱峰，2023：6）。

屏東地區開始出現可靠的文獻紀錄，大致在一六三〇年代荷蘭東印度公司占據大員沙洲，建立「熱蘭遮城」總部，並企圖前往下淡水溪擴展勢力的時期（陳秋坤，2014：19）。

屏東平原是一個由生態、人文多元且複雜的小區塊所形構而成的區域。雖然各區塊之間具有該區域性的「大同」，卻依然存在著該區域各小區塊彼此之間的「小異」。這是研究屏東平原令人著迷的地方（簡炯仁，2015：6）。晚近，古稱瑯嶠的今屏東縣南部，因電影《海角七號》和電視劇《斯卡羅》所掀起的熱潮，更是引人遐思。

另一方面，一個地方的發展大都不太可能自力更生，必須仰賴與鄰近地區的互動關係，尤其是兩地的市場供需，以及人口的推移互動關係。因此，吾人研究一個地方，必須將該地方擴大到鄰近地區，並確實明瞭其與鄰近地區的市場供需及人口互動關係，否則無法正確掌握某一地（漢人）開發的脈絡。例如屏東與府城臺南、打狗高雄之間，就有著千絲萬縷、難分難解的關係（簡炯仁，2015：6；陳秋坤，2014；利天龍，2014）。

一、土地

2023年5月，屏東縣土地面積約2,776平方公里，全臺排名第5位；人口約80萬人，全臺排名第8位；人口密度約287人／平方公里，全臺排名第17位。

打開臺灣的空照圖，或是臺灣最早的一幅地質圖，立刻清楚地看到，屏東的空間組成主要包括三個區塊和一個離島：

1. 平原區：約略呈長方形，西以高屏溪、東以潮州斷層為界，是早期「鳳山八社」的舞臺。

2. 山地區：潮州斷層以東的大武山塊，是曾被稱為「傀儡番」的魯凱族和排灣族居住分布區。

3. 半島區：從楓港、大武一線以南的恆春半島，是早期瑯嶠下十八社（簡稱瑯嶠十八社）的領地。

4. 離島區：即孤處外海的小琉球島。

　　這四個區塊所構成的「屏東」空間，土地總面積爲2,776平方公里，平地鄉鎮市1,286平方公里，占46.32%；山地鄉1,483平方公里，占53.43%；小琉球島7平方公里，占0.25%（陳其南，2014a：17）。

　　屏東縣，南北狹長約112公里，東西寬約47公里。最北爲高樹鄉舊寮北端，極南爲恆春鎮七星岩（距離鵝鑾鼻約8海浬）南端；極東爲霧臺鄉雄峰山頂；極西爲琉球嶼西端。東邊以中央山脈（大武山）與臺東縣爲界，東臨太平洋，西臨臺灣海峽，兩者以鵝鑾鼻南端爲界，南臨巴士海峽，北接高屏溪上游與高雄市爲界。

　　屏東縣的西部爲地形較平坦的屏東平原，南北長約60公里，東西寬約20公里，面積大約有1,140平方公里，其規模在臺灣僅次於嘉南平原（陳其南，2014a：17），是人口集中的菁華區。平原區以東爲地勢較高的丘陵與山地，屬中央山脈南段，其中北大武山海拔逾3,000公尺，是山脈南段，也是全縣的最高峰。山區的地勢往南陡降，並延伸到恆春半島。

　　屏東縣有13條溪：高屏溪（清治時稱爲「下淡水溪」）、東港溪、林邊溪、率芒溪（又名「士文溪」）、南勢湖溪、枋山溪、獅子頭溪、楓港溪、四重溪、保力溪、石牛溪、港口溪、鹿寮溪。

　　屏東縣地處熱帶地區，富有熱帶風情；每年12月初到隔年3月中，氣候較溫和。

(一)屏東平原

　　屏東平原（圖2-1）（清治時屬鳳山縣管轄）與瑯嶠（後改爲恆春縣），由於南北地理形態差別很大，有不同的歷史發展經驗。

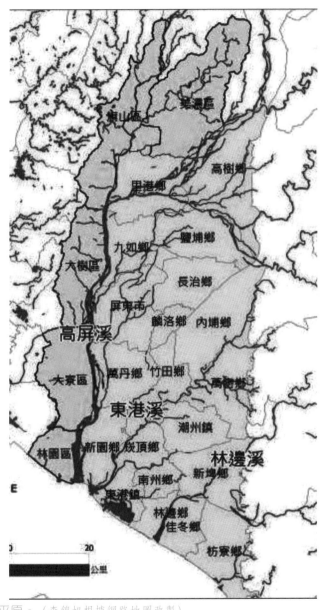

圖2-1　屏東平原。（李錦旭根據網路地圖改製）

　　屏東平原最南到枋寮鄉，以率芒溪為界。

　　自然地理的屏東平原，除了今屏東縣境內的屏東平原以外，還包括今高雄境內高屏溪沿岸的美濃、旗山、大樹、大寮、林園等區。

1785年（乾隆50），清朝政府隨著阿猴市街的發展將縣丞署從阿里港改移至此（慈鳳宮附近），至此阿猴成為下淡水溪以東的行政中心（蔡錫謙，2000：14）。

　　1897年（明治30）6月，依臺灣總督府令21號設立阿猴辦務署、警察分署於阿猴街，使得阿猴街又再次成為地區的行政中心（蔡錫謙，2000：19）。

　　1909年（明治42），屏東糖廠開工，屏東進入現代化；1997年停工。

　　1914年（大正3），阿緱線（今屏東線）鐵道正式通車，阿緱停車場（車站）啟用。

　　1927年（昭和2），屏東設置陸軍飛行第八聯隊。

　　1936年（昭和11），屏東菸葉廠成立；2002年關廠。

　　1938年（昭和13），隘寮溪堤防完工，隘寮溪改道西北流，屏東平原新生地8,000甲。

　　1960年（民國49），「下淡水溪」改名「高屏溪」。

㈡ 瑯嶠

　　瑯嶠，在1721年（康熙60），朱一貴事件之後，從1722年（康熙61）到1875年（光緒元），置恆春縣之間，被劃界封禁為界外共153年（吳玲青，2017：5-6）。當時的族群，主要有生番（瑯嶠十八社）、（柴城）閩人、（保力）粵人、（社寮）土生仔（漢番混血後代，熟番）。

　　瑯嶠下18社，以楓港溪為界。

　　瑯嶠下18社只有4社是斯卡羅：豬勝束社（滿州鄉里德村、長樂村東南端，大股頭）、射麻里社（滿州鄉永靖村，二股頭）、貓仔社（恆春鎮仁壽里，三股頭）、龍鑾社（恆春鎮南灣里，四股頭）。

　　1867年（同治6），羅妹號事件發生在恆春鎮墾丁社頂附近。

1871年（同治10），發生八瑤灣（滿州鄉九棚附近）事件。

1874年（同治13、明治7），發生牡丹社（牡丹鄉石門）事件。

1875年（光緒元），置恆春縣，治率芒溪（位於枋寮鄉與枋山鄉之間）以南，包括枋山鄉、車城鄉、恆春鎮、滿洲鄉、牡丹鄉、獅子鄉，以及臺東縣蘭嶼鄉（圖2-2）。

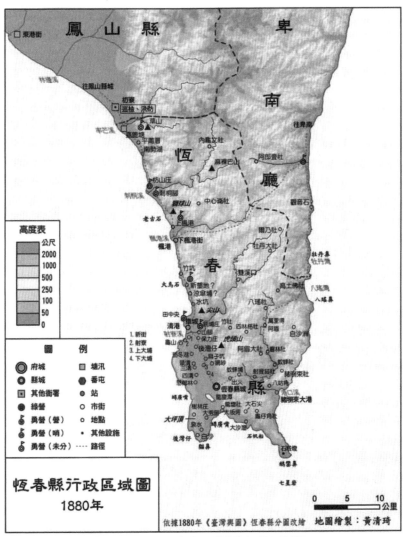

■牡丹社事件後，臺灣南部增設恆春縣、卑南廳，將「番地」納入行政區。

圖2-2 恆春縣行政區域圖。（黃清琦，2018：81）

1895年（明治28），日治開始，恆春縣改稱恆春支廳。

1909年（明治42），屏東平原與瑯嶠合併成阿緱廳，不過當時阿緱廳管轄範圍還包括下淡水溪右岸。

二、行政區劃

屏東市／屏東縣地名的演變

1. 屏東市舊名「Akauw」，原本是平埔馬卡道族「鳳山八社」中「Akauw社」的社名，荷蘭人根據平埔族語音譯成Akauw。當時的通譯是閩南人誤以為是猴子而轉成漢字，其實平埔族語不是指猴子，至於其真正的意思則待考證。

2. 1836年（清道光16），官民合力建築阿猴城堡壘，共有東、西、南、北四個城門，今僅殘留「朝陽門」於屏東公園內，又名「阿猴城門」。

3. 日本政府領臺後，在1903年（明治36）以前稱「Akauw社」為「阿猴」；1903年12月將「猴」字變更為「緱」因而成了「阿緱街」；1920年（大正9）再改稱為「屏東街」；1933年（昭和8）升格為「屏東市」。

4. 今屏東縣，清治時期屬鳳山縣管轄。日治時期，1897年（明治30）設「阿猴辦務署」；1901年（明治34）設「阿猴廳」和「恆春廳」；1905年（明治38）4月「阿猴廳」改名「阿緱廳」；1909年（明治42）將「阿緱廳」和「恆春廳」合併成「阿緱廳」；1920年（大正9），在今屏東縣境內設屏東、潮州、東港、恆春等四郡；1933年（昭和8）除了四郡以外，將屏東郡管轄的「屏東街」升格為「屏東市」；民國時期，1950年（民國39）改名「屏東縣」至今。

5. 大約從一九三〇年代開始，「屏東人」變成下淡水溪流域住民的共同故鄉。

6. 為何改稱「屏東」？有兩種說法：
   (1)1815年（嘉慶20）「屏東書院」建成，書院對聯有藏頭詩，合成「屏東」兩字。
   (2)民間傳說是得名自半屏山之東。

（黃清琦，2018；蔡培慧、陳怡慧、陸傳傑，2018；陳秋坤，2017；蔡錫謙，2000）

1895年（明治28），日本占領臺灣以後，屏東地區改隸屬臺南縣，分別屬於鳳山和恆春兩支廳；1896年改為鳳山縣；1898年又歸屬臺南縣，並在今屏東縣境內設阿緱、潮州、東港、恆春等四個辦務署；1901年，改為阿猴及恆春兩廳；1909年（明治42）合併為阿緱廳，到這時期屏東縣才算復合完整。

1920年（大正9），改隸屬高雄州，屏東縣境內設屏東、潮州、東港、恆春等四郡；1933年（昭和8），除了四郡以外，將屏東郡管轄的屏東街升格為屏東市。

戰後（1945），屏東市升為省轄市，1950年改為縣轄市。因此，屏東縣目前計有1個縣轄市（屏東市）、3個鎮（潮州鎮、東港鎮、恆春鎮）及29個鄉（圖2-3）。

自然地理的屏東平原並不全屬屏東縣治所屬，以下淡水溪（高屏溪）為界，溪以北和以西平原面積較小，自北而南分屬高雄市轄下的美濃、旗山、大樹、大寮與林園等5區（原為鄉鎮）。只有溪以南和以東部分才屬屏東縣轄，分別為高樹鄉、里港鄉、鹽埔鄉、九如鄉、內埔鄉、長治鄉、麟洛鄉、屏東市、萬巒鄉、竹田鄉、萬丹鄉、潮州鎮、崁頂鄉、新園鄉、新埤鄉、南州鄉、東港鎮、林邊鄉、佳冬鄉、枋寮鄉與枋山鄉等1市2鎮18鄉。

位在中央山脈上屬於所謂「山地鄉」的有：霧臺鄉、三地門鄉、瑪家鄉、泰武鄉、來義鄉、春日鄉、獅子鄉、牡丹鄉等8個鄉；最南端的恆春半島另有車城鄉、恆春鎮和滿州鄉；加上琉球鄉，整個屏東縣共有33鄉鎮市（陳其南，2014a：18-19）。

圖2-3　屏東縣行政地圖。

本圖改繪自 https://www.cultural.pthg.gov.tw/Son/Library/library05.aspx

三、屏東社會的形成

㈠聚落的形成

1.南島語族為主時代

　　今日的屏東縣，在舊時為排灣族、魯凱族、馬卡道族等的領土，而排灣族曾於此建立大龜文、瑪家、三地門等強大政權，因此部分馬卡道族，甚至後來的漢族閩南人和客家人會向排灣族納貢，這些政權大多在日治時

代才瓦解（維基百科屏東縣）。

2. 荷蘭時代

荷蘭雖號稱1624年開始統治臺灣，但1635年12月25日搭加里揚之戰後，荷蘭占領高雄，次年進而攻占屏東（呂自揚，2022.10.16），之後，荷蘭人的勢力才進入屏東平原（施添福，2001：47；簡炯仁，2015：47）；直到1645年瑯嶠社臣服於荷蘭人（吳玲青，2017：29），今屏東縣乃盡歸荷蘭管轄。

3. 鄭氏東寧政權時代

鄭成功治理臺灣期間，阿猴社一帶是屬於萬年縣管轄，後來又改隸屬萬年州。當時曾派兵開墾到瑯嶠（今恆春）一帶，並將這些區域分為8個平地社和山地社。這些區域包括今日的里港鄉、屏東市、萬丹鄉、新園鄉、林邊鄉，乃至車城鄉、恆春鎮一帶，都在今日屏東縣內。鄭成功曾嘗試攻打屏東一帶的原住民但未果（維基百科屏東縣）。

4. 滿清帝國統治時代

1684年（康熙23），臺灣正式併入清朝版圖，臺灣府下設臺灣、諸羅和鳳山等三縣。從下淡水溪〔1960（民國49年）起改稱「高屏溪」〕以東到臺灣島最南端的沙馬磯頭（今恆春的貓鼻頭或鵝鑾鼻）皆屬鳳山縣範圍。縣治所在的埤頭街（今「左營區」）位在下淡水溪另一邊，而平原上的平埔族8社也就從一開始被稱為「鳳山八社」，而不是「阿猴八社」（陳其南，2014b：48）。

所謂鳳山八社是清代對居住在屏東平原平埔熟番的總稱（施添福，2001）。鳳山八社，由北往南排列，包括武洛社、搭樓社（位於今里港鄉）、阿猴社（位於今屏東市）、上淡水社、下淡水社（位於今萬丹鄉）、力力社（位於今崁頂鄉）、茄藤社（位於今南州鄉）、放索社（位於今林邊鄉）（李國銘，1993；黃森松，2009）（圖2-4）。

圖2-4　鳳山八社示意圖。（李錦旭製圖）

　　遠在荷蘭時代末期，鳳山八社即逐漸捨棄傳統的狩獵和游耕，而轉向農耕的生活方式。至明鄭和清初，已成為全島平埔熟番中唯一「不捕禽獸，專以耕種為務」、納「丁米」而非「納銀」的社群（施添福，2001：34）。這全島唯一不捕禽獸、專務種地耕田的熟番，只因習得水稻耕種，自明鄭以後即遭受國家長期課徵重稅達半個世紀以上，不因政權更迭而有所豁免（施添福，2001：48）。鳳山八社正供及額外加派負擔之重，堪稱全臺第一（施添福，2001：52）。自清初以來，鳳山八社除重課之外，尚有重役一項，即長期負責修補、搭蓋和保護儲存在港東、港西兩里番社和民庄正供粟的穀倉（施添福，2001：54）。

　　在國家及其所代表的地方官僚體系，長期而持續地透過重課和重役的雙重剝削下，鳳山八社儘管早已擁有雙冬稻作的維生技能，最後仍難逃日益貧困和被迫另謀生路的命運。從而創造了漢人紛紛越過下淡水溪，在屏

東平原立足的大好機會（施添福，2001：56；李文良，2016）。

1909年（明治42）的調查顯示，屏東平原的熟番人口共有8,693人，其中7,065人，占總數81.18%分布沿山地帶（施添福，2001：41）。

至於散居在屏東平原東側傀儡山山中各大小河系中上游的所謂傀儡生番，自清治以來的兩百餘年，雖目睹山腳下平原地表景觀和居民維生方式全面改觀，卻無動於衷，宛如比鄰若天涯般，仍舊百年如一日，過著傳統的生活方式（施添福，2001：35）。

逐末的**福佬**：福佬移民大致在1691年（康熙30）左右入墾屏東平原，大部分聚居在萬丹、新園附近（施添福，2001：68）。清代入墾屏東平原的福佬移民，或選擇**低濕沼澤帶**，在沿海捕魚、在潟湖內側圍塭養殖、在各港口經營船業；或選擇**沖積平原帶**，廣開蔗園、設廍硤糖。不論是前者或後者，皆屬傳統社會經濟的「末業」。以此末業為基礎所建立起來的福佬社會，固然是一個開放社會，商機活絡，但也是一個鬆散、浮動的社會。當國家缺乏一套有效管理邊區地域社會的軍、政官僚體系時，開放、鬆散和浮動的社會，也常成動亂的溫床（施添福，2001：77）（圖2-5）。

務本的**客家**：一六九一年代（康熙30）初期，在福佬墾戶或業戶委派在地管業的管事招墾下，客家移民相繼進入屏東平原，在萬丹附近展開拓墾。但不久之後，有一部分即會同隨後而來的移民，越過東港溪，進入**扇端湧泉帶**，利用此地豐沛的水泉，延續原鄉的維生方式，廣闢水田、從事稻作。從而在近山的扇端湧泉帶，逐漸發展出和沖積平原帶或低濕沼澤帶等福佬地區不同的地表景觀和社會型態（施添福，2001：77-78）。

清代客家民系，先後入墾屏東平原的扇端湧泉帶和瀰濃地區的河谷平原，利用此地豐沛的水泉和饒沃的土壤，建立以水稻耕作為主的「務本」維生方式。康熙年間，單身的客家移民，透過水稻耕作，奠定客家社會團

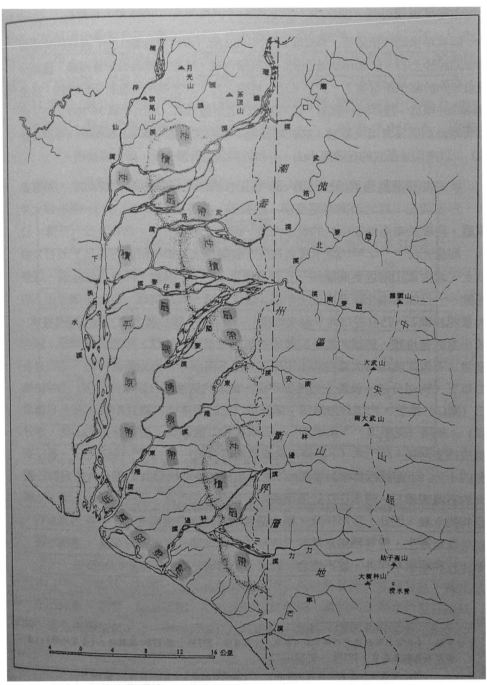

圖2-5　屏東平原的生態環境。（施添福，2001：37）

結互助的基礎。1732年（雍正10）以降，家戶雖日漸取代單身，水稻經營亦由雙冬取代單冬，但家族成員輪番來臺的耕種方式、土地經營的日趨公業化，以及在臺通婚範圍狹小，而使客家民系必須維持和原鄉的密切聯繫，同時也強化了新鄉內部的團結和互助。因此，清代屏東平原的客家社會，是一個孤立、封閉、團結，而內部單純的務本社會（施添福，2001：82）。

約到1734年（雍正12）後，屏東平原除了靠近排灣領土的地區之外，大部分皆被漢人占據。

在1764年（乾隆29），今日的屏東市由村落發展為初具規模的市街。再到了1836年（道光16），官民合力建築阿猴城堡壘，共有東、西、南、北等四個城門，至此，屏東市街建築全部完成。然至今僅殘留「朝陽門」在屏東公園內。而在屏東縣南邊的恆春半島地區，則是在1875年（光緒元）才從鳳山縣劃出恆春縣，建恆春縣城。

六堆，怎麼分？（圖2-6）

屏東的大學生別來屏東讀了四年書還傻傻地搞不清楚。
1721年（康熙60）發生「朱一貴事件」，屏東客家派出6支隊伍協助平亂，平定後，康熙皇帝在竹田鄉蓋「忠義亭」以表彰之。六堆，即6個隊伍，其命名原則是以竹田為中心面對高屏溪的方向來命名。先鋒堆是因萬巒鄉劉家率先出發，死傷不少。

清代，整個屏東平原維持以東港溪為界的行政區劃。最初分成簡單的港東里和港西里（圖2-7）。十九世紀中葉，因人口和村莊巨幅增長，分成六大行政「里」；東邊地區分為港東上里（人口19,695，下同）、中里（28,012）、下里（11,557）等三區里；西邊分為港西上里（22,372）、中里（37,396）、下里（23,140）等三區里。六里總人口142,172人（陳

秋坤，2014：57，2017：77）。港東里
59,264、港西里82,908。

清末臺灣設省之後，首任巡撫劉銘
傳進行田賦清丈工作，使得屏東平原的
行政區劃區分為七個里，包括港東上中
下三里、港西上中下三里和新園里。
圖2-7是根據日治早期「臺灣堡圖」重
繪清末時期之里庄區劃（陳其南，2014
a：20；參考陳秋坤，2017：90）。

至於南方的瑯嶠部分，在1721年
（康熙60）朱一貴事件之後，從1722年
（康熙61）-1875年（光緒元）置恆春縣
之間，被封禁為界外共153年（吳玲青，
2017：5-6）。

5. 日本統治時代

蔡錫謙（2000：163-164）在他的碩
士論文《日治時期屏東市街都市與建築
發展之歷程》最後指出，影響屏東市街
發展的因素有5個：日人進駐（行政中
心、環境衛生、產業環境）、殖民政策
（西式規劃、中央集權）、糖業、交通
設施（下淡水溪鐵橋、火車站）、軍事
設施（飛行第八聯隊）。

1909年（明治42）屏東糖廠開工，
屏東進入現代化，吸引許多各地移民前

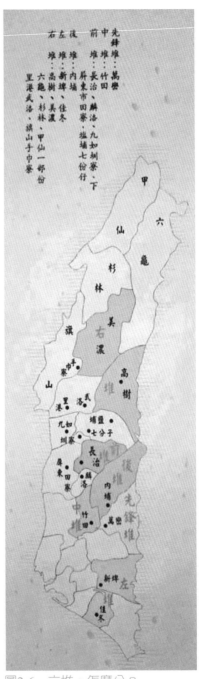

先鋒堆：萬巒
中堆：竹田
前堆：長治、麟洛、九如township、下
屏東市田寮、巡堆七份仔
後堆：內埔
左堆：新埤、佳冬
右堆：高樹、美濃、杉林、甲仙一部份
里港武洛、杉林、甲仙一部份
里港武洛、鎮山下中寮

圖2-6　六堆，怎麼分？
資料來源：李錦旭攝於竹田驛園的李
　　　　　秀雲先生攝影紀念館。

清末屏東平原之里堡與街庄

里堡界

街庄界

0 ━━━ 4km

根據底圖：臨時台灣土地調查局，《台灣堡圖》。

圖2-7　清末屏東平原的里堡與街庄圖（據《臺灣堡圖》集）。
資料來源：陳其南（2014a：20）。

來屏東市營生,從而建立移民廟,延續原鄉的信仰、團結鄉親。例如屏東扶風宮(澎湖移民1934年建立)、屏東市代天宮(臺南縣北門郡移民1963年建立)、東石徐府廟(嘉義東石郡和布袋郡移民1971年建立)。其中,臺南縣北門郡轄域,即今臺南市佳里區、學甲區、西港區、七股區、將軍區、北門區等地,移民人數頗多,號稱「牛車掛」。

今日屏東縣內最大城市屏東,舊名阿猴,日治初期改阿緱,1920年(大正9),再改名為屏東街,合作會社、飛行聯隊、神社、劇場等也逐漸成立,在1933年(昭和8)間升格為市,成為高雄州內與高雄市同為州轄市的屏東市,設置市役所轄理市政。這也吸引了第二波移民潮來到屏東市。大約從一九三〇年代,「屏東人」變成下淡水溪流域住民的共同故鄉(圖2-8)(陳秋坤,2017:75)。

圖2-8　屏東市役所。
市役所就是舊縣政府大樓,現在的太平洋百貨公司。
資料來源:取自網路,詳參考資料。

6. 民國時代

1974年(民國63),中央政府根據《區域計畫法》,在屏東縣劃設大量的特定農業區;1981年(民國70)1月1日,墾丁國家公園管理處成

立，形成農業觀光的格局。

(二) 人口

回顧屏東縣人口歷史資料，1950年（民國39）時人口約46.5萬人，隨後一路成長；1997年（民國86）的91.3萬人是歷史最高。從2002年（民國91）起，屏東縣人口開始衰退，到2023年（民國112）已經連續二十一年負成長（羅欣貞，2023）。根據屏東縣政府民政處統計，2023年5月底減為797,471人。其中人口比較多的是：屏東市約20萬人（193,985人）；約5萬多的有潮州鎮（53,317人）、內埔鄉（52,454人）、萬丹鄉（49,410人）；約4萬多的有東港鎮（45,979人）；約3萬的有新園鄉（32,926人）、恆春鎮（29,844人）、長治鄉（29,114人）；瀕臨1萬人口保衛戰的有：麟洛鄉（10,605人）、南州鄉（9,976人）、新埤鄉（9,504人）。人口最少的5個是：枋山鄉（5,066人）、春日鄉（4,865人）、獅子鄉（4,828人）、牡丹鄉（4,828人）、霧臺鄉（3,282人）。

屏東縣政府和33個鄉鎮市公所，都已實施生育津貼，但仍無法逆轉人口減少趨勢（劉星君，2023）。

人口減少，會影響到民意代表席次、鄉鎮市公所和國中小學的人員編制和經費。詳見李錦旭（主編）《2021年屏東縣公共議題彙編》相關主題。

(三) 族群

臺灣政府從1993年開始不再依省籍來統計人口數，因此除了原住民族和新移民由於特殊的需要而持續統計人口數外，其他族群的確切人口數都只能推估算得，不見得準確。

根據原住民族委員會（2023）「112年5月臺閩縣市原住民族人口──按性別族別」統計，屏東縣的原住民人口共61,172人，約占屏東縣總人口的7.67%。其中排灣族人口共49,691人，全臺最多（其次是臺東縣

和高雄市），約占屏東縣總人口的6.23%；魯凱族6,176人，約占屏東縣總人口的0.77%。

根據屏東縣政府民政處的統計，2023年4月屏東縣的新移民共19,995人（男1,170，女18,825），占總人口的0.02 %。

屏東縣的族群人口比例估計約為：原住民7.67%、客家人23%、外省人8.4%、閩南人61.53%。

相對地，2023年5月臺南市的原住民0.49%（9,018除以1,858,092），客家人估約占6%。

以上看來，屏東縣的族群不只多元，而且相對平衡、能見度都高。

(四) 語言

屏東縣原住民族多在8個原住民鄉，客家族群則分布在六堆地區。

按照語言使用分布，魯凱語分布於霧臺鄉；排灣語主要分布在三地門鄉、瑪家鄉、內埔鄉、泰武鄉、來義鄉、春日鄉、獅子鄉、牡丹鄉、滿州鄉；客家語分布在高樹鄉、長治鄉、麟洛鄉、內埔鄉、竹田鄉、萬巒鄉、新埤鄉和佳冬鄉。其餘鄉鎮與縣治屏東市，則以閩南語為主（鍾榮富，2014：39-44）。

四、交通

目前屏東縣政府正在努力爭取建構全縣更便捷的交通網，包括高屏第二條東西向快速公路（屏中快速道路）、高鐵南延到屏東、高雄捷運延伸到屏東、東港觀光鐵道、恆春觀光鐵道、屏南快速公路等。來看看過往的一些紀錄，或許能夠帶給我們一些啟發。

(一) 鐵路

1908年（明治41），臺灣縱貫鐵道完工（基隆至高雄、九曲堂）舉辦貫通式。

1914年（大正3）2月15日，阿緱線（今屏東線）鐵道開通式。

這座當時號稱「東洋第一長橋」、全長1,526公尺的下淡水溪鐵橋，以及美麗歐風式的阿緱停車場（車站），於1913年12月20日正式營運，並在當天於屏東公園舉辦祝賀儀式。1914年2月15日，阿緱線舉辦正式開通式，佐久間總督自臺北搭火車親臨阿緱車站主持。當時留下這樣一首詩：

廿日阿緱新線開，列車一瞬遍全臺，旅行不少新奇感，椰子檳榔倒翠來。

問題：1908－1914＝－6年，南延的動力是什麼？提示：臺糖屏東總廠

1909年，其前身臺灣製糖株式會社阿緱製糖所落成開工，1997年10月1日，屏東總廠製糖工場停閉。

(二) 高速公路

中山高速公路，編號為中華民國國道一號，簡稱中山高，俗稱第一高速公路（簡稱一高），從基隆市仁愛區到高雄市前鎮區，全長374.3公里，1978年全線通車。

福爾摩沙高速公路，編號為中華民國國道三號，簡稱福高，俗稱第二高速公路（簡稱二高），從基隆市安樂區大武崙到屏東縣林邊鄉大鵬灣，全長431.5公里，2004年1月11日全線通車。

問題：1978－2004＝－26年，南延的動力是什麼？

(三) 高速鐵路

臺灣高鐵（全名為臺灣高速鐵路），簡稱高鐵，從臺北市南港區到高雄市左營區，全長349.5公里，2007年1月5日開始營運。

> 問題：2007－????＝－??年，南延的動力是什麼？

五、產業

　　屏東縣的產業發展歷程呈現出獨特的風貌，自有文字記載以來，一直都是以第一級產業（農林漁牧）為主體；第二級產業（工業）和第三級產業（服務業、觀光業），也大多數是第一級產業的延伸（表2-1）。

表2-1　屏東縣產業人口結構變化

年別	一級產業	二級產業	三級產業
1953	46.60%	7.76%	33.63%
1994	25.78%	30.99%	43.23%
1995	27.03%	29.66%	43.31%
1996	25.79%	28.16%	45.79%
1997	24.40%	29.18%	46.42%
1998	22.70%	29.19%	48.11%
1999	23.22%	28.50%	48.28%
2000	22.83%	28.87%	48.29%
2001	21.60%	26.93%	51.20%
2002	22.43%	25.07%	52.51%
2003	21.96%	25.66%	52.38%
2004	20.53%	26.84%	52.37%
2005	18.47%	26.39%	55.41%
2006	16.36%	28.57%	54.81%
2007	16.54%	30.53%	52.93%
2008	17.00%	31.47%	51.52%
2012	15.94%	30.75%	53.32%
2016	15.40%	30.95%	52.65%
2020	16.37%	32.10%	51.53%

資料來源：《屏東縣統計年度要覽》，轉引自周芬姿（2014：31）；《經濟部主計處人力資源統計年報》，轉引自林芷琦（2022：50）。

屏東產業的變遷軌跡如下：清初是南中國的重要米穀供應地，清末是世界重要的甘蔗栽培區；日治時期成為糖業發展的中心、在來米的基地和南進的前哨站；第二次世界大戰以後，沒有往工業化的道路發展，而走向另一條道路，即以大量出口高單價的農漁牧產品作為主要的發展模式，同時成為臺灣主要的蔬菜和果品供應基地；近年來由於既有產業模式出現瓶頸，乃重新聚焦在綠能、生物科技和觀光產業（鄭力軒，2014）。2023年（民國112）5月「屏東科學園區」動土，為縣民帶來新希望。

　　以產業人口結構變化來看（表2-1），屏東縣：

一級產業：2005年跌破兩成。

二級產業：在三成左右徘徊，晚近有上升的趨勢。

三級產業：2001年起超過五成。

　　雖然如此，至今屏東縣依然是臺灣最重要的糧倉之一。例如養豬的數量（圖2-9），長年與雲林縣互爭第一，這也對河川和空氣污染產生很大的威脅。

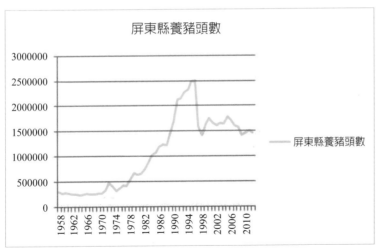

圖2-9　屏東縣養豬頭數。

資料來源：《屏東縣統計要覽》，轉引自鄭力軒（2014：99）。

從屏東產業百年變遷的回顧中，可看見屏東人在特殊的天然環境與歷史條件下，打造一個獨特、充滿生命力的產業發展史（表2-2）。特別在戰後受到中央政府政策的忽略下，屏東在一級產業的封閉路徑上，仍獲得許多豐碩的成果。然而屏東與世界其他許多地方一樣，在永續發展方面會面臨以下三大挑戰：1.環境反撲、2.人口外移、3.全球化競爭。

表2-2　屏東百年產業變遷大事記

年代	西元	記事
明治33	1900	新渡戶稻造受聘來臺，訂定了「糖業改良意見書」，提出完整的政策規劃，奠定了臺灣糖業的基礎。
		三井集團所屬「日本精緻製糖株式會社」來臺設廠。
		成立「臺灣製糖株式會社」（今臺糖的前身）。
明治35	1902	墾丁設置「恆春熱帶植物殖育場」，以研究熱帶的農業發展。
明治36	1903	成立「阿猴廳農會附屬農場」（今「屏東農業生物科技園區」的前身）。
明治37	1904	東港、琉球和枋寮三個漁業組合（漁會）獲准成立。
明治38	1905	殖民政府頒布了「製糖廠取締規則」，直接扶植日資大型糖廠取代臺資中小型改良式糖廍。
明治39	1906	日本精緻製糖株式會社在屏東設立「大東糖廠」。
明治41	1908	臺灣糖業株式會社和大東製糖會社合併，總公司移到屏東糖廠。
		至昭和11年（1936），高雄州種畜場共推行了4次「養豚改良計畫」。
明治43	1910	已可見歲末聯合賣出會，一如今日週年慶。彼時，法制上，日臺不平等，大正年代經濟蕭條時，打壓低廉臺籍服務業，但市街上，臺籍老闆漸漸凌駕日人，也融入了新式的商業文化。
明治44	1911	開始出現現代養殖漁業，養殖包括虱目魚、鱸魚、鮎魚、草魚等魚種。
大正2	1913	成立「阿猴海陸物產會社」開始捕鯨，捕獲座頭鯨。
大正11	1922	設立「東港水產補習學校」，培養大量漁業人才。

年代	西元	記事
大正12	1923	「阿緱廳農會附屬農場」改名為「高雄州農事試驗場」（今「屏東農業生物科技園區」的前身）。
大正13	1924	臺灣總督府頒布施行漁業法、水產會法等法，確立漁業組合的法律依據。
昭和1	1926	蓬萊米問世。
昭和5	1930	一九三〇年代臺灣最重要的出口熱帶經濟作物是香蕉和鳳梨，主要銷往日本，屏東為最大栽培地。
		一九三〇年代屏東郡年產豬6萬多頭，其中半數在地宰殺，半數直接以活豬銷往臺北，成為臺灣最發達的商業養豬基地。
昭和6	1931	東港、新園、林邊、琉球、佳冬等漁業組合又成立聯合的東港郡漁業協同組合。
昭和13	1938	屏東糖廠已經發展成員工總數8,000多人的大型「糖業帝國」，可說屏東製糖業在日治時期具有樞紐的地位。
民國40	1951	屏東被公認是全國家畜防疫最完善，獲選為家畜防疫示範區，使得屏東成為養豬事業的試驗場。
		民國40-41年之間，黃振三於屏東市林森路創辦「國際百貨商場」，為屏東第一家百貨公司。
41	1952	米穀產量回復到戰前產量最高峰達140萬公頓。
47	1958	臺灣的商業化養豬正式展開。
		東港漁市整建完成後，臺灣鮪延繩釣漁業由北部基隆移到高雄以及東港、小琉球一帶。
		恆春地區逐漸開始籌闢建設國立公園。
48	1959	屏東被指定為毛豬外銷專區。
		墾丁成為省府觀光政策重點。
50	1961	開始和日本商社契作紅豆和洋蔥。
		臺灣觀賞魚業始於民國五〇年代。
56	1967	屏東成立「臺畜公司」，建立第一家以輸日為主要目標的現代畜牧企業，開啟臺灣冷凍豬肉外銷日本的機會。
57	1968	水產試驗所東港分所成功人工繁殖草蝦、斑節蝦、沙蝦、白鬚蝦、熊蝦等5種蝦苗，創下世界紀錄，帶動了全球養蝦的熱潮。

年代	西元	記事
60	1971	臺灣整體糖業已經沒落；另一方面在政策鬆綁下開放稻田轉作，帶來了米糖在屏東平原的歷史性消失，而消失的稻田多半是轉作果品、經濟作物或魚塭。
		臺灣蝴蝶蘭的商業化始於民國六〇年代，臺糖至今仍是最大的業者。
		屏東市民生路成立「彰南百貨公司」和「景裕百貨公司」，民國78年更名為「嶺南百貨公司」，民國88年關閉。
61	1972	觀光局成立，主導墾丁觀光發展。
63	1974	成立「臺灣冷凍肉類工業同業公會」。養豬產業成為臺灣農業主要創造外匯的重要項目，屏東也產生臺芳食品、聯成食品等兩家畜牧上市企業。
66	1977	屏東「子琪百貨公司」和「子琪大飯店」開幕。
67	1978	屏東縣養殖漁業逐漸發展出全養殖（魚苗→成魚→種魚→孵化）的技術能力，其中最傑出的成就是虱目魚養殖：佳冬東興養殖場負責人林烈堂率全球之先，完成首例虱目魚人工孵化，後來更成功完成世界首例虱目魚全人工養殖，並發表在期刊《中國水產》上，獲得舉世矚目。
		訂定「墾丁風景特定區計畫」，次年成立「墾丁風景特定區」。
68	1979	屏東鰻魚養殖面積達到700公頃，遠遠凌駕其他縣市，輸日鰻魚金額高達1億6千多萬美元，占輸日農產品的兩成。
70	1981	稻米大量轉作至今，可以看到許多經濟作物的興衰。
		蓮霧種植在屏東快速擴散、集中到沿海鄉鎮，種植面積達8千公頃左右，逼近稻米的耕作面積，成為屏東乃至臺灣最具代表性的經濟作物之一。
		屏東漁業產值竄升到60,645噸，全國排名第二，僅次於遠洋漁業發達的高雄市。以漁獲交易量而言，東港為臺灣第二大漁市，僅次於高雄的前鎮漁港。
71	1982	成立「墾丁國家公園」。
73	1984	成立「墾丁國家公園管理處」。
74	1985	林烈堂再度率先繁殖石斑魚苗成功，快速傳播到周邊鄉鎮；另外包括海鱺、午仔魚和其他海水魚種等，也都接二連三研發成功。

年代	西元	記事
80	1991	農委會提出「養豬政策調整方案」。
		民國80年計畫裡,墾丁觀光的發展,由日式的南國想像,延續為熱帶風情的設計,更進一步,期待能以渡假為目的、以海洋為中心,發展更為多樣的活動,更符合國際旅客需求的品質。
82	1993	成立「東港櫻花蝦產銷班」,建立生產秩序。
84	1995	墾丁春吶開始。
86	1997	至今屏東縣的果樹面積一直是臺灣之冠。屏東縣栽種面積超過1,000公頃以上的果品,包括香蕉、可可、椰子、芒果、棗、鳳梨、檸檬、蓮霧等,都是臺灣重要的熱帶水果類別。
		口蹄疫爆發大流行,對屏東養豬業帶來極大的衝擊,死亡豬隻達1萬多頭,臺灣農產品出口暴跌三分之一。口蹄疫風暴過後,臺灣養豬數量又逐漸上升。
		「太平洋百貨」開幕,市區大塞車。
87	1998	提出養豬戶離牧計畫,透過各種輔導、補貼和優惠措施方案來降低飼養總數,但並沒有明顯的成效。
95	2006	於長治鄉神農路成立「屏東農業生物科技園區」,隸屬於行政院農業委員會。
97	2008	高產值農業的屏東,消費力相當可觀,家戶所得百萬臺幣。
98	2009	莫拉克颱風重創南臺灣,其中尤以位處林邊溪出海口兩側的林邊鄉和佳冬鄉損失最慘重。屏東縣政府因而提出「民間參與養水種電計畫」,簡稱「養水種電計畫」,希望藉由引進太陽光電產業,協助地方經濟轉型及環境永續發展。
		八八風災重創,屏東家戶所得跌至80多萬,至今還在逐步恢復中。
100	2011	「養水種電計畫」陸續完工,林邊和佳冬,很容易看到一座座昂然佇立在田地上的太陽能電板,改變了原本蓮霧園和石斑魚塭的地景風貌。
101	2012	黑鮪魚捕獲量不滿千尾,使黑鮪魚季瀕臨危機。
		「環球購物中心」與「國賓影城」開幕,打破太平洋百貨一家獨占,太平洋也於次年開啟二館。

資料來源:李錦旭(策展)(2015)。

因此，如何在不破壞環境考量下，可持續的使用自然資源，同時促進經濟成長，將自然資源永續利用納入經濟考量，取代一次性的直接破壞與掠奪，成為屏東產業發展思維的政策前提。從過去的產業亮點來看，屏東的發展方向正逐漸成形，從結合農業生物科技的發展、綠能產業的應用，以及未來深度旅遊的推廣，屏東需要有創意的政策來推動新的產業思維，擺脫既有以本地生產總值（GDP，亦稱國內生產總值或國內生產毛額）主導的大量生產經濟模式，而逐漸創造少量而精緻的生產模式、簡單而美好的生活空間、多樣而優質的生態環境，將會是屏東能否成長蛻變的一個重要關鍵（林育諄，引自李錦旭策展，2015）。

六、屏東社會的展望

出身林邊鄉的曹啟鴻擔任過九年的屏東縣長（2005. 12. 20-2014. 12. 25），退休之前出版了《生態治縣‧幸福屏東：曹啟鴻執政手記》一書（2014），他在〈自序〉中說：「『屏東』到底是什麼樣的社會，仍有待定義及形塑。」卸任後（2015. 7. 11）他在演講「後碳時代在地實踐」時，針對筆者「關於屏東的未來是什麼樣的社會」的提問，他回答：「我們不需要急著給屏東社會下定義，我們只要能夠維護屏東生物多樣性、生態圈，就能夠給子孫帶來機會。」

繼任的潘孟安縣長（2014. 12. 25-2022. 12. 25）出身恆春半島的車城鄉，為他的執政紀錄《無路，可走：屏東沒有路就自己鑿路》寫序：「位於島南的獨特地理位置，成為屏東的束縛與制約。……（誓言）讓屏東不再只是地名，而是一個品牌，更成為一種眾人所嚮往的生活風格。……到底，這份做了八年的工作，我很想知道團隊的期末考分數究竟為何？即使屏東的願景館裡，放滿了國內外的獎項、獎盃、獎狀，而各種民調或評比，屏東亦由後段班跳為優等生，只是，這些表象真的代表了人民的心意？」

出身高樹鄉的陳其南教授在寫完《重修屏東縣志：緒論篇（上、下冊）地方知識建構史》（2014）最後一段話說：「屏東位於臺灣的最南端，如果循著陸路要往北到臺灣其他地方，中間都隔了一條難以跨越的下淡水溪（今稱「高屏溪」）。這個地理上的孤立性使得屏東的現代發展受到限制。……在歷史發展過程中，屏東扮演了先驅或前線的角色……」（頁131）

這個「先驅或前線的角色」，點出了屏東社會性質的一個側面，因為屏東在日治時期殖民現代性實驗精神的影響下，再加上孤懸的地理位置遠離政經文化核心，造就人民自力更生、自尋生路的性格；另一方面，卻也在遠離流行中心、法不入鄉野的格局下，或者「上有政策、下有對策」的情況下，有些傳統得以禮失求諸野地保留在屏東，保守的性格也就成為屏東人的另外一個印記，有時甚至會給人落後的感覺。這種「實驗」與「保守」雙重並進或彼此糾纏的特性，逐漸成為屏東社會的底蘊。

貳、屏東縣社會發展的形塑

一、屏東縣的公共議題

㈠從「社會問題」到「公共議題」

1.社會問題的定義

影響顯著數量的人的一種狀況，被認為是非所欲求的，同時覺得經由集體行動可以處理改善（瞿海源，2009：473）。

一種不利於大眾生活但可經由集體行動加以改善的情況（徐震等人，2005：6）。

當一個有影響力的群體確信某種影響了大多數人的社會狀況是一個問題，而這一問題可以透過集體行動來加以糾正時，社會問題就存在了（Zastrow, 2000: 2）。

2.社會問題的性質

(1)一個有影響力的群體。

(2)將某種社會狀況確認為一個問題。

(3)影響相當數量的人們。

(4)透過集體行動進行糾正。

3.社會問題的類型

社會問題很多，如何分類？學者們的做法並不一致，例如徐震等人（2005）分成社會性、制度性和偏差性等三大類；葉至誠（2003）分成社會性、制度性和個人性等三大類；美國Parrillo等人（1999）則分成個人安康、社會平等、社會制度和生活品質等四大類。

每一大類下都包括許多種社會問題（表2-3）。

表2-3　《社會問題》教科書中所討論的社會問題對照表　李錦旭編（2011年2月）

社會問題	瞿海源、張苙雲主編（2010）	徐震等（2005）	葉至誠（2003）	郭靜晃等（2007）	Parrillo等（1999）	朱力（2008）
人口	✓	✓	✓	✓	✓	
婚姻與家庭	✓	✓	✓	✓	✓	✓
教育	✓		✓		✓	
醫療照護	✓		✓		✓	
貧窮（所得分配）	✓	✓	✓		✓	✓
失業	✓		✓			✓
勞工	✓	✓	✓			
原住民	✓	✓				
身心障礙	✓		✓	✓		✓
移民／移工	✓	✓		✓		
色情與娼妓	✓	✓	✓		✓	✓
偏差與犯罪	✓	✓	✓	✓	✓	✓

社會問題	瞿海源、張苙雲主編（2010）	徐震等（2005）	葉至誠（2003）	郭靜晃等（2007）	Parrillo等（1999）	朱力（2008）
藥物濫用	✓	✓			✓	✓
自殺	✓	✓				✓
都市		✓			✓	
環境與生態		✓	✓			
老人	✓	✓		✓		
社會風氣		✓				
經濟		✓		✓	✓	
婦女與性別		✓		✓	✓	
階級		✓				
國民年金		✓				
職業		✓				
社會福利		✓		✓		
休閒		✓				
幸福				✓		
人生全程發展				✓		
壓力				✓		
生涯規劃				✓		
數位學習				✓		
種族關係					✓	
精神疾病						✓
遊民						✓

4. 公共議題

　　社會，不論是環境生態、經濟、交通、政治、社會或文教等方面，在發展的過程中，都會出現許多的議題和現象，稱作「公共議題」。將「社會問題」改成「公共議題」，主要在避免現代學術分工所造成的藩籬，也就是將討論的議題局限在「社會學」所關心的知識範疇內；其次則強調其

公共性、共有性，而非私有性；第三，「議題」可正面也可負面，不見得都是負面的、有問題的（李錦旭，2022）。

(二)如何研究公共議題

1. 逆推順述式研究

北京大學歷史人類學者趙世瑜提出「逆推順述式研究」，適合用來研究公共議題。根據他的說法，所謂「逆推順述式研究」是指：

我們的研究是從現實出發，而不是像過去傳統的歷史研究那樣，從過去某一個歷史的節點上往後講。任何一個地方都可以是我們的切入點。在我們的眼中，這些地方上面有多少對於我們今天的生活來講還是非常重要的東西，可能有若干個。這些東西我們把它逆推回去，看它們究竟是從什麼時候開始出現的。也就是說，那個時候是一個對本地的今天非常重要的時段，因此從那個時段再敘述回來。我把它總結為「逆推順述式」的研究。（趙世瑜，2016：53）

所謂「逆推順述」，就是將在自己的田野點觀察到的、依然活著的結構要素，推到它們有材料可證的歷史起點，然後再從這個起點，將這些結構要素一一向晚近敘述，最後概括出該區域歷史的結構過程。（趙世瑜，2020：107）

2. 報紙地方版

例如將《自由時報》和《聯合報》兩份報紙屏東縣地方版上，2017年所報導的屏東縣公共議題加以分門別類，再用「逆推順述式研究」往前推溯。

3. 專家學者諮詢法

請專家學者填寫若干個（如10個）議題，如有重複就代表這議題有

其重要性，這方式是利用人對議題意象來決定，然後再根據最後選定的議題關鍵字，利用各種資料庫和網頁去搜尋。

4.縣長執政紀錄

⑴黃怡（採訪報導）（2014）。國境之南・眾志成城：曹啟鴻屏東創新施政實錄。https://www.books.com.tw/products/0010658733?sloc=main。

⑵曹啟鴻（口述）、黃怡（整理撰述）（2014）。生態治縣幸福屏東：曹啟鴻執政手記。https://www.books.com.tw/products/0010658309?sloc=main。

⑶侯千絹（2022）。無路，可走：屏東沒有路就自己鑿路。https://www.books.com.tw/products/0010927335。

5.經驗研究─調查法

這是社會科學家常用的研究方法，可分成如下兩種傳統，詳細的說明可參考相關書籍或修習相關課程：

⑴量化─社會調查（survey）。

⑵質性─田野調查（field study）。

(三)屏東縣的公共議題

李錦旭從2017年8月開始進行「屏東縣公共議題資料彙編」計畫，將屏東縣的公共議題分成下面幾種，有待深入研究（李錦旭主編，2022）：

1.環境和生態

⑴萬年溪治理。

⑵潮州污水下水道。

⑶自來水普及率。

⑷空污。

⑸枋寮廢棄物。

(6)土壤鹽化。

(7)食物。

2. 經濟

    (1)三級產業人口。

    (2)勞動與就業。

    (3)家庭所得。

    (4)墾丁觀光。

    (5)臺糖屏東廠土地開發。

    (6)養水種電。

    (7)青年留鄉。

3. 交通

    (1)高鐵南延。

    (2)恆春觀光鐵道。

    (3)屏東縣內公車系統。

    (4)Pbike。

4. 政治

    (1)民意代表選舉席次。

    (2)原住民政治參與。

    (3)賄選與貪污。

5. 社會

    (1)人口衰退。

    (2)新移民人口。

    (3)長照。

    (4)公民團體。

⑸社會企業。

⑹禮納里永久屋。

6.文教

⑴勝利星村活化。

⑵文化設施（藝術館、圖書館、演藝廳）。

⑶偏鄉教育。

二、屏東縣公共議題的治理方法

㈠社會三分（圖2-10）

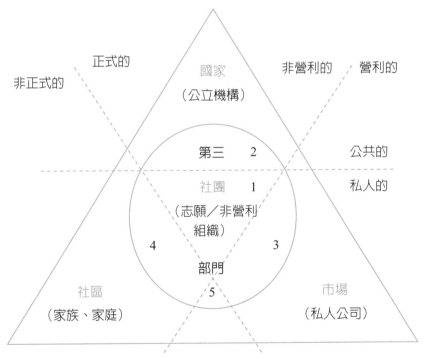

圖2-10　第三部門與國家、市場、社區的關係。

資料來源：Jochum, Pratten and Wilding (2005). *Civil Renewal and Active Citizenship: A Guide to the Debate* (p.7).

社會三分法舉例：屏東河川污染及其治理

屏東學ing

紀錄片：東港溪的美麗與哀愁

片　　長：12分48秒

作　　者：屏大社發系99級柳詩盈（高雄人）和105級鄒立琳（桃園人），以及中文系103級吳豪杰（澎湖人）和幼教系106級王譯慧（屏東人）的屏東東港溪之愛。

網路連結：https://www.youtube.com/watch?v=GmKN2Ujktws

(二) 治理方法

1.何謂「治理」？

　　治理（governance），指的是「一切治理的過程，不論是由政府、市場或網絡來執行，針對的是家庭、部落、正式組織、非正式組織或區域，經由法律、規範、權力或語言實行的」（Bevir, 2013，轉引自維基百科治理，2018）。它與尋求行為規定、權力賦予、表現判定的過程和決策相關。

2.治理的類型

　　治理是一個非常廣泛的概念，可以指組織機構的所有行為。同樣地，這種廣泛性意味著，治理一詞通常會被更狹窄地定義，來指：

(1) 與某類組織相聯繫的、一個特定「層次」的治理：包括公共治理、全球治理、非營利治理、公司治理和項目治理。

(2) 與某種活動或結果相關的一個特定「領域」的治理：包括環境治理、網際網路治理和資訊科技治理。

(3) 治理的一種特定「模式」，通常源於一個實證或規範理論：包括監管治理、參與式治理、多層次治理、後設治理（管理的管理）和協

作治理。

（維基百科治理，2018）

(三)屏東縣公共議題的治理方法

誠如上述，治理的方法有很多種類型。換個角度，美國社會福利學者詹姆斯・米奇利（James Midgley, 1995）指出，社會發展的策略有三種：由個人來做、由政府來做，以及由社區來做。有志者可以透過個人的努力和創業，來幫助家鄉、社會發展；也可以經由進入政府部門利用公權力來改善各種制度，提高政府服務效率、促進社會發展；此外，也可以在地方、社區層次，呼朋引伴從事／開創對鄉親、居民有利的工作（李錦旭，2015）。

綜合考慮後，下面根據筆者的經驗，將屏東縣公共議題的治理方法分成四大類：政策提案（表2-4）、社區運動、社區營造、人才培育，並舉例來說明。

1.政策提案

表2-4 教育部終身學習推展會會議委員提案單

委員	李錦旭（歡迎其他委員協力思考、增修內容、聯名提案）
分組	■社區教育組　□高齡教育組　□資源整合組
案由	關於透過地方學來培養積極公民，落實地方公民治理的實踐，提請討論。
說明	1.以地方學和公民治理的精神為主軸核心，串聯、結合各種社區教育社區學習的力量，並避免相關單位各自為政、力量分散。 2.以社區／地方為基礎，透過地方／社區本位教育的方式，深化居民對社區／地方的認識，凝聚共同體意識，提升社區／地方的光榮感，培養公民治理的能力，帶動社區／地方的發展。
建議	1.鼓勵村落踏查、在地書寫及公民報導。 2.鼓勵探討地方社會議題及其治理方法。 3.鼓勵社區行動方案。

	4.鼓勵社區網絡的建構與連結。 5.鼓勵在地學校（含大學）、社造與社區大學（含部落大學）合作、協力執行。 6.通函相關單位在執行計畫時能夠注意、落實本提案的精神和建議。
相關附件	■無。 □有，共＿＿＿＿頁。

日期：107年3月30日。

2.社區運動

透過社區運動，能夠直接引起人民（特別是在地居民）和政府（特別是地方政府）的注意，尋求改善之道。鍾秀梅在〈社區保衛運動與永續經營〉一文（2014）中，分類詳述了屏東縣過往的許多社會運動如下所列，請參考。

⑴農民運動。

⑵工人運動。

⑶環境正義運動。

　①反核三運動。

　②河川保護運動。

　③環境保護運動。

⑷原住民認同運動。

⑸客家認同運動。

⑹社區認同運動。

3.社區營造

屏東縣風行社區營造，曹啟鴻前縣長在卸任不久將其任內主要的社區營造工作歸納成如下前五種（曹啟鴻、林淑惠、黃麗霞，2016）。此外，終身學習也是常用的社造方法。

(1)「萬年溪」再生（圖2-11）

圖2-11　屏東縣萬年溪再生圖片。
資料來源：取自網路，詳參考資料。

(2)單車國道（圖2-12）

圖2-12　屏東縣單車國道圖片。
資料來源：取自網路，詳參考資料。

(3)大潮州人工湖（圖2-13）

圖2-13　屏東縣大潮州人工湖圖片。
資料來源：取自網路，詳參考資料。

(4)養水種電（圖2-14）

圖2-14　屏東縣養水種電圖片。
資料來源：取自網路，詳參考資料。

⑸養水種電的後續——光采濕地（圖2-15）

圖2-15　屏東縣光采濕地圖片。
資料來源：取自網路，詳參考資料。

⑹終身學習

① 社區大學

　　a. 宗旨：解放知識，改造社會

　　b. 屏北社區大學

　　　成立年：2000年

　　　現址：屏東市北興里公裕街300號（至正國中至善樓1樓）

　　　網頁：http://www.ptcc.ptc.edu.tw/

　　c. 屏南社區大學

　　　成立年：2006年

　　　現址：屏東縣恆春鎮恆南路158號

　　　網頁：http://www.pscc.org.tw/Default.aspx/Programs/StaticPage/
　　　about.aspx

② 學習型城市

a. 定義：學習型城市（learning city）即城市或鄉鎮村里的民眾，願意努力以學習進行改造，以因應全球變遷議題（蔡秀美，2017）。

b. 承辦單位：臺灣藍色東港溪保育協會（1997- ）

現址：屏東縣潮州鎮光澤巷16號

網頁：協會http://sixstar.moc.gov.tw/blog/actkr7888438/community-Action.do?method=doCommunityView

屏東縣學習型城市計畫https://www.beclass.com/rid=203c83b598d69b319096

4. 人才培育

屏東大學社會發展學系「公共治理」學分學程（表2-5）。

⑴宗 旨

社會可分成政府、市場和第三部門等三部分。本學程旨在培養具備「公共性」精神的人才，強化其政策規劃、方案執行、行政管理，以及跨領域整合等公共治理的能力，以服務於公部門、私部門和民間團體，促進社會和地方的發展。

⑵課 程

表2-5　屏東大學社會發展學系「公共治理」學分學程課程表

課群	課程名稱	學分數
社會發展	政治與社會發展	3
	臺灣近代經濟發展	2
	媒體與社會發展	3
公共議題	環境社會學	3
	老化與社會發展	3
	移民與認同	2

課群	課程名稱	學分數
治理方法	公共政策與治理	3
	社會政策與社會立法	3
	行政法	3
	都市計畫與空間資訊系統	2
	社區營造理論與實務	3
	企劃書撰寫與專案管理	3
	鄉土文物調查及導覽	2
	公民教育	3
	社會運動	3
	衝突與危機管理	2
	非營利組織管理	2
	創新經濟與另類發展	3

註：本學程分三個課群，均為選修，申請前已修畢之課程可追認為學分學程；修畢18學分以
　　上並符合相關規定，即可核予學程證明，並於畢業證書上加註。

參考資料

行龍（2015）。《走向田野與社會（修訂版）》。北京：三聯書店。

朱力（2008）。《當代中國社會問題》。北京：社會科學文獻出版社。

利天龍（2014）。〈第十章屏東平原客屬聚落的發展 —— 以長興火燒庄為
　　例〉。載於利天龍、莊天賜、陳秋坤與曾坤木，《重修屏東縣志：人群分
　　類與聚落村莊的發展》（頁159-189）。屏東市：屏東縣政府。

呂自揚（2022.10.16）。〈高屏往事：1635年搭加里揚之戰〉。自由時報。

李文良（2016）。〈清代南臺灣六堆的米穀生產與流通〉。《臺灣史研
　　究》，23（4），39-80。

李國銘（1993）。〈鳳山八社舊址初探〉。收入李國銘（2004），《族群、
　　歷史與祭儀：平埔研究論文集》（頁17-33）。臺北縣：稻鄉。

李筱峰（2023）。《從500張圖入門台灣史》。新北市：遠景。

李錦旭（2015.6.9）。〈社發系畢業生的可能性：贈言2015年畢業的屏東大
　　學同學〉。巷仔口社會學。https://twstreetcorner.org/2015/06/09/lijinxu-2/

李錦旭（策展）（2015年5月28日至8月2日）。〈綠色經濟的故事：屏東百年產業變遷展覽（文案）〉。屏東縣政府主辦，展覽地點：屏東縣旅遊文學館。

李錦旭（主持研究）（2017年8月至2018年12月）。〈屏東縣公共議題資料彙編〉。屏東大學教育部合校（AI）計畫之子計畫。

李錦旭（2022）。〈主編序：屏東縣公共議題的編輯方法與過程〉。載於李錦旭，《2021年屏東縣公共議題彙編》（v-ix頁）。屏東市：國立屏東大學。

李錦旭（主編）（2022）。《2021年屏東縣公共議題彙編》。屏東市：國立屏東大學。

吳玲青（2017）。《界外之人：瑯嶠地方的歷史與人群》。高雄市：麗文。

林芷琦（2022）。〈08三級產業人口〉。載於李錦旭（主編），《2021年屏東縣公共議題彙編》（頁47-53）。屏東市：國立屏東大學。

周芬姿（2014）。《緒論》。載於周芬姿等，《重修屏東縣志：社會型態與社會構成》（頁11-36）。屏東市：屏東縣政府。

施添福（2001）。〈國家與地域社會：以清代臺灣屏東平原為例〉。收於詹素娟、潘英海（主編），《平埔族群與臺灣歷史文化論文集》（頁33-112）。臺北市：中央研究院臺灣史研究所籌備處。

侯千絹（2022）。《無路，可走：屏東沒有路就自己鑿路》。臺北市：遠見天下。

屏東市役所圖片2018年7月10日連結https://reurl.cc/b9GY6o

屏東縣大潮州人工湖圖片2018年7月9日連結https://www.google.com.tw/search?q=%E5%B1%8F%E6%9D%B1%E7%B8%A3+%E5%A4%A7%E6%BD%AE%E5%B7%9E%E4%BA%BA%E5%B7%A5%E6%B9%96+%E5%9C%96%E7%89%87&rlz=1C1NHXL_zh-TWTW710TW710&source=lnms&tbm=isch&sa=X&ved=0ahUKEwjciYikvMrWAhXCHpQKHXPbADoQ_AUICigB&biw=1152&bih=616

屏東縣光采濕地圖片2018年7月9日連結https://www.google.com.tw/search?q=%E5%85%89%E9%87%87%E6%BF%95%E5%9C%B0&rlz=1C1NHXL_zh-TWTW710TW710&source=lnms&tbm=isch&sa=X&ved=0ahUKEwj5gPH6jpHcAhUbM94KHcvpDUEQ_AUICygC&biw=1152&bih=616

屏東縣政府民政處（2023a）。112年5月屏東縣各鄉鎮市村里鄰戶數與戶籍動

態登記統計表。2023年6月15日連結https://reurl.cc/01E70x

屏東縣政府民政處（2023b）。112s年4月屏東縣各鄉鎮市新住民人口數。2023年6月15日連結https://reurl.cc/lDv8y9

屏東縣單車國道圖片2018年7月9日連結https://www.google.com.tw/search?q=%E5%B1%8F%E6%9D%B1%E7%B8%A3+%E5%96%AE%E8%BB%8A%E5%9C%8B%E9%81%93&rlz=1C1NHXL_zh-TWTW710TW710&source=lnms&tbm=isch&sa=X&ved=0ahUKEwi43q6_u8rWAhUImZQKHSmZD4AQ_AUIDCgD&biw=1152&bih=616

屏東縣萬年溪再生圖片2018年7月9日連結https://www.google.com.tw/search?q=%E8%90%AC%E5%B9%B4%E6%BA%AA&rlz=1C1NHXL_zh-TWTW710TW710&source=lnms&tbm=isch&sa=X&ved=0ahUKEwi_mpj7usrWAhX-BKJQKHR6OAXsQ_AUICygC&biw=1152&bih=616&dpr=1.25

屏東縣養水種電圖片2018年7月9日連結https://www.google.com.tw/search?q=%E5%B1%8F%E6%9D%B1%E7%B8%A3+%E9%A4%8A%E6%B0%B4%E7%A8%AE%E9%9B%BB+%E5%9C%96%E7%89%87&rlz=1C1NHXL_zh-TWTW710TW710&source=lnms&tbm=isch&sa=X&ved=0ahUKEwj4iuCfvcrWAhXINpQKHflpB5UQ_AUICigB&biw=1152&bih=616

徐震、李明政、莊秀美（2005）。《社會問題（二版）》。臺北市：學富。

柳詩盈、鄒立琳、吳豪杰、王譯慧（2017）。東港溪的美麗與哀愁（紀錄片）（片長12分48秒）。2023年6月15日連結https://www.youtube.com/watch?v=GmKN2Ujktws

原住民族委員會（2013）。〈112年5月臺閩縣市原住民族人口-按性別族別〉。2023年6月15日連結https://www.cip.gov.tw/zh-tw/news/data-list/812FFAB0BCD92D1A/83C63F954CB5EB1BA4B571F18AE92066-info.html

郭靜晃、蔡宏昭（主編）（2007）。《社會問題與適應（第三版）》。臺北市：揚智。

陳其南（2014a）。《重修屏東縣志：緒論篇（上冊）地方知識建構史》。屏東市：屏東縣政府。

陳其南（2014b）。《重修屏東縣志：緒論篇（下冊）地方知識建構史》。屏東市：屏東縣政府。

陳秋坤（2014）。〈第一部分政權、人群分類形態與地方勢力〉。載於利天龍、莊天賜、陳秋坤與曾坤木，《重修屏東縣志：人群分類與聚落村莊的

發展》（頁19-137）。屏東市：屏東縣政府。

陳秋坤（2017）。〈近代屏東地域社會結構、權力關係與「屏東人」概念的形成（1750-1920）〉。載於李錦旭（主編），陳其南、陳秋坤等（撰）（2017），《邁向屏東學：認識論、社會結構與社區營造》（頁75-94）。臺北市：屏東大學與開學文化公司合作出版。

曹啟鴻（口述），黃怡（整理撰述）（2014）。《生態治縣・幸福屏東：曹啟鴻執政手記》。屏東市：屏東縣政府。

曹啟鴻、林淑惠、黃麗霞（2016）。〈公民參與的社區營造：以屏東縣為例〉。《臺灣文獻》，67（2），51-100。

黃怡（採訪報導）（2014）。《國境之南・眾志成城：曹啟鴻屏東創新施政實錄》。臺北市：幸福綠光。

黃清琦（地圖繪製），黃驗、黃裕元（撰文）（2018）。《臺灣歷史地圖（增訂版）》。臺北市：國立臺灣歷史博物館與遠流。

黃森松（2009）。《武洛社平埔族：磚仔地地基主》。屏東縣里港鄉：屏東縣里港鄉載興村磚仔地社區發展協會。

葉至誠（2003）。《當代社會問題》。臺北市：揚智。

趙世瑜（2016）。〈「美麗的誤會」以及歷史人類學是什麼〉。載於高士明、賀照田（主編），《亞洲思想運動報告》（頁52-54）。臺北市：人間。

趙世瑜（2020）。《歷史人類學的旨趣：一種實踐的歷史學》。北京：北京師範大學出版社。

維基百科治理2018年7月9日連結https://zh.wikipedia.org/wiki/%E6%B2%BB%E7%90%86

維基百科屏東縣2023年6月12日連結https://zh.wikipedia.org/wiki/%E5%B1%8F%E6%9D%B1%E7%B8%A3

潘孟安（2022）。〈序〉。載於侯千絹，《無路，可走：屏東沒有路就自己鑿路》（頁4-11）。臺北市：遠見天下。

蔡秀美（2017.9.3）。臺灣學習型城市的理念發展與指標：兼談永續發展教育的學習城市（演講ppt）。東港溪保育協會主辦「106年學習型城市計畫—【安居樂活・屏中學習趣】前導計畫專業培力工作坊」，講於屏東縣竹田鄉客家文物館。

蔡培慧、陳怡慧、陸傳傑（2018）。《臺灣地名事典（二版）》。新北市：遠足。

蔡錫謙（2000）。《日治時期屏東市街都市與建築發展之歷程》。私立中原大學建築學系碩士論文。

鄭力軒（2014）。《重修屏東縣志：產業形態與經濟生活》。屏東市：屏東縣政府。

劉星君（2023. 5. 15）。〈屏東縣發放生育津貼2萬元首日258人申請1個月內入帳〉。聯合報。

鍾秀梅（2014）。〈社區保衛運動與永續經營〉。載於周芬姿等（2014），《重修屏東縣志：社會形態與社會構成》（頁156-193）。屏東市：屏東縣政府。

鍾榮富（2014）。〈屏東地區的族群與語言〉。載於周芬姿等，《重修屏東縣志：社會型態與社會構成》（頁38-59）。屏東市：屏東縣政府。

簡炯仁（2015）。《屏東平原先人的開發（增訂版）》。屏東市：屏東縣政府文化局。

羅欣貞（2023. 1. 21）。〈屏縣人口連跌21年去年減逾五千人〉。自由時報。

瞿海源、張苙雲（主編）（2010）。《臺灣的社會問題（第二版）》。臺北市：巨流。

Jochum, Veronique; Pratten, Belina and Wilding, Karl (2005). *Civil Renewal and Active Citizenship: A Guide to the Debate*. London: NCVO. [Online]. Available: http://www.ncvo-vol.org.uk

Midgley, James（1995；苗正民譯，2009）。《社會發展：社會福利視角下的發展觀》。上海：格致出版社、上海人民出版社。

Parrillo, Vincent N.; Stimson, John; Stimson, Ardyth（1999第4版；周兵、單弘、蔡翔譯，2002）。《當代社會問題》。北京：華夏出版社。

Zastrow, Charles（2000；范燕寧等譯，2010）。《社會問題：事件與解決方案（第五版）》。北京：中國人民大學出版社。

第三章
變遷中的屏東原住民社會

李馨慈、郭東雄

壹、基本介紹

除位於屏東大武山區之排灣族（Paiwan[1]）與魯凱族（Rukai），在十七世紀荷蘭人及漢人尚未大量移入之前，阿美族（Amis）及平埔族群（清時稱為鳳山八社）亦分居於半島區及屏東平原。除此之外，恆春半島還有一群跳脫族群框架的斯卡羅族（排灣化卑南族）。數百年後，歷經荷治、明鄭、清領、日治迄今，漢人移民拓植，加上國家力量的影響之下，屏東的政治、經濟和文化空間逐漸產生改變。二十一世紀的屏東不只是原住民族在這裡居住生活，屏東平原還包括客家、福佬以及戰後由大陸移民來臺的外省族群。儘管如此，原住民族群與文化的存在，卻是屏東社會文化裡不可或缺的一角。

尤其大武山脈上的排灣族與魯凱族，有著其他原住民族所沒有的一項重要社會特質，就是嚴格的社會階序。而傳統領袖的身分扮演關鍵性的經濟、社會與政治功能，即使在社會變遷下，依舊能在生活文化中展現出階序社會對於文化的影響。

在大武山區，從最北的魯凱族下三社開始，一路往南經過幾個不同的排灣群，再到現在已經消失的瑯嶠十八社的領域，依據1933年出版之《高砂族調查書》，這條路線共有村社部落99社。其中，隘寮溪以北25社、隘寮溪以南率芒溪以北約30社、率芒溪以南有44社[2]（圖3-1）。

---

[1] 本文以南島語拼音皆正體大小寫，英語除人名正體大小寫外，其餘皆小寫斜體表示。

[2] 陳其南，2014，《重修屏東縣志：緒論篇（下冊）地方知識建構史》，屏東縣政府文化局。

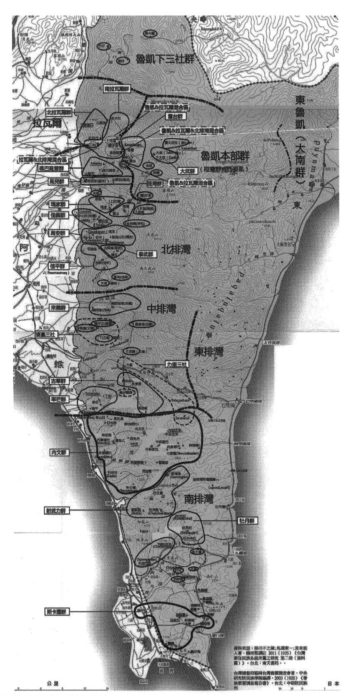

圖3-1 魯凱排灣部落群社分布。
（圖片來源：《重修屏東縣志：緒論篇（下冊）地方知識建構史》）

一、排灣族

族稱取自一個部落名——Payuan，分成拉瓦爾（Ravar）跟布曹爾
（Vuculj）兩大群系。Ravar群以三地門鄉的達瓦蘭社群為核心，以「達
瓦蘭」為部落起源，社會文化上有百合花的佩戴風俗，以及傾向長男繼承
的社會制度。Vuculj發跡於大武山（Kavulunga）的「Payuan」，不分男
女以長嗣繼承，maljeveq是Vuculj群的重大祭典，每五年辦理一次，至隔
年pasau送靈結束後作為祖靈子孫共聚的祭儀，又稱為「五年祭」或「人
神盟約祭」。社會變遷後，如今仍執行maljeveq和pusau的九個部落中，
屏東有七佳部落、力里部落、歸崇部落、古樓部落、文樂部落、望嘉部
落、白鷺部落及高見部落。

排灣族文化中以家名、家族的觀念與嚴謹的社會階序，貫穿社會中政
治、婚姻、宗教與藝術各層面。在雕刻與陶壺藝術方面表現相當出色，
石、竹、木材等均是雕刻的素材。置於家屋中的大型立柱祖靈柱（圖
3-2），是mamazangiljan（部落領袖）的祖先地位象徵。

圖3-2　排灣族佳平舊社Zingrur頭目家四面木雕祖靈柱。
圖文來源：文化部文資局。

二、魯凱族

族稱Ngudradrekai簡稱Rukai，詞源尚無定論。一種說法認為Rukai是魯凱族人的自稱，係指「來自高冷山上的人」之意。屏東以西魯凱群，亦稱魯凱本群或隘寮群為主。嚴密的階層是魯凱族的社會制度特色，貴族與平民的關係亦影響了藝術、婚姻、建築、姓名制、物質文化等獨特與豐富的樣貌。

以百合花為「魯凱族族花」，文化核心價值以百合花的佩飾權最富特色，具有表彰聖潔、膽識、勇氣與尊榮的意義。當男子陸續獵獲6頭（有些部落獵獲5頭）長出獠牙的公山豬（valisane）後，才可享有象徵獵人勇士榮譽的百合花佩戴資格（圖3-3）。

圖3-3 以百合花為「魯凱族族花」，文化核心價值以百合花的佩飾權最富特色，具有表彰聖潔、膽識、勇氣與尊榮的意義。當男子陸續獵獲6頭（有些部落獵獲5頭）長出獠牙的公山豬（valisane）後，才可享有象徵獵人勇士榮譽的百合花佩戴資格。
（李馨慈2014拍攝於霧臺鄉文物館）

經濟生活以小米（becenge）種植為主體，廣泛用於各項祭儀、婚禮、切親、財富象徵等。小米品係多樣，乃是重要的農業文化遺產，然卻在生態系統與部落文化的變遷下面臨危機。跟排灣族一樣有製作cinavu（意思為用葉子包裹食物）的風俗，作法以植物假酸漿葉包裹芋頭乾粉末，以肉塊為餡。

三、恆春半島的原住民

恆春半島是一個多族群活躍的地區，其中包括排灣族、斯卡羅人（排灣化卑南族）、阿美族、馬卡道平埔族群及漢人。恆春的阿美族人主要居住在本縣滿州鄉的港口、長樂、九棚（港仔）、八瑤、旭海一帶，也零星分布於牡丹鄉各村並和排灣族混居。這些居住於恆春半島上的阿美族人，因長期與排灣族混居和通婚，受到的影響很深，阿美族的特色逐漸淡薄。例如他們的年齡組織特色已不太明顯，傳統的歲時祭儀如播種節、豐年節、捕魚祭和成年禮等活動幾乎絕跡。

四、平埔族群

依據考古與語言學資料，平埔族群屬於南島民族的一支，在十七世紀前，其居住地區散布在臺灣的平原地帶。日治時期，屏東平原的平埔族群為Makatao[3]，據說是以鳳山八社中最強大的塔樓社之名，作為全部族群命名的代表，多數人視Makatao為Siraya的一支。平埔族群受漢文化影響的時間已有四世紀，回顧家族或族群歷史有其困難，但他們已開始試著重新建立。一九九〇年代以來，平埔族群的處境與歷史淵源成為大眾關注的焦點之一，平埔族群人透過圖書出版、實地走訪、儀式重建等重新尋根（圖3-4）。

五、屏東原住民族部落

目前原住民族委員會核定之部落數，屏東縣81個部落，占全國746個部落數的11%，追溯部落名的沿革與涵義，亦可以了解到原住民族早期的風俗習慣與歷經的文化衝突（表3-1）。

3　李國銘，2004，《族群歷史與祭儀：平埔研究論文集》，稻鄉出版社。

圖3-4　加蚋埔平埔夜祭[4]。據長老口述，加蚋埔夜祭自古從無間斷，惟於日治時期
　　　因日人干涉而有短暫停頓，但在族人的堅持下，很快即又恢復舉行。加蚋埔
　　　馬卡道族人除了固定的年度夜祭之外，尚有祈雨祭、作向、走鏢及走孝等不
　　　定期舉行的各種民俗活動。

表3-1　屏東縣原住民族部落[5]

	鄉鎮市區	村／里	部落傳統名制	部落名稱	族別
1	春日鄉	力里村	Lalekeleke	力里部落	排灣族
2	春日鄉	春日村	Kasuga	春日部落	排灣族
3	春日鄉	士文村	Seveng	士文部落	排灣族
4	春日鄉	七佳村	Tjuvecekadan	七佳部落	排灣族
5	春日鄉	古華村	Kuabar	古華部落	排灣族
6	春日鄉	歸崇村	Kinayiman	歸崇部落	排灣族
7	牡丹鄉	東源村	Maljipa	東源部落	排灣族
8	牡丹鄉	牡丹村	Sinevaudjan	牡丹部落	排灣族
9	牡丹鄉	旭海村	Macaran	旭海（馬查蘭）部落	阿美族
10	牡丹鄉	高士村	Kus kus	高士部落	排灣族

---

[4]　資料來源：國家文化資產網，圖像來源：趙守彥。

[5]　依《原住民族基本法》第二條第四款定義之部落。

	鄉鎮市區	村／里	部落傳統名制	部落名稱	族別
11	牡丹鄉	石門村	Pungudan	大梅部落	排灣族
12	牡丹鄉	石門村	Kapanan	石門部落	排灣族
13	牡丹鄉	石門村	Anteng	安藤部落	排灣族
14	牡丹鄉	四林村	Draki	四林部落	排灣族
15	瑪家鄉	瑪家村	Paljur	白露部落	排灣族
16	瑪家鄉	三和村	Zayazayan	玉泉部落	排灣族
17	瑪家鄉	三和村	Vecekadan	三和部落	排灣族
18	瑪家鄉	三和村	Laulauzan	美園部落	魯凱族
19	瑪家鄉	排灣村	Payuwan	排灣部落	排灣族
20	瑪家鄉	佳義村	Kazangiljan	佳義部落	排灣族
21	瑪家鄉	涼山村	Wakaba	涼山部落	排灣族
22	瑪家鄉	北葉村	Masilid	北葉部落	排灣族
23	瑪家鄉	瑪家村	Makazayazaya	瑪家部落	排灣族
24	瑪家鄉	瑪家村	Tjanavakung	達那瓦功部落	排灣族
25	三地門鄉	三地村	Timur	三地部落	排灣族
26	三地門鄉	達來村	Tjavatjavang	達來部落	排灣族
27	三地門鄉	馬兒村	Valjulu	馬兒部落	排灣族
28	三地門鄉	大社村	Paridrayan	大社部落	排灣族
29	三地門鄉	口社村	Sagaran	口社部落	排灣族
30	三地門鄉	青葉村	Talamakau	青葉部落	魯凱族
31	三地門鄉	青山村	Cavak	青山部落	排灣族
32	三地門鄉	安坡村	Djineljepan	安坡部落	排灣族
33	三地門鄉	賽嘉村	Tjailjaking	賽嘉部落	排灣族
34	三地門鄉	德文村	Kingdalruwane	金大露安部落	魯凱族
35	三地門鄉	德文村	Tjukuvulj	嘟估甫了部落	排灣族
36	三地門鄉	德文村	Tjusepayuan	北巴部落	排灣族
37	霧臺鄉	霧臺村	Kabalelradhane	神山部落	魯凱族
38	霧臺鄉	吉露村	Kinulane	吉露部落	魯凱族

	鄉鎮市區	村／里	部落傳統名制	部落名稱	族別
39	霧臺鄉	阿禮村	Adiri	阿禮部落	魯凱族
40	霧臺鄉	霧臺村	Wutai	霧臺部落	魯凱族
41	霧臺鄉	佳暮村	Karamemedesane	佳暮部落	魯凱族
42	霧臺鄉	霧臺村	Kudrengere	谷川部落	魯凱族
43	霧臺鄉	好茶村	Kucapungane	好茶部落	魯凱族
44	霧臺鄉	大武村	Labuwan	大武部落	魯凱族
45	泰武鄉	武潭村	Qapedang	武潭部落	排灣族
46	泰武鄉	佳平村	Kaviyangan	佳平部落	排灣族
47	泰武鄉	泰武村	Ulaljuc	泰武（吾拉魯滋）部落	排灣族
48	泰武鄉	佳平村	Masisi	馬仕部落	排灣族
49	泰武鄉	平和村	Piyuma	平和部落	排灣族
50	泰武鄉	萬安村	Ludja	安平部落	排灣族
51	泰武鄉	萬安村	Tjaialev	達里部落	排灣族
52	泰武鄉	佳興村	Puljetji	佳興部落	排灣族
53	泰武鄉	萬安村	Tjaranauma	萬安部落	排灣族
54	來義鄉	古樓村	Kuljaljau	古樓部落	排灣族
55	來義鄉	望嘉村	Vungalid	望嘉部落	排灣族
56	來義鄉	南和村	Payljus	白鷺部落	排灣族
57	來義鄉	丹林村	Calasiv	丹林部落	排灣族
58	來義鄉	義林村	Tjuwaqau	大後部落	排灣族
59	來義鄉	丹林村	Siljevavav	喜樂發發吾部落	排灣族
60	來義鄉	義林村	Tjana'asiya	義林部落	排灣族
61	來義鄉	文樂村	Pucunug	文樂部落	排灣族
62	來義鄉	來義村	Tjalja'avus	來義部落	排灣族
63	來義鄉	南和村	Takamimura	高見部落	排灣族
64	獅子鄉	丹路村	Lemiyau	伊屯部落	排灣族
65	獅子鄉	楓林村	Kaidi	楓林部落	排灣族
66	獅子鄉	南世村	Nansiku	南世部落	排灣族

	鄉鎮市區	村／里	部落傳統名制	部落名稱	族別
67	獅子鄉	楓林村、丹路村	Yungkilu	新路部落	排灣族
68	獅子鄉	內文村	Tjakuvukuvulj	內文部落	排灣族
69	獅子鄉	草埔村	Tjinavanavalj	橋東部落	排灣族
70	獅子鄉	草埔村	Kuangka	橋西部落	排灣族
71	獅子鄉	草埔村	Puljekuwan	下草埔部落	排灣族
72	獅子鄉	草埔村	Tjisaulem	雙流部落	排灣族
73	獅子鄉	丹路村	Tjacekes	上丹路部落	排灣族
74	獅子鄉	丹路村	Pasumaq	下丹路部落	排灣族
75	獅子鄉	竹坑村	Tjuruguai	竹坑部落	排灣族
76	獅子鄉	獅子村	Qaljecim	和平部落	排灣族
77	獅子鄉	獅子村	Tjusinlung	中心崙部落	排灣族
78	獅子鄉	內獅村	Kacedas	內獅部落	排灣族
79	滿州鄉	里德村	Ride	里德部落	排灣族
80	滿州鄉	長樂村	Parius	分水嶺部落	排灣族
81	滿州鄉	長樂村	Tjadukudukung	長樂部落	排灣族

貳、南島民族與臺灣原住民

　　2000年2月17日，英國發行的《自然》（*Nature*）期刊，在2000年403卷677期刊登一篇標題為「臺灣給世界的禮物」（*Taiwan's gift to the world*[6]）的文章，作者是Jared M. Diamond（圖3-5）。《自然》創刊於1869年，是非常重要的世界性科學週刊。在Diamond文章裡，Diamond整理出三個支持臺灣是南島語族原鄉的最有力證據，包括語言學、考古學和人類航海史上的證據。根據研究，南島語系的1,200種語言，可以分為十大支系。臺灣雖然只有26種語言，卻占了十大支系中的九大支系。也就

---

[6] Diamond, J.M., Taiwan Gift to the World , Nature, v. 403, pp. 709-710, 2000.

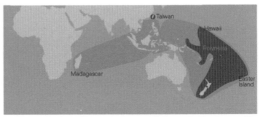

news and views

Taiwan's gift to the world

Jared M. Diamond

Study of the giant Austronesian language family tells us a great deal about the history of Pacific peoples and boatbuilding, as well as about Aboriginal Australia.

We humans are defined and fascinated by our languages. Especially intriguing are the 1,200 or so languages of the Austronesian language family, possibly the largest family among the 6,000 languages of the modern world[1]. Until the European colonial expansion spread Indo-European languages far and wide after AD 1492, Austronesian was the most widely distributed family, spoken across a realm spanning 26,000 km from Madagascar in the west to Easter Island in the east (Fig. 1).

Austronesian history has been difficult to reconstruct, however, because there are no preserved samples of writing in any Austronesian language until about AD 670, by which time the family's expansion was nearly complete. A reanalysis of Austronesian languages by Robert Blust[2] strengthens the identification of the first Austronesian way-

Figure 1 **The geographical span of Austronesian languages.** This language family encompasses all languages spoken on all Pacific islands from Sumatra in the west to Easter Island in the east, except for the Papuan languages of New Guinea and a few adjacent islands. They are also spoken in Madagascar and in mainland Malaysia. From the work[3] discussed here, it turns out that of the ten subgroups of Austronesian languages, nine are confined to Taiwan (red circle), and that all Austronesian languages outside Taiwan belong to the tenth subgroup (green), which includes Polynesian languages (dark green; only a few of the hundreds of Polynesian islands are shown here). (Redrawn from ref. 1.)

圖3-5 "Taiwan's gift to the world" 文章的第一頁,全文可由網站下載。

是說,其他分布在臺灣以外的1,176種南島語,全都是第十大支系。將出自臺灣的南島語視為臺灣獻給世界的禮物並不誇張,也是臺灣很珍貴的文化資產。

一、南島民族與原住民

南島民族原稱「說南島語言的民族」,指分布在太平洋和印度洋中的島嶼以及東南亞的兩個半島上的族群。北起臺灣,南至紐西蘭,東至南美洲西方的復活島,西至非州東岸的馬達加斯加島;中間包括菲律賓、馬來西亞、印尼、新幾內亞等,但不包括澳洲,是世界上分布最廣的民族,總人口數約有兩億人,但大多數集中在東南亞地區。

在臺灣,清朝時將在臺灣的南島民族稱為「番族」;日治時代泛稱為「高砂族」Takasago;而國民政府來臺後又將原住民族分為「山地同胞與平地山胞」。這些都是當時統治當局的認知。後於1994為了消弭族群間的歧視,將山胞改為「原住民」,後再進一步稱為「原住民族」。

根據人類學者的研究，南島語系民族有許多文化共同特徵，包括採用高架住屋避溼氣、山田燒墾方式農作、善織布編織及及狩獵漁撈等傳統。但今日在其他南島民族區域先後遭宗教文明影響之際，臺灣的原住民族則相對維繫和傳承了深具特色的文化習俗。

二、原住民定義的釐清

　　目前對於原住民族的定義，世界各國的實踐或學者的論述仍相當分歧，任何一項定義均未能統一適用於所有的原住民族。

　　整體而言，現在主流民族、社會與文化尚未到達或遷移、進入此一土地之前，原先就有一群人依照他們原有的生活方式（即文化）在此地繁衍，並創造一定的生活習俗或者歷史文明，這群人就是原住民。而並非「最早居住此一地區或土地之居民」，例如臺灣還有左鎮人、長濱人、卑南遺址擁有者、十三行遺址擁有者。

參、排灣學與魯凱學

　　原住民族的知識與議題，長期以客體姿態存在於學術領域中，由不同學科的研究者，以第三人稱視角來觀看、討論、記錄、書寫。直到一九八〇年代後，此一被動的角色定位逐漸轉變，強調原住民族主體性、使用第一人稱的學術寫作，開始成為可能。

　　近年來，原住民族人於是以不間斷的口述、書寫，持續述說著自身的神話、傳說、歷史、文化乃至於整體思想架構，也深刻思考著當代面臨的種種課題與挑戰。這個過程不僅刻畫了獨特的文化價值，更蘊涵著族群內部渴望建構出一個互為連結與支持的學問主體的努力。

　　在屏東，2016年到2023年辦理的「排灣學研討會」及2017年辦理的「魯凱學研討會」，試圖搭建起族群內跨地域、跨部落、跨學科，也跨世

代的交流平臺。讓族人們以及不同學術領域的研究者們，能透過調查、記錄、研究，以及分享和對話，共同追尋或者即將消逝、或者已然生機蓬勃的族群知識，並共同探究社會變遷下的種種當代新興議題。長期研究排灣族文化的蔣斌教授亦在會議中提到：「排灣學，或者任何學術研究，都並不是要建立唯一權威的知識，而是邀請對話與批判，才是整個不斷往前走的過程。」

　　由於地緣關係，魯凱族與排灣族有著類似的生活習慣與社會制度，也因為通婚及頻繁的往來互動，因此在服飾、花紋、頭飾都有很高的相似度，因此過去日本學者甚至將兩族視為同一族。然而事實上，從語言、習慣上仍有很多的差異。例如繼承制度上，魯凱族是以長男繼承制，有別於排灣族vuculj亞族不分男女的長嗣繼承。另外，以紋手文化為例，柯玉卿等人（2017）在屏東魯凱女性手紋研究論文中，即呈現了魯凱族與排灣族紋手的異與同（表3-2）。

表3-2　魯凱族與排灣族紋手之異與同[7]

相異之處	魯凱族	排灣族
動機	父母對子女的疼愛，展現家庭經濟實力。	貴族的印記。
身分	不分平民、貴族都可以紋手。	貴族。
社會階級的排序	無。	排灣族分為第一級、第二級、第三級、第四級。
香蕉莖部，鐵鍋解熱	無。	有。
紋路清晰度與辨識度	顏色較淡，紋路不易辨識。	紋路顏色清楚，易辨識。
清楚了解紋手圖騰名稱及代表意涵	大部分的受訪者知道圖騰名稱但無法清楚解釋意涵。	清楚圖騰名稱以及意涵。

---

[7]　Ubange.Aruladenge柯玉卿、台邦‧撒沙勒、尤美茜，2017，〈屏東魯凱族女性手紋之研究〉，2017魯凱學研討會。

相異之處	魯凱族	排灣族
祭拜儀式	受訪者皆未提到紋手前的祭拜儀式。	紋手當日，紋手師會先作一個小祭拜。
將牙齒塗黑（kiatamulrungu）	有。	無。

藉著知識討論的累積，期望進一步思索建立族群知識資料庫、培養族人自我書寫興趣與能力、掌握文化知識發聲與詮釋權的可能。進而形成對「什麼是排灣族知識」這個問題既多元又深刻的理解，充實「排灣學」、「魯凱學」等其作為一個主體學術範疇的內涵。

肆、原住民族運動

臺灣原住民族運動萌發於1983年《高山青》雜誌創刊，已形成三十餘年。從原運的抗爭議題中，有助於了解臺灣原住民歷史中的殖民關係與社會變遷歷史，也能認識臺灣社會，認識這片土地上的原住民文化，進而學習不同的倫理價值觀。

一、還我姓名運動

ti tjuku aken a lja ruljigaljig.（我叫tjuku，是ruljigaljig家的（人）。）

名字承載了個人的身分認同，也承載了不同族群的文化，從教師的排灣族名開始，可以認識文化、歷史與社會制度。

臺灣原住民有著多元的命名方式，各族群依其文化與社會制度而有所差異。隨著不同時代的殖民統治，命名方式則不斷變化，如同本單元授課教師李馨慈為例，漢姓漢名中已不見排灣族的特殊命名的文化傳統。

在「還我姓名」的原住民社會運動壓力下，立法院於1995年修正《姓名條例》及《姓名條例施行細則》等「回復傳統姓名」之條例，原住

民才得以恢復傳統名字。

二、命名文化

在排灣族的社會組織與階層制度下，名字本身就是一個文化訊息，反映出個人的生命史與家族史。在排灣的命名制度裡，每一個家屋都有一個家屋名，傳統上只有vusam（長嗣）才能留在家中繼承家名，餘嗣分戶後必須另取家名，屬於「非永續性的家名制」結構（林修澈，1976），其完整之人名呈現出「己名+家名」或「家名+己名」之形式。鍾興華進一步描述vusam的繼嗣法：

祖先說：「一對夫妻結婚後，生出第一個看到太陽的孩子，就是繼承人，就是Vusam（種子）。」一句簡單而充滿力量的話語，排灣族長嗣繼承制傳承沿用至今。Vusam，是排灣族（vutsulj群）獨特「長嗣繼承」的繼嗣法則，Vusam是依血緣關係而產生與認定，不論性別只重出生次序，呈現出男女平權的血親主義，在臺灣原住民族中最具特殊性。所以Vusam的意義可以有兩種詮釋：一是最先看到太陽的人，排灣族實施長嗣繼承制度，只要是頭胎，不論性別都可以繼承家名、家產與社會地位，因此，長嗣的命名也牽動著男女雙方家庭的敏感神經。二是小米的隱喻與權威，Vusam，排灣語指「粟種子」，據說是選擇穗粒完全成熟者行parisi（祭祀）後成為粟種子，Vusam也用來指稱家中排行老大的長嗣，不分性別皆認為家中排行老大的小孩具有較強的luqem（靈力）。[8]

魯凱族與排灣族大致相同，只是在繼承法則上偏重男系的長子繼承，

---

[8] Calivat Gadu鍾興華，2016，〈排灣族家屋名怎麼處理〉，《原教界》，第67期，頁28-31。

且從命名的故事中連結到族群的生命哲學。除了前面提到的襲名制，排灣族人會藉用借名的方式，好讓孩子順利出生和長大，若夫妻生前兩胎均夭折，第三胎會以特殊名字來改變運勢，包括qipu（泥土）、qavai（糕餅）、suqelam（灰心）、sedjam（借）、savid（連續）、qaunip（連花木）、laip（米糠米粒不結實）等。其中取qipu是恐怕第三胎還是埋入泥土，就取泥土來改變命運，sedjam是向天神借生命的命名，生了兩個孩子都不保，家族有灰心的意思就取名叫suqelam[9]。

魯凱族的命名文化中，為了避開惡運或詛咒，也會有特殊命名方式。生活上若過得不順遂，魯凱族語會說這叫「lugeme」。若一個人過得不順心或時常遭遇倒楣之事，通常會對這個人說「mua lugeme」，意思是他／她的好運被拿走了，若我們亂取名字，好運也會被拿掉[10]（圖3-6）。

圖3-6　繡上原住民傳統姓名的班服，深具教育推廣意義。（李馨慈2017攝）

9　楊新川，2017，《南排灣族語言文化詞彙寶典》，香遠出版社。
10　瑪達拉‧達努巴克等，2015，《原住民族命名文化教師資源手冊㈠》，社團法人臺灣原住民基層教師協會。

三、還我土地運動

　　1988-1993年間，三次大規模的「還我土地」運動，根源於原住民族對土地長期流失、不當保留地政策的不滿，但也時常引發社會大眾在根植於心的土地私有化概念，而誤解了歸還的意涵。

　　土地該還給誰？怎麼還？不滿意還我土地運動結局局限於保留地的原運行動者，於是逐漸轉向強調「傳統領域」論述。然而無論是保留地還是傳統領域，原運的土地訴求始終受限於既有法制與原住民族權利內涵間的衝突。所使用的現代法律術語及測量技術卻難以含括各族、各部落多樣且動態變化的土地使用觀點。當知識轉譯的過程未能扭轉權利關係、彰顯在地智慧中不同的土地權利想像，國家於是無從真正意識到「對於原住民而言，土地不僅代表著一種擁有物或生產工具的一種⋯⋯。對於原住民與土地間特殊而深邃的靈魂關係也是基本的，他們將大地視作其生與所有信仰、風俗、傳統與文化的起點。」[11]

　　「還我土地」的訴求中隱含著多樣化的土地所有權型態，不同的資源，可能為不同的團體所擁有。舉例而言，在排灣族的土地觀念裡，naqemati（造物者）才是土地的擁有者、tjasevalitan（祖先）是土地的守護者、管理者是mamazangiljan（貴族）、土地經營者則是taqalaqalan（人民）。

　　近年在屏東地區幾個部落地圖模型製作與參與式製圖風潮中（圖3-7），在互動過程，不僅能持續收集土地知識、倫理價值觀，亦可在反覆的互動中產生集體認同的可能。

---

[11] 阮俊達，2015，《臺灣原住民族運動的軌跡變遷（1983-2014）》，國立臺灣大學社會科學院社會學系碩士論文。

圖3-7　部落地圖模型製作工作坊，由在地耆老指認地形與地名。（李馨慈2018攝）

　　拉夫琅斯・卡拉雲漾（2017）在其《來自林野最後的呼喚——vuculj排灣族veqeveq傳統領域學》[12]書中進一步整理排灣族「土地命名」法則，亦可從中探就對於土地管理智慧，例如「yi tju cunuq」位處崩塌的地方。莫拉克風災後的經驗告訴我們，yi tju cunuq指出了許多崩塌、古土石流的位置。

　　seman pu vaquan（種植小米）是最能表現排灣族對土地的態度，在共耕的土地上農作物收成完全平分，是共生和共同管理的集體意識。實施間作、休耕等制度，讓土地復育及作物的多樣性，充分表現排灣族的土地概念和對土地的態度[13]（圖3-8）。

[12] 拉夫琅斯・卡拉雲漾，2017，《來自林野最後的呼喚——vuculj排灣族veqeveq傳統領域學》，排灣學研究會。

[13] 童春發，2011，《排灣族擬人化的命名土地制度：三個遺址地名的田野調查與文化詮釋》，國立臺灣史前文化博物館。

圖3-8 由文樂部落耆老莊義泰指導國立屏東大學原專班學生在林森校區種植小米。
（李馨慈2017攝）

伍、極端氣候下的原住民部落

2009年8月8日發生的莫拉克颱風，帶給原住民社會重大的衝擊和影響。台邦・撒沙勒（2012）[14]整理了2009年莫拉克風災後，屏東原住民的遷村狀況：

特性把握 名稱 項目 生業・人口	集落立地のブロックダイアグラム	集落規模	社会組織 住居	集落位置圖 （台湾地形図）	集落移動と立地特性
(1)魯凱族 霧臺 農耕、採集 狩獵、畜產 約15,000人	屏東縣三地門鄉 霧臺 高地の緩傾斜地に立地	1930年代 住居:4～32戶 8ヵ所に散在 人口:615人 2006年 住居:807戶 人口:約2,900人	階級社会 世襲首長制 父系社会 東魯凱 竹造＋茅葺屋根 西魯凱 石造		第三次居住地 標高1,200m 霧臺 第二次居住地 標高2,600m 発祥地 1790年頃地震により移動 舊社移住計画により移動
(2)排灣族 老七佳 農耕、採集 狩獵、畜產 約70,000人	屏東縣春日鄉 老七佳 高地の急傾斜地に立地	1945年以前 住居:47戶 人口:不明 2007年 住居:47戶 人口:居住者なし	階級社会 頭目、貴族 石造 勇士、平民 竹造＋茅葺屋根 木造＋茅葺屋根		第三次居住地 標高100m 七佳 第二次居住地 標高200m 舊七佳 標高800m 老七佳 1961年災害・遷村計画により移動

圖3-9 臺灣原住民定居點的地理特徵及運動歷史[15]。

政府依據「災後重建特別條例」，將霧臺鄉阿禮村、吉露村、佳暮村、伊拉部落、好茶村；牡丹鄉高士6、7鄰、中間路；三地

---

[14] 台邦・撒沙勒，2012，〈災難、遷村與社會脆弱性：古茶波安的例子〉，《臺灣人類學刊》10(1)：51-92。

[15] 臺灣原住民村落運動與生活環境空間構成研究，全文可至網站下載https://ci.nii.ac.jp/naid/110008761613

門鄉德文村、達來村、大社村；泰武鄉泰武村、來義鄉義林、大後、來義（西）、來義（東）、丹林5鄰、丹林6鄰；瑪家鄉瑪家村；滿洲鄉長樂村上分水嶺等19處被配估為不安全地區。霧臺鄉佳暮村、伊拉、好茶村；三地門鄉德文村、達來村、大社村；瑪家鄉瑪家村；泰武鄉泰武村；來義鄉義林、大後、來義（西）、來義（東）、丹林5鄰及6鄰；滿洲鄉長樂村上分水嶺等部落評估為安全堪虞地區。政府根據「災後重建特別條例」，委託「佛教慈濟基金會」、「臺灣世界展望會」及「中華民國紅十字會總會」等民間團體協助興建永久屋。這些團體陸續在屏東縣的長治電臺、瑪家農場、南岸農場、新赤農場、中間路25林班地、舊高士部落等6處興建永久屋基地，作為災民遷村的地點，災民也陸陸續續遷離原鄉，形成七〇年代後原住民最大規模的遷村活動。

　　政府的災難治理政策以遷村並安排災民入住永久屋為基調，雖然暫時達到安置的目的，但遷村後災民的社會經濟條件和文化延續所面臨的困境，包括部落經濟發展和文化傳承的影響、遷村後部落關係的重組及命脈的延續，迄今尚無完整的評估與檢討。若忽略了原住民部落長期承受的社會不平等，很容易僅將之歸因為自然災害，也讓原住民社會背負著輿論的壓力：

1. 山上這麼危險，為什麼原住民要住山上？
2. 山區的水土保持是不是都被原住民破壞了？
3. 為什麼政府要花那麼多錢修路，只為了幾戶居民？
4. 搬到平地的永久屋不是很好嗎？安全又有房子住？
5. 已經有永久屋居住，為什麼想要回山上的土地，太貪得無厭，不知感恩？

　　檢視近代的遷徙過程，往往我們現今認為危險的聚落，大多經由政府

政策性大規模遷村至該址，而原本的古居地則安全無虞。因此也引起了對原住民族選址的重視（圖3-10）。

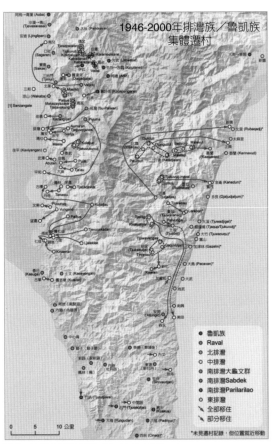

圖3-10　屏東縣排灣族與魯凱聚落遷徙分布圖[16]。

一、魯凱族好茶部落的三度遷村[17]

根據好茶部落裡流傳的說法，六、七百年前居住在臺東Ulavingane部落的魯凱族人，因原有空間不足，且外族環伺，由兩兄弟帶著lrikulau，

[16] 葉高華，2017，〈從山地到山腳：排灣族與魯凱族的社會網絡與集體遷村〉，《臺灣史研究》，第24卷第1期，頁125-170。

[17] 林倩如，2015，《古查布鞍遷村一年》，有鹿文化。

從東部遷移到中央山脈西側，建立西魯凱舊好茶部落——古查布鞍（Ku-capungane），意味「雲豹的傳人」，但現今大部分的好茶人已經不住在這個雲豹、老鷹指引下，好山好水適合人居的家園。日治時期，殖民勢力進入部落，在理番政策強制執行和宣導下，已有許多重大的移風易俗。1945年國民政府來臺，承接日本政策，族人在受到貨幣與現代化的影響，對商品的依賴加深，為了便利謀生工作，已有近半的人口陸續遷出。

好茶部落自一九五〇年代開始，族人陸續遷往屏東縣瑪家鄉、三地門鄉、臺東金峰鄉等地；一九七〇年代更是在政府及民間團體資助下，全社由舊好茶（Kucapungane，古茶布安）遷往隘寮南溪支流旁的「新好茶」。2009年莫拉克風災後，安置於禮納里（Rinari）永久屋。

二、面對氣候變遷的新思維

日治時期與國民政府時期，不論遷村政策、開採山林的資源，或是土地重劃、農業政策等，除了破壞山林生態，重組了原住民跟土地之間的關係外，讓原住民在極端氣候下，也加劇了原住民面對災害的脆弱度程度。

受氣候變遷之影響，身處山區聚落的原住民部落，周圍土砂災害處數大幅增加，對山區聚落環境安全確實造成極大威脅。也因部落遷移、人口外移、老化及傳統智慧流失等問題，使得因環境變遷導致災害脆弱度（vulnerability）持續擴大。聯合國教科文組織（UNSCO, 2014）在「加強沿海和小島嶼面對向水文氣象災害和氣候變化衝擊之社區韌性」（Strengthening Resilience of Coastal and Small Island Communities towards Hydro-meteorological Hazards and Climate Change Impacts, StResCom）計畫的概念（圖3-11），將在地和原住民知識（local and indigenous knowledge）中，關於水文氣象災害和氣候變化的相關知識，應用在防災、備災與減災策略中。StResCom計畫中，結合原住民族知識

圖3-11　StResCom計畫中的災害教育教材[18]。

與科學驗證，將其轉換爲災害教育教材。漫畫圖中顯示，蜂巢的位置使亞齊的社區能夠預測即將到來的海風暴。在臺灣原住民部落裡，經常也能聽到耆老口述，蜂巢的位置預測天氣的故事。在當今科學至上的社會裡，很容易忽視類似的地方知識。來義部落的耆老卻告訴筆者：「就像現在的氣象預報一樣，也是有測不準的時候呀，但我就是這樣子向自然現象學習的。」

　　而且有越來越多的研究顯示，原住民知識中，關於水文氣象災害和氣候變化的相關知識，有助於減災策略，傳統知識是對當地的文化和社會經濟環境有益。

　　非常重要的是要學會如何以原住民觀點及其與環境互動的模式，無論它們是否爲可使用、驗證與解釋的知識。有學者在Science期刊呼籲尊重認同原住民的獨特性和知識論，而不是鼓勵這些知識系統變得更加科學，

---

[18] 引自聯合國教科文組織網站，http://www.unesco.org，最後閱覽日2018年7月10日。

從原住民知識的角開始，尋找相關的科學知識——不是驗證，而是擴大選擇採取行動的範圍（Mistry and Berardi, 2016）[19]。然而居住在臺灣的原住民，近代由於政策性的遷村，改變生活環境，是否因現代化、棄離土地和年輕一代的不同價值觀（就業機會等）都嚴重影響了他們對自然災害的認識和看法以及相關的風險，亦是這幾年來專家學者們關心的問題。

陸、走讀paiwan（排灣）與rukai（魯凱）

屏東縣是一個山海人文薈萃的地方，地理環境得天獨厚，尤其原鄉地區有山有水，更有深厚的文化底蘊，成爲國人追逐自然山海、體驗原民文化的最佳去處。尤其此區仍保有許多豐富的原住民文化，境內擁有九個原住民鄉[20]各有其主題特色，其中以排灣族及魯凱族爲主要族群，這裡有傾心的原鄉文化傳說之美，也可以遙望山海相鄰的美景，值得深入探訪。

一、原鄉山林趣

屏東原住民地區多屬中低海拔，包括中央山脈知本主山至恆春半島中央山脈末端爲止，以卑南主山（3,294 m）和北大武山（3,092 m）爲脊梁（圖3-12），是屏東縣最著名的地標，因此形塑出屏東縣原住民地區山林資源的空間基礎。排灣族和魯凱族居住在海拔500公尺到1,300公尺間的山地。選擇居住在山區的原因可能有：

1. 原鄉文化的影響：原住民選擇居住在山地可能和東南亞各地的原住民一樣，因爲從事山地耕作，即文獻上所謂的「刀耕火種」，山坡地適合焚耕，所以原住民移住到臺灣的時候，便選擇了山區。

---

[19] Mistry J, Berardi A (2016) Bridging indigenous and scientific knowledge. Science 352: 1274-1275
[20] 由北而南依序爲三地門鄉、霧臺鄉、瑪家鄉、泰武鄉、來義鄉、春日鄉、獅子鄉、牡丹鄉、滿洲鄉。

圖3-12　北大武山喜多麗雲海。

2. 躲避瘧蚊的侵害：瘧蚊為瘧疾的傳播媒介，瘧蚊的分布很少高於海拔
　1,000公尺。低於此高度的原住民部落，大多遠離溪流，這樣的選擇居
　住地原則顯然違背了一般常態，但是也可能是因為遭受虐害的經驗而
　遠離溪流和選擇居住在較高的地方。

3. 平原地區已開發：原住民移入臺灣的年代，各族皆不相同，而臺灣的
　考古發現，平原地區早就有先人開墾居住，所以當原住民一批一批的
　到來，無法在平原地區發展，遂而轉進山區開疆闢土，建立新的家
　園。

　　原住民部落現在都已遷往交通便利的淺山，遠離偏僻山林之境，聚落
生活空間的改變，帶來生活物質、交通的改善。但是隨著生活空間的變
遷，對外族群文化交流日益頻繁，強勢文化的影響力逐漸在部落空間的場
域中發生作用。

　　以下介紹屏東原鄉地區較知名的登山健行景點，提供作為假日休閒踏
青的參考：

(一)健行路線：

1. 尾寮山健行步道（三地門鄉）。

2. 賽嘉健行步道（三地門鄉）。

3. 笠頂山健行步道（瑪家鄉）。

4. 棚集山健行步道（來義鄉）。

5. 力里山健行步道（春日鄉）。

6. 浸水營健行步道（春日鄉）。

7. 雙流健行步道（獅子鄉）。

8. 阿塱壹健行步道（牡丹鄉）。（圖3-13）

圖3-13　阿塱壹古道健行。

(二)登山路線：

1. 大小鬼湖登山（霧臺鄉）。

2. 舊好茶登山（霧臺鄉）。

3. 北大武登山（泰武鄉）。

4. 石可見登山（春日鄉）。

5. 里龍山登山（獅子鄉）。

二、河海任你遊

屏東原住民地區因位處臺灣中央山脈南段，連綿高山溪谷形塑出來
的，挾著臨山而下也在河谷開闊的沖積扇腹地發展，同時深邃的溪谷地
景，也是戲水賞瀑的絕佳場地。區域內河流主要發源於中央山脈南段西
側，各溪流源頭其主流、支流所涵蓋之傳統領域。本區域溪流水系大致呈
樹枝狀，這表示該地區的岩性及地質構造對水系的發育控制較少。

從北而南依序如下：

⑴高屏溪流域：主要有沙漠溪（samuhai）、井仔溪、埔羌溪、口社溪
（sagalan）；隘寮溪有兩大支流系統，一是隘寮北溪，其上游有來
布安溪（laibuan）、巴油溪（payu）、哈尤溪（hayu）、喬國拉次
溪（tjukulac）；另一是隘寮南溪。

⑵東港溪流域：主要是牛角灣溪和萬安溪匯流而成。

⑶林邊溪流域：上游有瓦魯斯溪（kualjuc）、大後溪（tjuaqau）、來
社溪（tjaljakavus）、力里溪（ljakeljek）等匯流。

⑷率芒溪流域：上游有士文溪（seveng）和草山溪。

⑸枋山溪流域：上游有阿士文溪（kasevengan）和西都嬌溪（situt-
jau）匯流。

⑹楓港溪流域：新路溪和塔瓦溪。

⑺四重溪流域：大梅溪、里仁溪、牡丹溪、竹社溪匯流而成。

近年來探索活動發展蓬勃，各種水域活動也應運而起，例如哈尤溪、
海神宮溪、萬安溪、瓦魯斯溪、力里溪、塔瓦溪等溯溪活動。夏季溪流豐
沛，可見戲水遊客在溪流間游泳、滑舟等，在炎熱的季節裡，提供人們消
暑和休閒運動的場域。

三、深度原遊程

　　屏東原住民地區部落的社會變遷劇烈，目前仍舊保存傳統文化的部落以魯凱族霧臺鄉好茶、阿禮、青葉等部落爲主（圖3-14）；排灣族則以山地門鄉、泰武鄉、來義鄉、春日鄉等鄉鎮維持傳統文化。其文化特色以魯凱族特有的kalalisine（豐年祭）、排灣族masaljut（小米收穫祭）等爲各部落於特定時節舉行之文化活動（圖3-15、表3-3）。

圖3-14　部落長老導覽解說。

圖3-15　部落節慶活動。

表3-3　屏東原鄉之旅路線

名稱	推薦路線	遊程特色	說明
屏北拜訪三地門	屏東市—青葉部落—青山部落—安坡部落—馬兒部落—口社部落—賽嘉部落—三地門部落—屏東市	從屏東縣最北端大津沿185縣道（沿山公路），往南沿途拜訪魯凱族和排灣族的部落。可以規劃登山健行、夏日戲水（海神宮）、體驗飛行傘（賽嘉）。	交通便捷，自行開車或騎車都屬便利，各部落餐飲提供也很方便。
拜訪魯凱族	屏東市—谷川大橋—神山部落—霧臺部落—大武部落	本區屬魯凱族文化區，可欣賞北隘寮溪美景，魯凱族石板屋等。	交通便捷，自行開車或騎車都屬便利，各部落餐飲提供也很方便。

名稱	推薦路線	遊程特色	說明
北大武山朝聖	屏東市—泰武部落—檜谷山莊—北大武山—檜谷山莊—泰武部落—屏東市	市區搭乘接駁車上登山口，山區皆登山路線，本區可欣賞屏東壯闊山林美景和豐富自然生態。	本行程須充分的體能，一般必須安排三天兩夜，建議跟團較為安全。
石板屋文化體驗	1. 屏東市—新好茶部落—舊好茶部落—新好茶部落—屏東市	本區屬魯凱族舊部落探查，全程需要爬山，有豐富的自然和人文景觀。	本行程須充分的體能，一般必須安排兩天一夜，建議跟團較為安全。
	2. 屏東市—禮納里部落—舊筏灣部落—禮納里部落—屏東市	本區屬排灣族文化區，可欣賞北大武山美景，排灣族石板屋等。	交通便捷，自行開車或騎車都屬便利，需事先預約。
	3. 屏東市—七佳部落—老七佳部落—七佳部落—屏東市	本區屬排灣族文化區，可欣賞完整石板屋景觀。	交通便捷，自行開車或騎車都屬便利，需事先預約。
獅子牡丹之旅	屏東市—雙流森林遊樂區—内文濕地—東源濕地—牡丹水庫—石門古戰場—屏東市	本區可由臺9縣到壽卡轉臺199縣，沿途排灣族部落分布，自然與人文生態豐富。	交通便捷，自行開車或騎車都屬便利，但路程較長，需有充分體力。
滿州旭海之旅	屏東市—滿州—旭海—草埔—楓港—屏東市	本區可由臺26縣到滿州，沿著太平洋海岸抵達旭海，再轉臺199縣到楓港，沿途排灣族部落分布，自然與人文生態豐富。	交通便捷，自行開車或騎車都屬便利，但路程較長，需有充分體力。

資料來源：郭東雄整理。

四、用心欣賞與愛相隨

　　用心欣賞讓愛傳播，用腳閱讀原鄉部落美景與文化的同時，請預先建立以下的態度和原則：

1. 登山健行應遵守LNT（無痕山林）的規範，並且建立致敬山林的態度，用學習和欣賞的心境，親近山林與在地文化，如此能豐富你的心靈智慧，亦能感受屏東山林美景和原民部落文化的真實存在。

2. 試著開啟語言之窗，運用「masalju、malimali」、「sabau」[21]，誠心學習不同族群的語言和文化，成為認識屏東多族群的重要管道，也是了解不同族群文化的試金石。

3. 參加部落節慶活動應遵守活動規範，事先收集相關禁忌並由在地族人帶領參加，才能貼近部落文化，而不會有入寶山空手而返的遺憾。

4. 讀萬卷書不如行萬里路，行萬里路必須先開啟自己的心門，屏東山水秀麗，人文薈萃，豐富多彩的原住民文化，更增添了屏東的歷史文化的獨特性和價值，值得我們用雙腳慢慢體驗，細細品味。

柒、屏東原住民族文化學習資源

近年屏東縣原住民文化展現與學習方式多元且豐富，讓屏東的學子們有很多的機會更認識原住民族文化，也更能親近原住民族部落。有別於學校系統套裝化的知識灌輸，屏東縣原住民部落大學從日常生活中出發學習。另外，除隸屬原住民族委員會的「原住民族委員會原住民族文化發展中心」（前原住民族文化園區）坐落於屏東縣瑪家鄉境內，原住民族地方文物館，近年積極協助部落文化傳承教育工作，「文物返鄉」的風潮與頻繁的特展也讓屏東有更多機會接近文物。以下做一些概要介紹，期望同學在這學期能在其中親自體驗。

一、屏東縣原住民族部落大學

「從在地生活實踐中學習」是屏東縣原住民族部落大學的理念，目前

---

[21] 排灣語「謝謝」；魯凱語「謝謝」之意。

由社團法人臺灣社區互助照顧行動協會（部落互助托育行動聯盟）承辦。開課面向包括「土地與生活文化」、「工藝技術與生活文化」、「儀式、樂舞、口傳與生活文化」、「生計與生活文化」、「社區照顧」與「議題發展」[22]。

二、原住民族文化發展中心

原住民族文化發展中心（臺灣原住民族文化園區）位於屏東縣瑪家鄉、三地門鄉、霧臺鄉交界處，占地擁有42公頃，園區內保留了原始的自然景觀，展示著原住民族傳統建築及生活型態。尤其「富谷灣區」呈現了排灣、魯凱傳統家屋的建築實景，呈現與自然親近的聚落風貌（圖3-16）。

圖3-16　富谷灣區的排灣族傳統家屋聚落[23]。

---

[22] 引自屏東部落大學網站，http://www.tacp.gov.tw/，最後閱覽日2018年7月10日

[23] 引自原住民族文化發展中心網站，http://www.tacp.gov.tw/，最後閱覽日2018年7月10日

三、屏東縣原住民族地方文物館（表3-4、圖3-17-3-19）

表3-4　屏東縣原住民族地方文物館

地方館	地址
屏東縣原住民文化會館	屏東縣屏東市豐榮街50巷7號
屏東縣三地門鄉原住民文化館	屏東縣三地門鄉三地村中正路2段110號
屏東縣霧臺鄉魯凱族文物館	屏東縣霧臺鄉霧臺村中山巷59號
屏東縣來義鄉原住民文物館	屏東縣來義鄉南和村南和路289號
屏東縣獅子鄉文物陳列館	屏東縣獅子鄉楓林村二巷26號

圖3-17　遙吟e-nelja榮耀vuvu——獅子鄉大龜文古文物
　　　　返鄉特展[24]。
圖文來源：文化部網站
說明：獅子鄉大頭目林玉花持排灣族男子無袖短衣。「男子
　　　無袖短衣」是排灣族貴族階級男子儀式性盛裝，融合
　　　外來布料與排灣族婦女貼繡技藝，前身、後背之繡片
　　　皆以貴族特有的圖紋為主，如人像紋、人頭紋、百步
　　　蛇紋，並做不同圖文的組合。戴羽頭飾的紋樣更是大
　　　龜文社系統的一大特色，充分彰顯擁有者的社會地
　　　位。色繡片之方式。

圖3-18　刺紋文化分享與部落論壇活動。
圖文來源：屏東縣來義鄉原住民文物館臉書
　　　　　專頁，照片由陳文山先生拍攝。
說明：透過刺文分享，啟動整理各自部落家
　　　族文化脈絡的田野訪問、挖掘故事、
　　　重拾已被遺忘與瀕臨失傳的記憶，逐
　　　漸建立部落族人過去重視規範、相互
　　　尊重、謙卑倫理的情感，成為團結扎
　　　根部落的原動力，並找出部落以文化
　　　扎根作為永續最重要的基石。

---

[24] 臺博館典藏之排灣族大龜文社古文物，於2012年首次返回獅子鄉文物陳列館展出。

圖3-19　霧臺魯凱文物館。
（李馨慈2017攝）
說明：館員貝若桑為參觀民眾介紹館內重要文物之一
　　　puluudru儲穀桶，是魯凱族儲藏重要的穀物──
　　　Becenge小米的所在之一。

第四章
日治時期屏東歷史與文化[1]

佐藤敏洋

　　本章主要關注日治時期，時代變遷和治理政策的變化如何影響屏東的發展，以及哪些事項在日治時期對屏東的發展起到了特別重要的作用。

壹、臺灣屏東與應用日語學之關聯性

　　臺灣和日本之間的交流正在蓬勃發展。根據臺灣交通部觀光局（2019）的報告，COVID-19疫情爆發前的2019年，從日本到臺灣旅遊人數已經突破200萬人次。同樣地，來自臺灣交通部觀光局的統計數據顯示，2018年日本是臺灣人最大的海外旅遊觀光國，達482萬人次[2]。儘管目前（2022年10月）疫情蔓延的影響仍未消除，人際交流尚未恢復到疫情前的水準，但臺灣與日本之間的關係在人際、物質、經濟、資本和技術等各方面都非常活躍。事實上，筆者在屏東市居住多年，當地人告訴我說：「有親戚住在日本」，這些人多得不勝枚舉。從市場和攤販的阿姨、醫院技師、學生等，各種人都曾向我詳細地談論他們在日本的親戚朋友。臺灣和日本之間有著歷史上的聯繫，在屏東也留下許多來自日治時期前後有形和無形的文化、建築、語言、文書等資產。這些都可以成為臺灣、屏東與應用日語學之間的聯繫點。

1　筆者感謝張月環老師與張琬琪同學的翻譯協助。但是，最終內容或措辭上的任何錯誤都是筆者的責任。

2　《自由時報》。2019.7.22。〈臺灣人愛出國，去年出國人次排全球第10〉。網址：https://ec.ltn.com.tw/article/breakingnews/2860329（2022年10月17日）

貳、日治時期前夕大事

　　日本開始統治臺灣之前，首先宜論及在屏東縣發生的三件事。這些事件是羅妹號（羅發號）事件（1867年）、八瑤灣事件（1871年）以及八瑤灣事件引發的牡丹社事件（1874年），即是在日本歷史上稱為「臺灣出兵」。

一、羅妹號（羅發號）事件

　　羅妹號（羅發號，Rover號）事件發生在1867年，當時美國的船隻羅妹號在臺灣南方的巴士海峽七星岩礁因颱風而傾覆，船長Hunt、其妻子及若干船員坐小船逃難，於臺灣恆春半島瑯嶠下十八社的Koalut（龜仔用）社領域登陸，但被原住民（斯卡羅[3]領導下的排灣族）視為入侵者，船長和妻子等13人被殺害[4]。該事件最初向英國駐打狗（今之高雄）領事館報告，隨即英國派出軍艦前往當地，卻遭到當地原住民的攻擊並被迫撤退。美國駐廈門領事李仙得（Charles W. Le Gendre）在得知此事後，要求清廷協助解決這事件，但清廷官員表示：「生番之地未隸屬於中國版圖，難以用兵究辦」，對干預事件持消極態度。李仙得多次前往當地，要解決此案，最後與當地瑯嶠下十八社（斯卡羅）總頭目卓杞篤（Tauke-tok）達成協議，並保證遭遇海難歐美船員的安全。這就是所謂的「南岬之盟」。根據1869年2月的備忘錄所示：「將來遇海難的美國人向原住民求救時必須遵守的程序，如舉紅旗、待指示，到指定地點上岸等[5]」。

---

[3] 移川子之藏、宮本延人、馬淵東一（1935）認為斯卡羅是排灣化的Panapanayan族（卑南族），起源於臺東知本。

[4] 伊能嘉矩（1928）《臺灣文化志 中卷》刀江書院P.919

[5] Annual Report on the Commercial Relations Between the United States and Foreign Nations: Made by the Secretary of State for the Year Ending 1869 (1871) P.92 網址：https://books.google.com.tw/books?id=1E1TAAAAcAAJ&dq=Annual%20Report%20on%20the%20Commercial%20Relations%20

日本人類學家伊能嘉矩《臺灣文化志 下卷》說，此次協議主要是瑯嶠下十八社領域的原住民將來要對漂流到本島海岸的外國人（主要是歐美人）之生命財產可給予相當的保護，但其效力不含中國人民[6]。

二、八瑤灣事件

八瑤灣事件發生在1871年，當時來自琉球王國宮古島、八重山諸島的朝貢船在向琉球王國首里王府進貢後返回的途中遭遇風暴，漂流擱淺至八瑤灣（現屏東縣滿洲鄉），其中有3人溺斃，66人上岸。後來，因與當地高士佛社的原住民語言不通而產生衝突，54人遭殺害。

當時，琉球王國維持著一個獨立國家的體制，但同時又受到日本和清國的雙重統治。當日本明治政府詢問清廷有關此事件的處理時，清廷交涉代表的吏部尚書毛昶熙回答說：「生番係我化外之民，問罪與否，聽憑貴國辦理」。這導致了後來的牡丹社事件，即是成為日本所謂的「臺灣出兵」的契機。

在八瑤灣事件發生後，李仙得成為日本政府外務省（外交部）的顧問。他深知清廷對「生番」的態度，根據他在解決羅妹號事件中所獲得的豐富知識和經驗，協助後來日本對臺灣出兵。

三、牡丹社事件

明治政府以八瑤灣事件為由，於1874年派兵到恆春半島攻打當地原住民。這就是所謂的牡丹社事件。雖然日軍遭到了牡丹社、高士佛社、射不力社等原住民的激烈抵抗，最後牡丹社、高士佛社等投降而結束。日本試圖與清廷講和，在英國駐華全權公使威妥瑪（Thomas Francis Wade）

Between%20the%20United%20States%20and%20Foreign%20Nations%3A%20Made%20by%20the%20Secretary%20of%20State%20for%20the%20Year%20Ending%201869&hl=ja&pg=PA-92#v=onepage&q&f=false（2022年10月17日閱覽）

[6] 伊能嘉矩（1928）《臺灣文化志 下卷》刀江書院P.140

的調解下，中日兩國於1874年10月31日簽署了《北京專約》。其內容規定，日本本次出兵是「保民義舉」，清廷將對遇難者進行賠償，且不允許「生番」重演暴行。這事件的結果是，日本成功地使清廷放棄對琉球王國的主權要求，並結束了琉球王國向清廷的朝貢關係，藉此，日本在琉球的歸屬問題上獲得了有利地位。隨後，日本政府於1879年向琉球派兵，廢除了「琉球藩」，建立了沖繩縣，正式併入日本版圖（日本所謂的「琉球處分」）。清廷方面，在國際社會的壓力下，不得不改變立場，積極治理臺灣，承認臺灣原住民領域（含東部地區）屬於其管轄範圍之內。清廷也深感到恆春半島之重要性，於是開始建築恆春縣城（1875年動工，1879年落成）、及設置鵝鑾鼻燈塔（1883）等。

參、日治時期屏東歷史暨屏東市區之發展

一、日治時期的屏東市區（阿猴街、阿緱街、屏東街、屏東市）

　　本文論及重點即國立屏東大學所在地屏東市區。在清廷統治時期約十八世紀左右，屏東市區有一個名為呵猴社或阿猴社的聚落；地名阿猴社出現在1699-1704年繪製的康熙臺灣輿圖（國立臺灣博物館收藏）[7]中，阿猴社和阿猴街則出現在一七五〇年代繪製的乾隆臺灣輿圖（臺灣國立故宮博物院收藏）（鄭德慶，2004）《從地圖閱讀高雄—高雄地圖樣貌集》高雄市政府文化局）。查看現存碑文得知，現今屏東市永福路聖帝廟的「磚契碑文」是1810年（天運庚午，嘉慶15）的，碑文是「福建省臺灣府鳳山縣下淡水港西里阿緱街」（圖4-1），而1840年（道光20）的「重修武廟捐緣碑」（圖4-2）裡，明寫「阿緱」這個地名。現今屏東市

---

[7]　https://www.ntm.gov.tw/jp/collection_166_2231_71667.html（2022年10月8日閱覽）

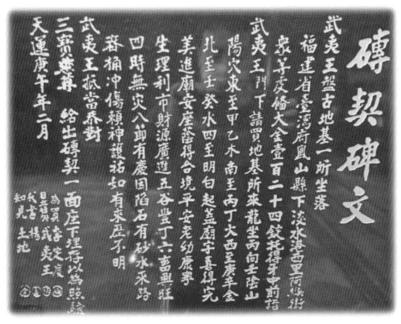

圖4-1 天運庚午（1810）年 屏東市聖帝廟磚契碑文（2020.12.28筆者拍攝）。

圖4-2 道光20年（1840）重修武廟捐緣碑（2020.12.28筆者拍攝）。

中山路慈鳳宮的「林氏姑婆祖碑記」（圖4-3）也有「阿緱」的字樣，年號為1828年（道光8）。這意味著最遲在十九世紀初，現今的屏東市區已

圖4-3　道光8年（1828）林氏姑婆祖碑記（2020.12.28筆者拍攝）。

經被書寫成「阿緱街」。因此，建於1836年（道光16）的「阿猴城門 朝陽門」可能宜稱呼爲「阿緱城門」（圖4-4）。此外，在1877年（光緒3）的屏東書院「章程碑記」記載中，可以見到「緱山」和「屏東」這文字模樣。

　　在日治最初期，現在的屏東市區被稱爲阿猴街，後來在1903年訂正爲阿緱街[8]。一般人對這個名稱有所誤解，認爲是：「阿猴這個名字是〈日本統治者〉因爲猴字不雅而〈任意〉更改爲阿緱」。據筆者所查，至少在嘉慶和道光年間，屏東市區已被稱爲「阿緱」。此更名歷史，詳見臺

---

[8] 需要注意的是「訂正」兩字。明治36年臺灣總督府公文類纂永久保存第44卷文書（國史館臺灣文獻館典藏管理系統）卷典藏號：000-00845、P.14臺灣總督府告示第86號1903（明治36）年12月18日「阿猴街猴字緱字訂正／件」https://onlinearchives.th.gov.tw/index.php?act=Display/image/1168182sjNH9io#zRMd（2022年10月17日閱覽）

圖4-4　「阿猴」城門（2022.10.1筆者拍攝）。

灣總督府《總督府公文類纂永久保存第十六卷文書》（圖4-5），1904年
1月13日「關於訂正阿猴廳廳名一事」[9]。根據該檔顯示：「阿猴廳廳名是
根據廳政府所在的地名—阿猴街而來。然而在我國領臺之後，以阿猴街
來命名，其實是錯誤的，正常的字應是緱字。」[10]在這一檔案中，還附有
阿緱廳管轄區內人民總代表蘇雲梯給阿緱廳長的「改正願書」[11]（1903年
4月）。從文件中得知，居民們也要求這一修正。蘇雲梯先生是當地有影

9　明治三十七年臺灣總督府公文類纂永久保存第十六卷文書（國史館臺灣文獻館典藏管理系統）卷
　　典藏號：000-00943、P.298-317 https://onlinearchives.th.gov.tw/index.php?act=Display/image/1168185-
　　eCAB8=#b5l（2022年10月17日閱覽）

10　同上、P.310

11　同上、P.302

圖4-5　阿緱廳管內人民總代 蘇雲梯 改正願書（明治三十七年臺灣總督府公文類纂永久保存第十六卷文書P.302）。

響力的人物，曾擔任阿緱廳參事，後來還成為南昌製糖株式會社的董事長[12]。

　　伊能嘉矩是一八九〇年代至一九二〇年代之間，研究臺灣的學者。其著作《大日本地名辭書 續編》〈第三 臺灣〉（1909）（吳密察譯《臺灣地名辭書》，2021年出版）中寫道：「清康熙40年（1701），閩人建庄於Akau社據址，因是阿猴林中心地，亦以阿猴為庄名。（中略）顯見其街肆形成在乾隆初年。而後，以同音假字又作阿緱街或阿侯街。我領臺後，明治36年（1903）土地查定之際，特別為了避免地名用字不一，統

---

[12] 莊天賜（2014）〈第十一章 當舊地主面對新式蔗糖工廠—近代屏東地域菁英階層的挑戰1880-1930〉《重修屏東縣志 人群分類與聚落村莊的發展》屏東縣政府P.191-216

一爲阿緱」。伊能在1900年8月11日來訪屏東市區時，在日記中記載了關於阿猴街之起源，其內容如下：

　　阿猴街有戶數□□、人口□□，是位於山邊的一個小市街，三面有圍牆和大門，街衢很寬。阿猴街的地名，出之於平埔社Akau，族人原來住在打狗，原來叫做Tako社或Takao社，明末林道乾侵掠時，族人爲了避難，遷到現在的這個地方，參照〈陳少厓外紀〉非常明顯。（中略）現今閩南人占住其地，平埔族只剩約二十戶住在南方的番仔埔[13]。

這段描述是根據楊南郡的翻譯（1996年），但日文原文[14]說「外に壁門を三方に環らし」，楊譯爲「三面有圍牆和大門」。然而，筆者認爲「牆門」不是牆和門，而是建築在牆壁上的門，即壁門。至於伊能怎麼說是「三方」而不是四方，就無法查證了。同年（1990年）2月16日，與人類學者鳥居龍藏一起訪問阿猴街的森丑之助在《生蕃行腳》中說：

　　當時的阿猴街沒有城牆，到處有雜木林，有一條馬路，兩旁只有幾間簡陋的茅屋毗鄰而立，不像是一個眞正的街市，只有濃厚的鄉村風味[15]。

---

[13] 伊能嘉矩原著、楊南郡譯註（1996）《台灣踏查日記》P.390

[14] 伊能嘉矩原著、森口雄稔編著（1992）「阿緱街は戶數□□人口□□ありて山辺の一小市をなし外に壁門を三方に環らし街衢甚だ広し、阿緱街は元とAkauといへるペイポ蕃の社名より出でたるものにして原と今の打狗に住みTako社或はTakao社といへり、明末林道乾の侵掠を避けて今の地に至りしことは陳少厓外紀に審かなり。（中略）現今は閩屬にその地を占められ約二十戶南方番仔埔にあり」P.161

[15] 森丑之助原著、楊南郡譯註（2000）《生蕃行腳》P.189

如果想要從地圖上確認日治時期屏東市區的原貌，首先可以參考1904年製作的「二萬分之一臺灣堡圖原圖（明治版）」（圖4-6）。這份地圖可以了解當時的屏東市區便以「阿緱」和「阿緱街」的名稱出現。該地圖附有標明城市街區的圖例，在南部地區，臺南、鳳山舊城、鳳山街和恆春街[16]等地很清楚的可以看到城廓的建築（圖4-7）。然而，在阿緱或阿緱街卻完全沒有城廓的跡象。筆者認為如蔡錫謙（2000）所說，1836年官民合力築建的阿猴（阿緱）城垣是以刺竹作圍牆的[17]。有可能當時阿緱城的城牆並沒有使用像石牆或石磚塊那樣堅固的材料，以致至一九〇〇年代左右，地圖繪製的阿緱街已無城牆可描繪。

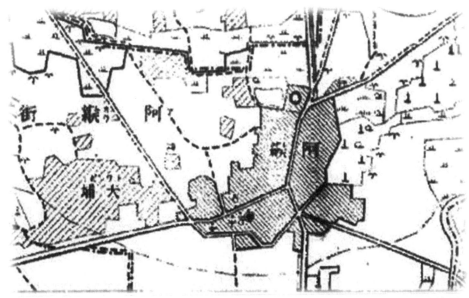

圖4-6　阿緱街 日治二萬分之一臺灣堡圖明治版（1904）取自：臺灣百年歷史地圖。

---

[16] 臺南城（1791）：三合土城、鳳山舊城（1826）：石城、鳳山新城（1854）：土牆、恆春縣城（1879）磚石城等，據「二萬分之一臺灣堡圖原圖（明治版）」裡，城牆構造記載清楚；相較之下，苗栗縣城（1890）：刺竹（無四門）、雲林舊城（1888）：莿竹、雲林新城（1893）：莿竹等，城牆構造記載較不清。（以上城壁材料參照：周郁森（2003）《清代臺灣城牆與興築之研究》國立成功大學建築學系碩士論文）

[17] 另外，利天龍（2017）認為是刺竹土圍牆。

圖4-7　恆春街 日治二萬分之一臺灣堡圖明治版（1904）取自：臺灣百年歷史地圖。

二、日治時期屏東市區歷史大事

　　1895年，甲午戰爭，清廷與日本簽訂了《馬關條約》（在日本稱爲下關條約），割讓臺灣、澎湖群島給日本。從那時起，直到1945年日本在太平洋戰爭中戰敗爲止，臺灣便在日本的統治之下。日治時期，根據臺灣總督所擔任的官職，可以分爲三個階段，即是：前期（初期）武官總督時期[18]—文官總督時期—後期武官總督時期。根據這種分類方法，第一時期是1895-1919年，第二時期是1919-1936年，第三時期是1936-1945年。這些時期如果按照統治理念與思想來劃分，大致可分爲第一階段的爲始政期，第二階段爲內地延長主義期，第三階段爲皇民化運動期。各階段彼此之間大略互相疊合（表4-1）。

---

[18] 例如黃昭堂（2019）稱其為「初期」，而Yamada Atsushi（2008）和岡本真希子（2008）等稱其為「前期」。

表4-1　日治時期三個階段

時期區分	年代	統治理念‧統治思想
前期（初期）武官總督時期	1895-1919年	始政期（武裝鎮壓和基礎建設）
文官總督時期	1919-1936年	內地延長主義期（同化政策）
後期武官總督時期	1936-1945年	皇民化運動期（強迫參戰）

　　前期（初期）武官總督時期是日本開始統治臺灣的最初時期，在此期間，藉軍力來鎮壓抗日運動的同時進行治安與基礎建設。以第四任總督兒玉源太郎和民政長官後藤新平的政治為代表。總督府進行建立統治基礎，是對抗日運動和游擊隊的鎮壓時期：如1895年日軍討伐臺灣民主國、1907年北埔事件、1912-1913年苗栗事件以及1915年漢族規模最大且史上最後的抗日事件，即西來庵事件等。在進行鎮壓抗日運動和打擊游擊隊政策的同時，總督府展開土地和戶口調查等調查項目，實施公路、縱貫鐵路和基隆、高雄港建設等基礎建設，並透過獎勵製糖業來促進產業發展。

　　在屏東市區方面，1895年10月臺灣民主國瓦解後，日軍經阿猴進入長治長興鄉，攻擊六堆客家義軍，放火焚燒長興庄等客家村落（史稱火燒庄戰役）。接者在1896-1902年期間發生了林少貓的抗日事件。另一方面，1902年成立了臺灣第三個城市公園即屏東公園；1908年臺灣糖業阿猴廠落成開工；1910年阿猴醫院成立；同年臺灣銀行阿猴分行和工商銀行開始營業；1912年阿猴郵局落成；1913年屏東火車站開設以及下淡水溪鐵橋竣工；1914年阿猴至九曲堂鐵路開通。這段時期基礎建設如火如荼地展開。

　　根據1912年製作的「阿猴街市區改正計畫圖」（圖4-8）可知，現今的屏東市中正路、永福路、逢甲路和復興路等周邊的原有市街區被保留著，同時在南西和北北東兩個方向，規劃出一座棋盤式的城市設計。一條

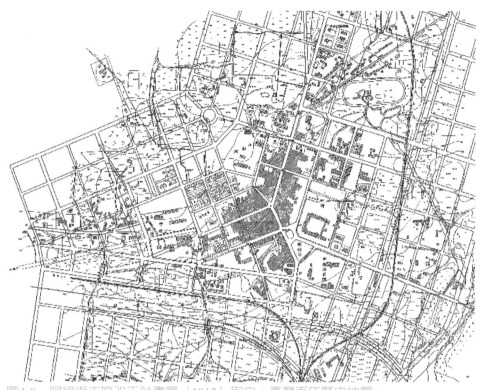
圖4-8　阿緱街市區改正計畫圖（1912）取自：臺灣百年歷史地圖。

鐵路線穿過市中心，將其與九曲堂、東港和阿里港（今里港）等三個方向相連。在東港方向還可以看到一條通往阿緱糖廠的支線。毗鄰市中心的行政機構有「阿緱廳」、「役場（可能是阿緱街公所）」和「登記所」，還有「醫院」、「郵局」，以及位於醫院對面隔著一條街道（現為民生路）的「血清作業所」。地圖上也可以看見「公園」（圖4-9）、「阿緱座」、「商行銀行宿舍」、「臺灣銀行宿舍」、「屏東賓館」、「廳官舍」、「市場」、「小學校」和「公學校」等字。換言之，從地圖可知，當時的社會基礎建設已蓬勃發展了。

　　第二時期，即文官總督時期，其特點是採用「內地延長主義」，促進臺灣人民的同化政策，如內臺共學、內臺婚姻合法化等，除了特殊的例外

圖4-9　屏東公園（2022.10.1筆者拍攝）。

情況，日本本土的法律制度也開始在臺灣執行。在這一時期，推廣「農業臺灣，工業日本」的政策，振興水利工程、改良產品品質及生產技術等。在一九二〇年代後半，蓬萊米的種植成功後，水稻成為與甘蔗並列的經濟作物，一九三〇年代甘蔗和水稻的種植成為競爭狀態，形成了所謂「米糖相剋」。這時期也是臺灣人的民族運動和政治運動開始活躍的時期，如1921年臺灣文化協會的成立。1925年總督府在臺灣執行了《治安維持法》（與日本內地同年施行），以對臺灣共產黨和反抗勢力進行打壓。

　　屏東市區，諸如1920年由阿緱街改稱為屏東街[19]、臺灣製糖總部遷至屏東廠，屏東至潮州的鐵路線開通以及屏東飛機場的建立等重要設施都集中在這一年。此後，1923年皇太子裕仁蒞臨屏東並參觀臺糖總廠；1924年成立屏東女子公學校和屏東農業補習學校；1927年陸軍飛行第八聯隊

---

[19] 1920年，臺灣許多地名被改為日式，在北部，如錫口改為松山，水返腳改為汐止，枋橋改為板橋等；在南部，打狗改為高雄，蕃薯寮改為旗山，瀰濃改為美濃等。現今屏東縣內的地名也有變更，如阿里港改為里港，頓物改為竹田，茄苳腳改為佳冬等。

進駐；1933年屏東市政開始；1936年成立臺灣總督府專賣局屏東分局葉菸草再乾燥廠。這是屏東市區迅速發展的時期。

　　第三時期，即後期武官總督時期，是在中日戰爭和隨後發生太平洋戰爭背景之下大力推動「皇民化運動」的時期。在這一時期開始，第17任臺灣總督小林躋造提出了治理臺灣的三原則：「皇民化、工業化以及南進基地化」。皇民化是指對臺灣精神文化的強行轉換：禁止使用當地語言而強制使用日語、灌輸神道信仰而禁止並壓制其他宗教、改姓名、實施志願兵和隨後的徵兵制度等。這一時期，特別是隨著中日戰爭進展至太平洋戰爭中，由於原料供應的地理因素以及工業分散化之需要等，臺灣的工業設施增多。在臺灣工業產值增加的同時，經濟狀況緊縮，特別是糧食緊迫，對平民生活產生了不利影響[20]。另外，臺灣在戰時被要求成為向中國南部和太平洋地區進軍的前線基地。

　　在這段時期，屏東市於1938年成立了屏東中學校，同時國家總動員法也開始實施於臺灣，進入了「舉國一致」的戰時體制。同年，陸軍飛行第八聯隊改編為飛行第八戰隊，而屏東市在1944-1945年間也遭受盟軍的空襲，屏東居民被迫參與戰爭，捲入了戰爭的漩渦中。

　　屏東市區在日治時期，從阿猴街、阿緱街（1903-1920年）、屏東街（1920-1933年）至屏東市（1933年後）等名稱都有變化，但（表4-2），隨著時間的推移，人口一直在增加。此統計結果值得注目的是自1915-1920年止，此五年間人口增加了15,260人，約增加3.3倍。而在此之後，1935-1940年的五年間，人口又增加了14,640人。因此可得知，對應先前敘述的三個時期，第一期晚期轉變至第二期的期間，及第二期轉變至第三期的期間，人口出現了爆發性的成長。有關1920年發生的事件有：阿緱

---

[20] 黃昭堂（2003）《臺灣總督府》

表4-2　屏東市區（阿緱街‧屏東街‧屏東市）人口變化

年末	名稱	人口（人）	與5年前相比（人）
1905	阿緱街	2,925	不明
1910	阿緱街	4,673	1,748
1915	阿緱街	6,626	1,953
1920	屏東街	21,886	15,260
1925	屏東街	26,944	5,058
1930	屏東街	35,019	8,075
1935	屏東市	43,997	8,978
1940	屏東市	58,637	14,640
1943	屏東市	63,498	12,772

註：筆者依據臺灣總督府資料所作統整表。

街改名為屏東街（10月），屏東機場竣工（11月），臺糖株式會社之總部遷至屏東街（12月）[21]。再者，從人口變化得知1930-1940年間，屏東市急速地往都市化發展。

肆、日治時期屏東重要建設

一、日治時期建造的屏東市有形文化資產

在思考屏東與日本的關係時，有必要了解臺灣的日治時期。特別是日治時期的屏東市與當今市街樣貌有很深的淵源，這點可以從當時的遺跡中看出。例如截至2022年10月，屏東市仍然保留了以下的建築物，這些建築物是在日治時期建造的有形文化資產。

下淡水溪鐵橋、阿緱糖廠辦公廳舍、原日本第八飛行聯隊隊長

---

[21] 臺灣製糖（株）『臺灣製糖株式會社史』（1939）https://shashi.shibusawa.or.jp/details_nenpyo.php?sid=1220&query=&class=&d=all&page=30（2022年10月14日閱覽）

官舍、屏東市勝利新村、崇仁新村（成功區）日治時期軍官眷舍、屏東憲光十村、屏東崇仁新村（通海區）日治時期軍官眷舍、崇仁新村（空翔區）、屏東干城町陸軍官舍及附屬設施、中山公園內防空洞與涼亭、中山公園水池橋梁、高雄區農業改良場之農業資料館、宗聖公祠、邱姓河南堂忠實第、牛疫紀念碑、屏東演武場、屏東縣長官邸、原屏東師範學校校長官舍、屏東菸葉廠及其附屬設施、屏東市中正國小校長宿舍、屏東市大和旅社

圖4-10，屏東在臺灣史上所謂的日治時期（1895-1945），是臺灣總督府統治下的一部分，受制於宗主國日本的左右，故日治時期的屏東歷史包括在臺灣的歷史中，並受到日本本土的影響。隨著時間的推移，臺灣越來越融入日本的體系中，相對地，屏東歷史也越來越受到日本本國的影響。

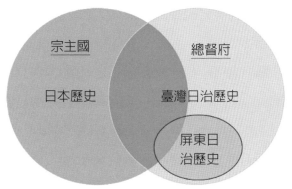

圖4-10　日治時期臺灣、屏東與日本歷史之相關圖。

　　屏東縣政府（2021）提出「造就今天屏東市發展的開端，主要來自糖業以及飛行場」的說法。以下將敘述與屏東市朝都市發展有著莫大關係的臺灣製糖株式會社阿緱工場、二峰圳、下淡水溪鐵橋的架設、屏東機場之開設，以及陸軍飛行第八聯隊進駐等。這些建設，奠定了屏東市都市化的基礎。

二、臺灣製糖株式會社阿緱工場

　　對於日治時期的臺灣，製糖業是最重要的一大產業。根據日本經濟學者矢內原忠雄（1988），臺灣製糖株式會社是1900年以資本額100萬日元於東京成立的公司，總督府曾於1900年度提供其補助金12,000日元，1901年度補助55,780日元等，給予臺灣製糖株式會社相當多的扶植。1902年，臺灣首座新式機械製糖工場建設於臺南廳橋仔頭（現高雄市橋頭區）開始動工。屏東於1907年開始建設阿緱工場（即阿緱糖廠），1908年12月1日運作[22]。爾後臺灣製糖積極著手進行工廠的增設以及酒精製造，且不僅限於糖業，也發展了鐵路、橋梁、道路等的基礎建設，對於屏東市區，以及屏東平原有著直接亦或間接的莫大貢獻。

　　1920年12月，製糖公司本部遷至屏東街。當時的阿緱工場也因製糖產量高達三千噸，被稱為「東洋第一[23]」、「臺灣糖業的新高山[24]」。同年6月臺灣製糖業開始拓展至萬隆農場[25]。

　　1923年4月，當時的攝政皇太子裕仁親王（後來的昭和天皇）曾視察此本社糖廠蒞臨屏東。同年，二峰圳竣工。1933-1934年間，臺灣的甘蔗製糖率超過14%，創下當時的世界紀錄[26]，並且於中日戰爭時期，臺灣製糖公司並列大日本、明治、鹽水港，躋身四大製糖公司之一。1938年糖廠建設了廠區的行政空間，便是阿緱製糖所辦公廳舍，共包括第一、第二、第三、第四、第五本館。現在已登錄為有形文化資產（歷史建

---

22 臺糖90年通史編纂委員會編（1990）P.294-295

23 広松良臣（1919）「第十三章、第九節　阿緱庁」P.315

24 屏東縣政府（2021）。日語「新高山」是指玉山。P.9

25 平野久美子（2009）『日台水の絆　水の優しい心情を知る˜鳥居信平の物語』（《台日水的牽絆 識水柔情－鳥居信平的故事》）屏東縣政府P.185

26 謝森展（1993）

築）[27]。隨著第二次世界大戰爆發，製糖業不僅在經濟方面，同時也是軍事方面的重要產業。砂糖除可作為醫療資源外，其副產品的酒精也是當時重要燃料能源之一，也因此製糖廠與屏東機場成為當時盟軍攻擊的主要目標[28]。1945年製糖廠因美軍數次的轟炸，遭受嚴重的損壞。戰後為提供更舒適且有趣的休憩空間給縣民使用，將部分臺糖園區土地更新為「臺糖縣民公園」，已於2021年2月5日正式啟用[29]。

三、二峰圳（圖4-11、圖4-12）

二峰圳為攝政宮裕仁親王蒞臨臺灣的同年，1923年5月臺灣製糖株式會社灌溉工程竣工。此工程由臺灣製糖屏東廠的水利技師鳥居信平設計，引用當時的臺灣製糖社長山本悌二郎的雅號「二峰」命名為二峰圳。二峰圳是藉由將全長328公尺的混泥土製成地下堰堤埋至林邊溪河床底，收集其伏流水，再利用地形的高低落差，透過3公里長的運送渠道，將收集到的伏流水輸送至臺灣製糖萬隆農場的灌溉設施。

林邊溪流域於二峰圳完成之前，是一塊在旱季無水可用，雨季下流易發生洪水氾濫；其土壤夾雜許多礫石，於農業方面也是極為貧瘠，缺乏利用價值的土地。1921年5月鳥居信平召集了當地原住民14萬人次[30]一齊動工開發取水廊道即二峰圳。矢內原忠雄（1988）認為這項工程是製糖

---

[27] 屏東縣政府公告（2006）發文字號：屏府文資字第0950122999號 https://data.boch.gov.tw/upload/documents/2022-03-07/b7a54ebd-42a9-420a-b677-ce2c1de9d686/%E5%85%AC%E5%91%8A%E5%87%BD-%E5%B1%8F%E5%BA%9C%E6%96%87%E8%B3%87%E5%AD%97%E7%AC%AC0950122999%E8%99%9F.pdf（2022年10月17日閱）

[28] 吳密察‧翁佳音審訂、黃驗、黃裕元撰；黃清琪地圖繪製（2018）《臺灣歷史地圖（增訂版）》國立臺灣歷史博物館‧遠流出版事業合作出版、P.141

[29] 屏東有影。屏東縣民公園。https://www.pthg.gov.tw/film/Photo_Content.aspx?state=F5D336F102ACBC68&s=CF6C48CEFB93A5EE&sms=DF4AECCD5421160D（2022年10月17日閱覽）

[30] 屏東縣來義鄉公所「二峰圳文化廊道」https://www.pthg.gov.tw/laiyi/cp.aspx?n=FBECAC8C210F8DD2（2022年10月11日閱覽）

圖4-11 二峰圳（2023.5.6筆者拍攝）。　　圖4-12 二峰圳（2023.5.6筆者拍攝）。

業開墾土地成功的例子，是原住民勞動力的運用和蒸氣鋤等大型機械的結
合，是一項值得關注的殖民企業[31]。此灌溉系統不僅無須使用電力，又兼
顧環保、生態及景觀的維護。非但能長年維持供水的水利設施，還能供應
臺糖土地以外農民的田地水源，對農民的米及農作物的生產貢獻極大，至
今仍有20萬以上的人民受惠於此項設施[32]。屏東縣文化局在2008年初，將
二峰圳一號井至萬隆分水工這段長達3,252公尺的圳路命名為二峰圳文化
廊道，並將其登錄為文化景觀[33]。

　　在二峰圳的附近還有一座於1923年9月動工，1925年左右竣工的「力
里溪伏流圳」（屏東縣春日鄉）（圖4-13、圖4-14），根據其工法及設置

---

[31] 矢內原忠雄（1988）《帝國主義下の台灣》岩波書店P.231

[32] 平野久美子（2009）P.18

[33] 屏東縣來義鄉公所「二峰圳文化廊道」https://www.pthg.gov.tw/laiyi/cp.aspx?n=FBECAC8C210F8DD2
　　（2022年10月11日閱覽）

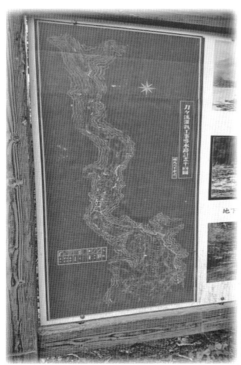

圖4-13　力力溪伏流水圳（2022.1.19筆者　圖4-14
　　　　拍攝）。

時期的相似點，可推測此圳亦爲鳥居信平所設計[34]。竣工年寫成「左右」
乃是在臺灣製糖（1939）《臺灣製糖株式會社史》一書中，曾紀載1926
年2月「大響營農場灌漑工事竣成」[35]。矢內原（1988）說：「（製糖公
司開墾事業經營的）成功關鍵在於臺灣製糖公司引入來社、力力兩溪之河
水，此河水灌漑了萬隆農場三千甲」[36]。三千甲約等於2,910ha（29.1平方
公里）。

---

[34] 今日新聞「春日力力溪伏流水圳　建造者鳥居信平銅像揭幕」https://www.nownews.com/news/2589260
（2022年10月12日閱覽）

[35] 臺灣製糖（1939）『臺灣製糖株式會社史』https://shashi.shibusawa.or.jp/details_nenpyo.php?sid=1220&q
uery=&class=&d=all&page=35（2022年10月14日閱覽）

[36] 矢內原忠雄（1988）P.231

集水和水資源的利用在進入二十一世紀迄今仍是人類社會重大課題之一。現在經濟部水利署採用二峰圳和力里溪伏流水圳的伏流水取水方法並延伸發展，在高屏溪建造了一套有效的取水系統[37]。由於這項系統的建置，除了無須破壞生態環境、自然景觀之外，又能解決在颱風豪雨之際，因河水湍急混濁，而引發水質惡化造成取水困難的問題。

四、下淡水溪鐵橋（東洋第一大鐵橋）（圖4-15、圖4-16）

下淡水溪（現高屏溪）是一條貫穿打狗－鳳山－阿緱，臺灣屈指可數的大河流。1900年伊能嘉矩和森丑之助來阿猴時，曾把當時步行、乘坐竹筏渡過下淡水溪的過程紀錄下來，如下所敘：

圖4-15　下淡水溪舊鐵橋（2023.4.17筆者拍攝）。

圖4-16　同左。

[37] 水利署南區水資源局（2019）「高屏溪伏流水紀實13分鐘影片 國語版」https://www.youtube.com/watch?v=tbCJyH94vNA（2022年10月12日閱覽）

下淡水溪流域極廣，忽而渡溪，忽而越沙洲，涉渡大、小不同的溪流共六次（其中三條是坐竹筏通過的）。據說一旦下大雨，河水就氾濫，這地方頓成水鄉澤國，往來的旅客絕跡。《臺灣踏查日記 下》（伊能嘉矩原著，楊南郡譯註）

從鳳山起開始步行。我們坐竹筏過下淡水溪，溪的對岸是阿猴的範圍了。《生蕃行腳》（森丑之助原著，楊南郡譯註）

臺灣製糖社於阿緱工場開業前，1908年5月便向臺灣總督府取得阿緱—九曲堂之間的臺糖專用鐵道的行駛認可[38]，利用輕軌小鐵路（即所謂的五分車）開通橫跨下淡水溪的道路。此鐵路開通後，不僅是供製糖公司使用，也經營一般旅客貨物運送的業務[39]。1912年出版的《日本殖民地要覽》[40]中記載「若欲抵達此地，需至鳳山線終點九曲堂，搭乘臺糖會社專用輕軌鐵路，穿過當時著名之下淡水溪，在一片蘆荻與甘蔗浪潮的沖積平原中，約行駛一個鐘頭便可達目的地。這裡需要知道的是，與鳳山一樣紅塵萬丈，也是阿緱另一特色」。

下淡水溪鐵橋係由日本技師的飯田豐二所設計。於1911年以為期三年的續建工程，耗資230萬日元開工建設[41]，並於1913年12月竣工落成。1914年2月阿緱—高雄港間（阿緱線）正式通車。這座鐵橋是一座長達1,526公尺的桁架橋（truss bridge）。也是當時亞洲最長的橋，因此下淡水溪鐵橋也被稱為「東洋第一大鐵橋」。由於鐵橋落成，隨著肥沃的屏東平原不斷開墾擴展的同時[42]，高雄方面運輸物資、設備和人力大量進入此地，而屏東平原則輸出糖製品及其他豐富的農產品（例如鳳梨罐頭等），

[38] 臺糖90年通史編纂委員會編（1990）P.295

[39] 同上P.17

[40] 全國新聞東京聯合社編（1912）P.166-167

[41] 廣松良臣（1919）P.166

[42] 同上P.315

至高雄港進行出口貿易。此外，1920年鐵路從阿緱（屏東）延伸至潮州，進一步促進了阿緱人口的激增，同時也促成了屏東飛機場等大型建設工程所需物資和人員的運輸，發揮了將高雄與屏東在人、物和精神上連接在一起的作用。

下淡水溪鐵橋在1992年結束了鐵路橋的任務後，於1997年被認定成為國定古蹟，但經2005年、2006年、2009年的颱風、暴風雨災害後，一部分的橋桁慘遭沖毀，2023年迄今，在高雄與屏東地區僅剩部分斷橋殘存。

五、屏東機場與陸軍飛行第八聯隊之進駐

日本陸軍飛行第八聯隊移轉屏東前，1919年臺灣總督府成立了警察航空班。根據臺灣總督府警務局（1933）資料，其目的在於對原住民的平定、懲治、威嚇和教育等，以及對海賊的搜索、懲治、威嚇等作用，主要是針對治理與警察方面上的管理，而機場設置的場所即是現今的屏東機場（六塊厝近郊下淡水溪畔）。翌年1920年11月，屏東機場落成，警察航空班開始飛行。屏東機場是臺灣史上最早建設的正式機場之一[43]。隨後1927年，隨著陸軍飛行第八聯隊從日本福岡縣的大刀洗機場轉移至屏東機場，此時警察航空班的任務已經完成，航空班便被廢止。這是因為「大部分的蕃地（原住民地區）已平定下來，已達成設立目的」，且隨著陸軍飛行第八聯隊的進駐，「將來若有需求，可直接請求陸軍之飛行隊援助」[44]等原因而廢止。

陸軍飛行第八聯隊駐紮在屏東的主因，據曾令毅（2018）的說明是因受限於1922年華盛頓和1930年倫敦海軍軍縮條約，無法再增設海軍根

---

[43] 屏東縣政府（2021）P.11

[44] 臺灣總督府警務局（1933）P.349

據地及要塞，因此著手發展陸軍的航空部隊，再加上1925年後，當時的假想敵國美國開始在菲律賓大規模建造軍用機場，這也被認爲直接推動了部隊的部署。當時的菲律賓阿帕里（Aparri）距離臺灣只需2小時的飛行時間便可抵達[45]。也就是說，飛行第八聯隊的駐屯屏東不僅僅只是爲了理蕃，同時也是國防層面上必要的考量。

據屏東縣政府（2021）表示，相關的建設是在1920年後半，先是建築了1925年臺灣軍經理部屏東派出所「崇仁新村（通海區）」和1927年憲兵臺南分隊屏東分遣隊廳舍及其宿舍「憲光新村」，隨後陸續興建了陸軍飛行第八聯隊宿舍與軍官集會所「崇仁新村（成功區）」及公務人員宿舍群「崇仁新村（通海區）」等。

1930年霧社事件爆發後，飛行第八聯隊便立刻出動前往霧社。根據曾令毅所述，此項軍事行動中的空襲作戰中，不僅投射了約1,000枚包括毒瓦斯的炸彈，還針對抵抗的原住民散發約3,000張的勸降宣傳單。此項行動不僅是此部隊在中日戰爭前唯一的實戰經歷，更是在臺灣「理蕃飛行史」中規模最大的軍事攻略行動之一。

1936年日本航空輸送株式會社開通島內線航空時，便以屏東機場取代了高雄機場成爲軍民兩用的機場。1938年在大日本航空株式會社接收了日本航空輸送的業務後，屏東機場便成爲了每日一往返的臺灣島內循環路線的據點[46]。不久因隨著戰局的發展，1940年10月實施「燃料消費規正」，民間的島內循環線被迫中止，回歸了軍事專用[47]。

據曾令毅（2012）所述，1936年，因飛行第八聯隊編入了飛行第三團組織，擴大了規模。緊接著在1937年中日戰爭爆發後，隨著戰爭的擴

---

[45] 曾令毅（2018）P.91

[46] 遞信省航空局編（1939）P.4

[47] 杜正宇（2011）P.105

大，飛行第八聯隊又編入了臺灣軍臨時飛行團，1938年聯隊改編爲作戰部隊後，又陸續編入了第四飛行團及第五飛行集團（南方軍），不斷重複進行著改編與組織的擴大[48]；而隨著人員的擴增，屏東市區內也陸續增設了崇蘭陸軍官舍（之後的勝利新村）、第三飛行團團長官邸、第四飛行團第八戰隊宿舍，以及陸軍屏東航空支廠職工宿舍等[49]。1944年-1945年的太平洋戰爭末期，屏東機場成爲了盟軍的主要空襲轟炸對象。

戰後日治時期的軍事關係設施由國民政府接收，憲兵臺南分隊屏東分遣隊廳舍及宿舍被分配給憲兵隊，勝利新村（大部分）被分配給陸軍，其他的宿舍群則分配給空軍使用、管理，即所謂的眷村。目前，勝利新村等的建築物修繕成爲歷史建築，活化爲眷村文化資產保存基地、創意生活園區等，現稱勝利星村（圖4-17、圖4-18），獲得了新生命，許多有特色的店舖櫛比林立，正發展出全新的樣貌。

圖4-17　勝利星村（2021.3.31筆者拍攝）。

---

[48] 曾令毅（2012）P.83
[49] 屏東縣政府（2021）P.13

圖4-18　勝利星村（2021.3.31筆者拍攝）。

伍、總結

　　綜上所述，對於日治時期的屏東市區，臺灣製糖株式會社阿緱工場的設立（1908）、下淡水溪鐵橋的架設（1913）與高雄港至屏東間鐵道路線的開通（1914）、臺灣製糖株式會社將總部遷至屏東（1920）、屏東機場的建立（1920）以及陸軍飛行第八聯隊的進駐（1927）等，這些都是成為屏東都市發展的條件和飛躍的起點。就如屏東縣政府（2021）所指出：「近百年間屏東市的都市發展，與糖業的發展以及屏東飛行場的設立，密不可分。」像這樣在歷史的基礎上，回顧屏東發展的軌跡並確保著歷史資產[50]，對臺灣、屏東而言能夠有效地保存與利用這些資產，使之地方創生，是筆者最大的心願之一（表4-3）。

---

[50] 例如屏東市歷史古蹟「邱姓河南堂忠實第」（歷史建築）之邱氏家族及「崇蘭蕭氏家廟」（縣（市）定古蹟）的蕭氏家族，據了解乃是透過製糖業而累積財富。這說明了製糖業是屏東地區一個重要產業。詳見：國家文化資產網https://nchdb.boch.gov.tw/

表4-3　參考：同學上完本單元後的心得（2022年課程）

所屬系所	心得
應用日語學系	讓我更認識屏東，畢竟臺灣歷史從來不會把屏東單獨拆開來說，我覺得這是一種新知識。我覺得在課堂上播放日本高中歷史影片能幫助我們另一個角度感受我們已知的歷史。日本連小學生都去做武器了，臺灣不可能比日本好過。雖然曾是殖民地，但日本給予許多的建設。
英語學系	我覺得這堂課很有趣，有小組討論活動，還有一些影片欣賞，教授講解也很詳細。學到屏東日治時期的一些相關歷史事件以及各個統治時期的交通建設，讓我獲益良多。因為老師是日本人，所以上起課來特別有感覺！感謝老師很盡力地讓我們去理解每一個事件的內容，身為屏東市人，我很開心可以學習到跟自己生長的土地有關連的事件。
應用英語學系	我印象最深刻的部分是介紹陸軍第八聯隊官舍群那一部分，因為剛好是我們這組調查的部分。而令我印象深刻的原因是因為前幾天我剛去過，但完全不知道歷史來源，而在調查的過程中才發現，這是勝利星村的前身，我覺得很驚訝，也收穫很多。
中國語文學系	雖然說觀看自己土地被殖民過的歷史與過程心情有點複雜，但是整體而言是一門促進臺日交流的一大認識。我覺得由因此體驗全日文課程很不錯，除外的歷史雖然我幾乎都理解，但是經由不同角度的詮釋，感覺上了一堂特別不一樣的課程。
視覺藝術學系	我最喜歡的部分是老師說到飛行隊宿舍的抗議與否，我認為老師從反對與同意的視角去探討，是一件很棒的事情，並且讓我深深的了解到這件事情的全面。
文化創意產業學系	我覺得這些古蹟其實都有其存在的意義，很可惜的是國家或是其他人為了利益而選擇把它拆除，我未來也可能去這些古蹟看看，來更了解這些歷史文物。很深入的了解了在以前讀國高中時學不到的細節，透過這個方式了解屏東的歷史感覺很有趣。
音樂學系	學到很多以前不知道的歷史還發生的事情。來到屏東大學以前沒有想過能夠透過屏東學這堂課了解歷史。
原住民專班	課程很具系統性，課程安排的很好。希望之後能夠在短時間的限制下可以讓我們更容易且獲得更多知識。

問題與討論

1. 探討臺灣製糖阿緱工廠的功能、作用和現狀，並考慮其歷史和文化價值。
2. 結合臺灣在日治時期的發展政策，探討建立二峰圳的歷史背景。
3. 探討下淡水溪舊鐵橋的建設如何促進了屏東平原的發展，並找出下淡水溪舊鐵橋被認定為國定古蹟的原因。
4. 探討屏東機場的建設對屏東地區產生了什麼影響。
5. 找出在日治時期，除了糖廠和機場之外，還有哪些因素帶來屏東市區的發展。

參考資料

伊能嘉矩（1928）。《臺灣文化志 中卷》。刀江書院。

伊能嘉矩原著、森口雄稔編著（1992）。《伊能嘉矩の臺灣踏查日記》。臺灣風物雜誌社。

移川子之藏、馬淵東一，宮本延人（1935）。《臺灣高砂族系統所屬の研究 第一冊》。刀江書院。

岡本真希子（2008）。《植民地官僚の政治史：朝鮮・臺灣總督府と帝國日本》。三元社。

黃昭堂（2003）。《臺灣總督府》。鴻儒堂。

全國新聞東京聯合社編（1912）。《日本殖民地要覽》。日本經濟新誌社。

臺糖90年通史編纂委員會編（1990）。《臺糖90年通史》。臺糖株式會社。

臺灣製糖（株）（1939）。《臺灣製糖株式會社史》。https://shashi.shibu-sawa.or.jp/details_nenpyo.php?sid=1220&query=&class=&d=all&page=30（2022年10月14日閱覽）

臺灣總督府警務局（1933）。《臺灣總督府警察沿革誌 第一編》。臺灣總督府警務局。

遞信省航空局編（1939）。《航空要覽》。帝國飛行協會。

平野久美子（2009）。《日台水の絆 水の優しい心情を知る─鳥居信平の物語》。屏東縣政府。

広松良臣（1919）。《帝國最初の植民地臺灣の現況：附・南洋事情》。臺灣図書刊行會。

矢內原忠雄（1988）。《帝國主義下の臺灣》。岩波書店。

やまだあつし（2008）。〈〔基調報告2〕臺灣植民地官僚制概論〉《日本
の朝鮮・臺灣支配と植民地官僚》思文閣。

吉田東伍（1909）。《大日本地名辭書 續編》。富山房。

文化部文化資產局 國家文物資產網。〈阿緱糖廠辦公廳舍（第一本館、第二
本館、第三本館、第四本館、第五本館）〉https://nchdb.boch.gov.tw/as-
sets/advanceSearch/historicalBuilding/20190515000002（2022年10月7日閱
覽）

自由時報 國際財經。（2019.7.22）。〈臺灣人愛出國，去年出國人次排全球
第10〉https://ec.ltn.com.tw/article/breakingnews/2860329（2022年10月17
日閱覽）

伊能嘉矩原著，吳密察譯（2021）。《伊能嘉矩 臺灣地名辭書》。大家／遠
足文化事業。

伊能嘉矩原著，楊南郡譯註（1996）。《臺灣踏查日記 下 伊能嘉矩的臺灣
田野探勘》。遠流出版事業。

杜正宇（2011）。〈日治時期的「高雄」飛機場研究〉《高雄文獻》1卷，2
期。頁92-121

利天龍（2015）。〈日治時期屏東公園的創設、管理與地景變遷〉《屏東文
獻》19期。頁3-83

利天龍（2017）。〈水落石出？解開阿猴城輪廓的歷史謎團〉《2016年第12
屆南臺灣社會發展學術研討會論文集》。國立屏東大學

周郁森（2003）。〈清代臺灣城牆與興築之研究〉。國立成功大學建築學系
碩士論文

屏東縣政府（2021）。〈重要公共工程建設及重大施政計畫選擇方案及替
代方案之成本效果分析 計畫名稱：屏東飛機故事再造歷史場域計畫（第
2期）〉https://www-ws.pthg.gov.tw/Upload/2015pthg/189/relfile/18288/
540984/ec3feb29-32ae-4cc0-abd5-82c9f6b8f308.pdf（2022年10月16日閱
覽）

黃驗、黃裕元撰；黃清琪地圖繪製（2018）。《臺灣歷史地圖（增訂
版）》。國立臺灣歷史博物館・遠流出版事業合作出版。

莊天賜（2014）。〈第十一章 當舊地主面對新式蔗糖工廠—近代屏東地域
菁英階層的挑戰1880-1930〉《重修屏東縣志 人群分類與聚落村莊的發

展》。屏東縣政府。頁191-216

森丑之助原著，楊南郡譯註（2000）。《生蕃行腳—森丑之助的臺灣探
　險》。遠流出版事業。

曾令毅（2012）。〈二次大戰前日軍在台航空兵力發展之初探（1927-45）〉
　《臺灣國際研究季刊 夏季號》。第8卷，第2期。頁69-90

曾令毅（2018）。〈近代臺灣航空與軍需產業的發展及技術轉型（1920s-
　1960s）〉。國立臺灣師範大學歷史學系博士論文

鄭德慶（2005）。《從地圖閱讀高雄—高雄地圖樣貌集》。高雄市政府文化
　局

臺灣百年歷史地圖 https://gissrv4.sinica.edu.tw/gis/twhgis/（2022年10月16日
　閱覽）

蔡錫謙（2000）。〈日治時期屏東市街都市與建築發展之歷程〉。私立中原
　大學建築學系碩士學位論文

謝森展（1993）。《臺灣回想：1895-1945 The Taiwan》。臺北市：創意力
　文化。

Annual Report on the Commercial Relations Between the United States and
　Foreign Nations: Made by the Secretary of State for the Year Ending 1869
　(1871), Washington, DC: Gov.Print.Off.

https://books.google.com.tw/books?id=1E1TAAAAcAAJ&dq=Annual%20Re-
　port%20on%20the%20Commercial%20Relations%20Between%20the%20
　United%20States%20and%20Foreign%20Nations%3A%20Made%20by%20
　the%20Secretary%20of%20State%20for%20the%20Year%20Ending%20
　1869&hl=ja&pg=PA92#v=onepage&q&f=false（2022年10月16日閱覽）

第五章

屏東文學

余昭玟、林秀蓉、黃文車

聆聽山海的聲音：屏東文學導讀

屏東舊名叫「阿猴」（Akauw、Ackauw），阿猴原是平埔馬卡道族「鳳山八社」中「阿猴社」之社名。清道光16年（1836），阿猴始得建城，當時共有東南西北四城門，如今僅殘存「朝陽門」（東門）[1]。清同治13年（1874）發生牡丹社事件，清廷派沈葆楨來臺巡視海疆防禦，發覺恆春半島全無設防，沈葆楨乃奏請清廷在恆春治縣，構築城池，一以防禦外侮，二來劃定漢人與番民活動範圍，以利屯墾撫番。清廷准奏後乃於光緒元年（1875）正式興建恆春城，歷時五年方告竣工，於是恆春城便成爲清領時期屏東地區第二個圍城之地，所以清領時期的屏東被分成兩個區塊，牽芒溪（今春日鄉）以南屬於恆春縣，以北則屬於鳳山縣[2]。

2007年魏德聖的《海角七號》電影帶著臺灣電影走出歷史沉重包袱，成爲臺灣後新浪潮電影的破億先聲代表作，拍攝場景「屏東恆春」成爲觀光客必訪之地，無形中也讓大家看見這處臺灣最南方的城市。但屏東如何翻轉出自己的城市新面貌？除了在地民眾或觀光遊客知道的山海資源外，我們可以在這片土地上建立起怎樣的「屏東符號」？怎樣讓這些屏東

---

1. 朝陽門目前位於屏東市中山公園田徑場西邊的一個角落，該門上刻有「朝陽門」三字，左右落款右爲「下淡水分沈長蓁監造」，左是「道觀丙申年冬穀旦」。參考黃文車：〈來唱阿緱竹枝詞——重溫老屏東的人文風情〉，《文化生活》45期（2006秋季號），2006/09，頁10。
2. 參考黃文車：〈找尋地方感的書寫：清代屏東地區古典文學發展概述〉，《屏東文獻》第16期，2012/12，頁4-5。

符號與這片土地血脈相連，休戚與共？

　　所謂「建立屏東符號」，就是要讓人民理解故鄉的地質、氣候、文化、歷史，從屏東人共同的情感與在地記憶出發，讓民眾更了解這塊土地，並可以把屏東的特色說明清楚。[3]

可見必須具有屏東的共同情感和在地記憶，才能找到所謂的「屏東符號」，讓民眾更加了解自己的故鄉與這塊土地[4]。

　　為了推動區域文學或地方文學的研究，鼓勵民眾認識鄉土、溯源文化、關懷母語、凝聚共識，甚而去整理地方文史、振興文化產業，以及提升區域的文學與文化能量。自2011年起，國立屏東大學（時為國立屏東教育大學）中國語文學系乃結合校方系所、屏東縣政府及屏東縣阿緱文學會合作舉辦「2011第一屆屏東文學研討會」，希望透過「人文地理學」的空間思考，探討屏東文學發展過程中所呈現出的人文景觀特色，以「地方—空間」的概念，思考地方和空間兩者互相成就彼此的存在意義。透過論文研討與座談，藉以凝聚屏東地區的地方感，落實地方文化與鄉土語文的關懷。時至今日，屏東文學學術研討會持續辦理，此外為推動落實「屏東文學」主題，屏東大學中文系運用校方執行教育部特色大學試辦計畫、高教深耕計畫，結合屏東縣政府資源，編纂《屏東文學小百科》、《屏東文學青少年讀本》、拍攝《屏東作家身影》，並於屏東大學圖書館設置「屏東學專區」，藉以長期落實推動「屏東文學、在地深耕」之理念。

---

[3] 引自吳錦發：〈走讀屏東土地公、建立屏東符號〉序文，收錄於黃文車主編：《2015走尋屏東土地公信仰文化論文集》（屏東：屏東縣政府出版，2017/02），頁5。

[4] 引自黃文車：〈建構地方幸福學：屏東文學與在地記憶〉，發表於北京聯合大學、北京法政大學聯合主辦之「第三屆京臺學者共研會·京臺地方學分論壇」，2018/06/23-24。

一、殊相與共相：談清代屏東古典詩

　　關於清領時期臺灣古典詩中的屏東書寫紀錄多見於《臺灣文獻叢刊》309種中的方志及個人文集，其中又以《鳳山縣采訪冊》、《鳳山縣志》、《重修鳳山縣志》、《恆春縣志》等方志紀錄，以及朱仕价《小琉球漫志》等個人文集為主。這些臺灣古典詩作品自 2004 年開始，由國家臺灣文學館的「全臺詩」編纂計畫加以全面整理注解，並有「智慧型全臺詩知識庫」網站提供查詢。

　　觀察清代臺灣古典詩中有關屏東書寫可以從兩個重點去思考：其一，書寫屏東的詩歌主題和體製；其二，清代宦遊文人「觀看」屏東的視角。所謂屏東古典詩主題與體製的「共相」在於其對於屏東空間書寫多集中於「鳳山八景」、「鳳山八社」和竹枝詞等主題與八景八首形式。至於第二點則觸及「殊相」觀點，亦即權力中心者表面的共相書寫，正好可以用以解釋諸多「不在場」（not being）的宦遊文人如何透過想像去描述清代屏東的區域空間。

(一)屏東的八景詩

　　清代書寫屏東空間的古典詩作內容中至少有25首屬於「八景詩」作品，包括「鳳山八景」、「鳳邑四詠」和「恆春八景」等主題（圖5-1）。前二者又可歸納成「阿猴三景」，亦即有關阿猴城空間的書寫，包括「淡溪秋月」（下淡水溪、今高屏溪）、「球嶼曉霞」（小琉球）和「瑯嶠潮聲」（恆春）等三景。阿猴三景中被記錄的空間場域是高屏溪、小琉球和恆春

圖5-1　恆春西門附近廣寧宮旁，清朝總兵梁燕所題之「恆春八景詩」。（黃文車拍攝，2012）

等三處，詩作多以五、七言律詩呈現。此三景被看見的相近景致乃是溪水、海島與浪潮，故其相同的特色在於「自然景觀」，但這樣的「自然景觀」多可能來自文人想像，更有隔海思鄉或寄盼君顧的寓意。

　　同樣是八景詩，《恆春縣志》中有鍾天佑的「恆春八景詩」，內容包括〈猴洞仙居〉（猴洞山）、〈三臺雲嶂〉（縣城坐山）、〈龍潭秋影〉（南門附郭）、〈鵝鑾燈火〉（鵝鑾燈樓）、〈龜山印累〉（恆春龜山）、〈馬鞍春光〉（馬鞍山）、〈羅佛仙莊〉和〈海口文峰〉。「恆春八景詩」被書寫和觀看的空間局限於恆春城內外，例如其中的〈鵝鑾燈火〉寫道：「鵝鑾山勢撲濤頭，力挽飛篷眼底收。日午青波沉暑氣，夜深明月滾寒流。危樓百尺燈常耀，巨石千尋影半浮。……」詩中所言鵝鑾山與海濤相連，放眼看去舟船盡收，其中的「巨石千尋」所指即是今日亦能見到的船帆石。

㈡鳳山八社

　　清代屏東地區的原住民族除了高山族外，鳳山縣下轄區內要以平埔西拉雅族支系馬卡道族之「鳳山八社」最具代表性。「鳳山八社」含括的空間包括搭樓社、武洛社、阿猴社、上淡水社、下淡水社、力力社、茄藤社、放𫄸社。從屏東地理空間來看，若以「阿猴社」為中心向外輻射，可以發現「塔樓」、「武洛」在偏東北的里港鄉，「上淡水」、「下淡水」、「力力」在偏東南的萬丹鄉和崁頂鄉；至於「茄藤」、「放𫄸」則要往南下達南州鄉和林邊鄉，鳳山八社的範圍正好是沿著大武山下的屏東平原區向濱海地區分布。

　　清代有關「鳳山八社」的古典詩作至少有22首，分別是宋永清的鳳山八社紀事8首、譚垣的8首〈巡社紀事〉，以及范咸、黃吳祚各2首，楊二酉、黃叔璥各1首作品。若從宋永清及譚垣的「鳳山八社」詩作觀察，我們的確可以發現所謂的「巡社」詩寫，清官的「俯視」角度和藉此詩作

來傳達的「導正撫化」意圖便十分明顯。

(三)屏東的竹枝詞

清代屏東地區的竹枝詞書寫有恆春縣的〈恆春竹枝詞〉及〈遊恆春竹枝詞〉以及鳳山縣的〈東港竹枝詞〉等。其中，胡瀓有〈恆春竹枝詞〉七絕8首，屠繼善有〈恆春竹枝詞〉七絕10首，以及康作銘的〈遊恆春竹枝詞〉12首，皆收錄於屠繼善總編纂之《恆春縣志》中。《恆春縣志》中記載開發恆春地區之先民者，「非粵則閩」，正好可在胡瀓的〈恆春竹枝詞〉中閱讀出開墾恆春的移民結構，甚至也能讀到「勢拇颱風」的落山風對恆春地方生活的影響。同樣的恆春日常，還可以在屠繼善〈恆春竹枝詞〉中讀到送檳榔風俗及移民群方言，甚具特色！

此外，卓肇昌（臺灣鳳山縣人）有〈東港竹枝詞〉14首，內容全為自然寫景之作。因為是本土文人，卓肇昌的東港書寫是詩人引用熟悉的本土物景再加以發揮延伸的心境感受，與清代宦遊人士的視角與書寫比較，感覺詩作風格親切許多。

二、心靈安頓的符號：談屏東現代詩

屏東新詩的發展，可以溯源自日治時期的黃石輝（1900-1945，高雄鳥松人）、楊華（1906-1936，臺北人），以及劉捷（1911-2004，屏東萬丹人），他們為屏東文學植下新詩的根苗。戰後紛紛崛起的在地與非在地的詩人們，陸續摹寫屏東風貌與生命樂章，齊心澆灌這片南國的詩壇，展現百花齊放的繁榮景象。整體而言，書寫屏東的詩作題材，或族群歷史的敘寫，或往昔家園的眷戀，或地方人物的緬懷，折射出地理風貌、歷史人文，以及社會變遷的現象。

族群歷史的敘寫，如曾貴海（1946-，屏東佳冬人）的〈六堆客家人〉，描述客家六堆先民拓墾過程的艱辛、捍衛家園的團結，透過這些歷

史性的族群集體記憶，期許子弟們發揚傳承客家的優質文化。

往昔家園的眷戀，如魯凱族的奧威尼・卡露斯（1945-，漢名邱金士，屏東霧臺好茶部落人），在〈故園情——古茶布安〉中，透過月光雲瀑、石板之城、相思樹、百合花、大馬烏納勒、蒲葵樹、貓頭鷹等意象，描繪昔日家園的美麗風景，這樣美好的記憶宛如一只搖籃，召喚詩人返鄉的想望。又如李敏勇（1947-，出生於高雄旗山）的〈故鄉〉，表達對父親的故鄉恆春的哀愁與不安。昔日童年的快樂天堂，如今已被巨大的核能發電廠霸占，其中的環境汙染問題，讓詩人充滿焦慮。再如利玉芳（1952-，屏東內埔人）的〈原始之愛——寄給高屏溪〉，詩中追憶童年與溪流共乘紙船、同摘野薑花的無憂歲月，懷念水清魚躍、花香蝶舞、白雲翩飛、伯勞停歇的美麗畫面，藉此傳達今非昔比的感嘆。

地方人物的緬懷，如郭漢辰（1965-2020，屏東市人）的〈千里返鄉的影子・記出生於屏東的鍾理和〉，表達對鍾理和無盡的追思與懷念。鍾理和畢生為文學奮鬥不懈的精神，深刻影響郭漢辰，堅持寫作的信仰就如鐘擺，永遠沒有停止的時刻。又如黃明峯（1975-，屏東恆春人）的〈風聲——陳達之歌〉，描寫陳達一生貧病交迫，嘗盡人生的磨難，留下扣人心弦的〈思想起〉，餘音繞梁，永遠迴盪。有關恆春的書寫，值得注意的是另一篇佳構，即宋澤萊（1952-，雲林二崙人）的臺語詩〈若是到恆春〉。宋澤萊在服役期間，恆春的海岸風情撫慰離鄉的苦悶。本詩為四段式歌謠體，從罩霧山崙、海墘晚雲、出帆海船，到陳達的〈思想起〉，勾勒出恆春的山水地景與人文特色，可說是非在地詩人對恆春書寫的代表作。

就在地作家而言，屏東是成長和培育的土地，出自懷戀鄉土與探本溯源的家鄉想像，轉化成詩寫的啟動力量。而就非在地作家而言，屏東不只是山水薈萃的符號、心靈安頓的歸宿，也是觸發靈感的媒介。

三、生活記憶的總和：談屏東散文

屏東散文有強烈的地景特質，突顯鄉土語境，地景具有歷史開墾的意義，與居民的生活密切相關。作家把自己當作空間的主體，透過想像、再現等手法，用不同的向度去解讀，地方於是充滿了無限可能，市井及歷史成爲作品裡一個個待詮釋的符碼。

陳冠學（1934-2011）《田園之秋》廣爲人知，文中有對故鄉新埤的護衛，也有道家思維中的隱逸與豁達。郭漢辰是在地文學的建構者，《和大山大海說話》中的大風大雨是作者從眞實生活體驗到的材料。曾寬（1941-）《小村之秋》等作品描寫家屋環境，回溯過去成長的軌跡，類同地方誌的紀錄。杜虹（1964-）《比南方更南》以感性之眼觀察墾丁自然風物，展現地景書寫的另一種丰采。周芬伶（1955-）的飲食書寫建構故鄉潮州的文化，其中包括無限的象徵語境。許其正（1939-）早在1978年即出版的《綠蔭深處》一書，將鄉村景物發揮到極致，保存了40年前屏東農村的樣貌。

本單元兩篇選文，利格拉樂·阿𡠄（1969-）〈祖靈遺忘的孩子〉記錄她17歲的排灣族母親嫁入眷村，身分認同的錯亂使母親卑屈難言，飽嘗孤獨況味。成年後的阿𡠄以書寫回歸母土文化，一一鑿刻部落印記，她的作品大多是在梳理這樣的身世與記憶。陳甚慈（1978-）是萬丹人，她的創作泉源來自故鄉興化村，一個偏僻的南方村落。〈童年的西北雨〉深刻呈現地方氛圍，情感和這塊土地上的人事物產生深刻的連結。她以文字重現家鄉風貌，地景與記憶交融匯合。

四、尋找想像的可能：談屏東小說

小說家以自己的空間記憶或想像，遊走於各種文化場域、歷史情境中，而激發了作品中的意識流動。在高樹出生的鍾理和（1915-1960），

十八歲遷居美濃，幫父親管理「笠山農場」，在此邂逅鍾臺妹女士，不被家庭與社會容許的同姓之婚使他帶著臺妹遠走北京，在原鄉生活了8年。戰後回臺灣任教中學，不久因肺疾辭職，北上松山療養所治療3年多，並開刀鑿去七根肋骨才保住性命。〈閣樓之冬〉的背景即是療養所，敘述罹患肺結核的年輕主角逐漸步向死亡的心理掙扎。鍾理和的重要作品大多完成於1950年肺疾手術出院後，到1960年病逝的十年間，這時期多以故鄉人物及家人為題材，自傳性質很濃，他不以社會性觀點來處理題材，而用人性和土地來安排情節，使小說有高度的藝術成就，這就是他與眾不同的地方。

施達樂（1970-），本名施百俊，東港人，美國電機工程碩士、臺灣大學商學博士，所學橫跨工、商領域。2000年，他三十歲時放棄「科技新貴」的高薪工作，回到屏東過著教書與寫作的單純生活。2008年出版長篇小說《小貓》，主角林少貓是屏東抗日英雄。施達樂開創臺客武俠小說的新局，以人性作為核心價值，塑造屬於臺灣的英雄傳奇，開展了全新的文學場域。

其他小說家如張榮彥（1940-2000），中篇小說《外曾祖母的故事》是從國境之南的恆春、滿州試圖找回自己的原鄉，對那些已經消失或逐漸消失的時代場景，都有深刻的描繪。阮慶岳（1957-）出版多部長篇小說，《重見白橋》以潮州為背景，也涉及同志議題。林剪雲（1956-）對於女性受到壓迫與錯待，有滿腹的疑惑不平。書寫對她而言，不僅是袒露女性遭遇的管道，也是尋找答案的方式。

小結

屏東文學充滿活力，是南臺灣的新天地。大武山高聳壯闊，那澄淨的意象餵養了無數作家的心靈，作家們也以其作品見證歷史的演化更替，重

新建構失落的記憶，這些文學所構築出的地圖，永遠牽動著讀者的情感。

壹、古典詩

阿猴武洛社／楊二酉

問俗來番社，青蔥曲徑長。家家茅蓋屋，處處竹編牆。牽手葭笙細，嚼花春酒香。知能但耕鑿，真可擬羲皇。

〈謁西勢義民祠之一〉／江昶榮

誰建斯亭錫此名，
捐軀自昔荷恩榮。
威靈合享千秋祀，
忠憤難忘一代英。
長使山河成帶礪，
共知鄉勇作干城。
氣吞逆賊揮戈起，
我粵由來大義明。

恆春竹枝詞／胡澂

漫說恆春太寂寥，城中街市兩三條。居民盡是他鄉客，一半漳泉一半潮。（其一）

最怕秋冬兩季中，颱風去後落山風。居民習慣渾閒事，反說無風瘴氣濛。（其二）

貳、新詩

夜合——獻分妻同客家婦女／曾貴海

日時頭[5]，毋想開花
也沒必要開分人看

臨暗，日落後山
夜色跈[6]山風湧來
夜合
佇客家人屋家庭院
恬恬[7]打開自家个體香

福佬人沒愛夜合
嫌伊半夜正開鬼花魂
暗微濛个田舍路上
包著面个婦人家
偷摘幾蕊夜合歸屋家

勞碌命个客家婦人家
老婢命个客家婦人家
沒閒到半夜
正分老公鼻到香

---

[5] 日時頭：白天。

[6] 跈：跟隨。

[7] 恬恬：靜靜。

屏東學概論

半夜

老公捏散花瓣

放滿妻仔圓身[8]

花香體香分毋清

屋內屋背

夜合

花蕊全開

故鄉 / 李敏勇

故鄉海邊

儲存核爆的巨球代替燈塔

封鎖港口

鎮壓人心

荒廢的瓊麻山[9]

像被曬焦的父親的肩膀

支撐輸電線

延伸到島嶼其他地方

8　圓身：身體。

9　恆春三寶「洋蔥、瓊麻、港口茶」中的「瓊麻」，曾是恆春最重要的經濟作物。1901年美國領事達文森引進中南美洲的瓊麻，臺灣纖維株式會社在1913年設置推動瓊麻種植及製繩的「恆春麻場」，1919年之後逐漸改變了恆春人的營生方式。國民政府來臺初期，麻繩成功外銷日本，締造恆春瓊麻工業的黃金時代。後因石化工業興起，人造纖維取代瓊麻，1983年恆春麻廠關閉，1987年恆春最後一家採纖廠結束營業，恆春瓊麻正式走入歷史。1995年墾丁國家公園在恆春麻廠原址設立「瓊麻工業歷史展示區」，供民眾認識瓊麻工業的美麗與哀愁。

夜暗中點亮燈光

燃燒的鎢絲

有故鄉的痛楚

在封閉的心裡吶喊

落山風嗚咽

聲音消失在環繞的海

一把月琴

思想起

原始之愛——寄給高屏溪／利玉芳

夏蟬專注地鳴唱原始的歌聲

不知七月裡高屏溪的魚為何不躍

花不香

蝶不舞　白雲為何不語

八月南下的伯勞暫棲斷橋

只有留下過客一聲輕輕的歎息

你仍須頂著沈重的鋼盔

搶救永遠的綠色矽島

不忍看你處於挫折與混亂的譴責中

不忍見你挑著憤懣和喪志的扁擔呀

此刻真想把你從神聖的身分中抽離

溯溪回到咱們故鄉清流的源頭

共乘童年的一艘紙船自我放逐

採一束倒影裡的河畔野薑花

再寄一張邀請卡給遠山的奔流

若是到恆春 / 宋澤萊

若是到恆春

着愛[10]落雨兮[11]時陣

罩[12]霧兮山崙

親像姑娘兮溫馴

若是到恆春

愛揀[13]黃昏兮時陣

汝看海墘兮晚雲

半天通紅像抹粉

若是到恆春

着愛好天兮時陣

出帆兮海船

有時駛遠有時近

若是到恆春

毋免[14]揀時陣

---

[10] 着愛：就要。

[11] 兮：「的」之臺語文字，亦有人寫成「仒」、「ê」，目前教育部「臺灣閩南語推薦用字」以「的」
為主。

[12] 罩：tà，籠罩。

[13] 揀：選。

[14] 毋免：不用。

陳達兮歌若唱起

一時消阮兮心悶

參、小說

閣樓之冬 / 鍾理和

1

三十二號室邱春木病友的母親又在閣樓裡淌眼淚了，近來這已成了她的定例，每次來醫院探病時，總要一個人躲進這裡來悄悄地哭泣。

閣樓只在我病室隔壁，那裡有樓梯通樓下的病房。我打開走廊的門走前去。

「伯母，」我說，「春木不舒服嗎？」

「鍾先生，你好！」她抬頭拿手巾揩拭眼淚，說道：「春木嗎，他總是那樣。」

邱春木過去曾一度和我同室住過幾個月，後來雖移到現在的病室，我們的感情卻因此而更親近了。他是臺北人，家裡只有母親和一個妹子，父親死得很早，只靠母親做裁縫撫養成人。光復後他在市府做事，一直做到得病入院才辭職。他的病似乎不輕，據說他的兩肺都有空洞，右肺的空洞幾乎有三四公分大。

後來，邱春木併發腸疾，每日泄瀉數次，和我同住的最後一段期間已衰弱得每次來往廁所都感到吃力了。他已變得十分神經質，時時顯得不安，焦躁，敏感，對自己的病感到絕望，每次主治醫師來巡診時，幾乎都纏著醫師問，他是不是得了腸癆，又請求院方給他檢查大便。說這些話時，他一邊總凝神觀察醫師的表情，似乎醫師一條筋肉的扭顫，一條眉毛的揚動，他都不讓它逃出他的注視。

醫師自眼鏡後面愉快而爽朗地笑著，但我看出這笑是很曖昧的，很狡獪的，春木不禁愕然，繼之變得憂鬱而沮喪。我時時為這殘忍的場面而覺得不忍和不舒服。

醫師笑著問他，假使檢便的結果發現裡面有結核菌又怎樣？沒有結核菌又怎樣？你能保證那結核菌一定是腸裡面的嗎？一定不是你自己口中嚥下去的嗎？他用教人出不得氣的一堆問題把他問得啞口無言，只張大了眼睛呆呆地看人。

「不如此，你也夠神經質的了，」醫師友善地拍拍他的肩膀。「不要想得太多啦。」

他時時會在安靜中坐起來，把同樣的問題向我發問，問了一遍又一遍，問這些問題時，他是那樣的性急，那樣的迫切，那樣的專一。不過顯然這只為了他心中有太多的不安，不一定需要回答，因為他問完後常常不等我回答便頹然躺下了。有時他會盤腿坐在床上自言自語，好像忘記我在他旁邊。「醫生騙我的，我知道，我得的正是腸癆，腸癆是不治的。」他的眼睛迷惘地看著天花板，一邊太息著，然後喟然深嘆，「啊！啊！」

有一次，是在夜晚，護士剛剛檢完體溫，我躺在床上安靜，忽然聽見他大聲驚叫，「血！血！」

我急忙起身，問他：「怎麼的啦？春木，怎麼的啦？」

春木面色蒼白，一手支壁，一手胡亂抱著褲子，顯然是剛由大便起來，正俯身審視下面，那全神貫注的神情，好像那是他生命的主宰。

「大便！大便！」他叫著說，聲音有些顫抖。

他轉身坐落床沿，重重地喘息，眼睛直直地注視前方，由驚愕和絕望所激起的表情仍明顯地留在臉上：他手裡仍舊提著褲子，似

乎已忘記繫上了。

「我的大便有血。」待喘息稍定，他又叫著說道，聲音是那樣絕望。「是腸癆，再不會錯了！」

以後他的泄瀉越來越嚴重，人往下衰弱的趨勢清楚得變成一條下降的直線，每日可見，情形十分悽慘。他的母親來看他時總要躲在閣樓裡淌一會眼淚。

她本來是一個有些發胖的女人，面頰飽滿，有血色，有樂觀的性格，平日笑容可掬，但這陣子已經瘦下來了，眼睛四周有淡淡一層疲勞的黑暈。當她拿手巾悄悄地揩拭眼淚時，她那沉靜而優雅的動作裡蘊蓄有一份深藏的憂傷。

「伯母，」我說，「春木慢慢會好的，妳不要太悲傷了。」

她用手巾揩揩眼睛，一邊輕輕地點頭說道：「謝謝你，鍾先生。」又過一會，才抬起頭來看向前方。「春木很難了，我自己看得出。你不知道，鍾先生，他爸是得大腸炎死的，所以當他拉痢時我心中便發愁，我想他一定是……」說到這裡，悲哀使她咽住了。

我告訴她大腸炎不會遺傳，請她放心，但她搖搖頭，說也許我說的話是對的，但她相信這是命。

「有人勸我給打邁仙，」過了一會，她拿手巾抑止嗚咽說道：「剛才我見了沈醫師，他也說可以試試。邁仙很貴，可是我要試試看，下午我就買來給打，我一定要試試看。」

2

自從打了邁仙之後，春木的病情的轉變是顯著而驚人的。第一，他的食慾大增，院方所供給的規定的三頓飯菜已感到不能滿足，另外還要自己煮點心來吃，而且是一大碗一大碗，比正餐毫無

遜色，甚至有時還要在深夜裡起來用電爐煮麵線吃，那情形已不能用「吃」來形容，只能說是「填塞」——在填塞一個看樣子永無滿盈之象的無底洞，他的體重成比例地直線上升，幾乎每星期都要增加二至三公斤，每星期一早晨第一個懷著高興和興奮的心情等待護士把計重器推來。他的面孔很快恢復以前的飽滿和紅潤了，嘴唇又有了血色，眼睛因重新獲得信心而閃閃發光，他的泄瀉已止，大便每天有一定的時間。

　　就在他打邁仙後數日，在安靜時間後我走進他的病室。他側身躺在床上，一隻手擱在母親肩頭上；母親坐在床沿，兩手握住兒子另一隻手，不住慢慢地揉摸，互相偎依著，兩人的眼眉都掛著得意和滿足的微笑：這裡面的空氣顯得這麼親昵，那麼相愛，那麼神聖，以致我猛的覺得在這時闖進來未免魯莽，冒失。好在他們兩個人都談得十分入神；沒有注意到我進來，於是我悄悄地反身退出，但此時邱伯母看見我了。

　　「鍾先生，鍾先生。」她說。

　　「老鍾，」春木自床上一骨碌坐起來，快活地說，「我告訴你。」

　　我走到窗臺邊，拖了隻硬靠背椅子坐下。母子倆都向我轉過臉，充足的光線在我面前畫出浸在快樂的氛圍中的兩副臉孔的輪廓。

　　「我想你一定很好，」我看看春木，又看看他母親，最後把視線停在春木身上，說道：「是吧？」

　　「好！好！」春木說，有樂不可支的神情。「老鍾，我告訴你，我的大便沒有血了！」

　　「嘔！」我說，「是嗎！是今天沒有嗎？」

　　春木點點頭，笑盈盈地說：「是今天。」

「恭喜！」我說，「邱伯母，恭喜！春木就要好啦，妳再也不用發愁啦。」

「要是他像你這樣好，」她說，「我就不發愁啦。」

「他現在比我還好呢。」

「是嗎？不過醫生說至少要打四十支看看才知道呢。」

「不會錯的，邱伯母，」我說，「我不騙妳。」

「這是你的好心，鍾先生，」她說。「不過我也望菩薩保佑他好，我這老媽苦了這些年才不致白費。」

她話雖說得如此謙虛，但仍舊壓抑不住內心那份喜悅之情，她眉開眼笑，笑時露出一排雪白整齊的牙齒，使得她的臉孔格外顯得煥發，容光照人。我想起一向來她躲在閣樓中淌眼淚的情形，於是覺得她這份快樂得來不易，她應該要更快樂更開心。

「春木打幾支邁仙啦？」停了一會我問道。

「八支。」她說。

「那還要打三十二支呢，是不是？」

她應了一聲「嗯」，她這聲調裡我覺得彷彿有種極勉強，極不自然，極不樂意的東西，這時我發現她的兒子默默地迷惘地注視著母親的臉孔。

3

在這種情形下，當我有一天再看見邱伯母又獨自在閣樓中淌眼淚時，我便十分詫異和惶惑了。這星期春木的體重又增加了二公斤，而且上一趟我還看見春木十分快活的在吃煮麵線呢，我實在想不透她為何而哭。我打開走廊的門走進去。

「伯母，」我半信半疑地說，「春木不舒服嗎？」

她抬首拿毛巾揩乾眼淚。「鍾先生，你好！」她說，「春木嘛，他很好呢。」

我站在她面前怔怔地看著她。稍停，我問她知不知道這禮拜春木的體重又增加了二公斤？

「春木告訴我了。」她說。

她俯首拿毛巾揩眼淚，有意避開我的注視，她心中似乎有一種別人所不知道的憂慮和不安。片刻後她抬起頭來向我淒涼地微笑了笑。她的眼睛已不再有淚痕了。但她那種笑卻加強了我的猜疑。於是她懶懶地站了起來。

一刻鐘後當我走進三十二號室，邱伯母已經十分快樂了，一見我的面便嚷著說：

「鍾先生，你看春木的臉像不像搽了胭脂那樣紅，那樣好看？剛才我告訴他他不相信哩。」

想起剛才在閣樓中所見，現在看到她的心境的轉變，令我吃驚，我也不明白她何以這樣說，不過我看出她要我在這上面說一點什麼，所以我附和了她的意見，說的確春木很好看了。

春木聽了，呵呵大笑，足足笑了一分鐘之久，笑罷，說道：

「老鍾，你上了她的當啦，老太太的意思是說我不知她的好意呢。」

「喲！」老太太搥了兒子肩頭一拳。「喲！你聽他的話！」

不過我不知道她這作為究竟表示抗議抑表示默認。

我坐在窗臺邊那隻硬靠背椅上，被母子二人的開懷戲笑弄得有些糊里糊塗，直到母親提起皮包起身告辭才告一段落。

母親走後，春木隨即下床走向窗邊，看著下面通往醫院大門兩旁種有花草的石子路。不久，母親在那條路上出現了，一個人邁著

沉重的步子走向大門，然後不見了。

春木轉身在窗臺落坐，支起一隻腿，臉上已斂起笑容，變得十分陰暗。

「老鍾，」他說，「你覺得她怎麼樣？」

我沒有回答，僅抬起我的臉，因為我要弄清他的意思，才能作答。

「你知道她做什麼嗎？」他又說。

她做裁縫我是知道的，這是她自己告訴我的，所以在這意義上說我無需乎作答。

我默不作聲。春木站起來了。

「老鍾，」他說，「你看我能好嗎？我能打完四十支邁仙嗎？」

他在床邊窄窄的地方走起來，看起來是那麼愁苦，那樣煩惱。

當日晚飯後我又走進春木的病室，只見春木在窗臺下，一手支頤靠坐在那隻硬靠椅上，落在沉思默想之中。我不驚動他，在窗臺上落坐，在我坐下時他仰臉向我看了一眼。

夏夜清澄，溫暖，天上有星層明滅，月光的清輝在田野上面牽起一領白紗。南邊的松山上空有一層蒼白色的光圈，再南邊又有一層更大更亮的光圈，從那方面有渾囂的市聲隱隱傳到耳朵。

我們看著夜景坐了有十幾分鐘，終於春木向我開口了：「老鍾。」

我收回視線，轉臉向他。

「老鍾，」他說，「我想我很難打完四十支邁仙。」

原來又是老問題，不過我自他的眼色看得出他的理智是冷靜的，似乎不為牢騷，不為感傷，而是要用現實的態度來處理這問題。因而我也變得十分認真。

「爲什麼？」我問道。

「我一共打了十四支，」他說，「現在我想，最初的七支也許是她用現款買的，以後的七支她就變賣她的首飾來買了。」

「你怎麼會知道？」我又問道。

「我自然知道。這是有原因的，」他又說。「她只是一個裁縫，起初我就懷疑她怎麼有能力買邁仙。她本來有一條金項鍊，一對耳環，兩隻戒指，這是她全部的首飾。這次她來時我留心到她脖子上的金項鍊沒有了。不會錯的，她在變賣她的首飾來買邁仙。」

邁仙初來時價格貴得驚人，普通一個公務員一個月的全部薪水還買不到一支，此時雖說低落得多了，但一錢黃金也只能買到一至二支，顯然不是一個窮人家享受得起的，如果她要這樣做，那是十分可能的，也可以理解的。

「可是邁仙這樣貴，」他繼續說道。「就是再賣掉她的耳環和戒指還是不夠的，那麼以後賣什麼呢？賣縫衣機？賣櫃櫥？賣桌椅？不過問題倒不在乎東西，假使賣掉東西可以治好我的病，以後我可以做小販，擺地攤，總有辦法養活她，但假使東西賣掉了我又不能好，那可怎麼辦？她們以後怎樣生活呢？不是我害了她們嗎？我怕的就是這個！我應該讓她們賣東西嗎？」說到這裡他稍停了停，想了下。「我父親死時我僅有三歲，我媽爲了我受盡一切辛苦，她是那樣地愛我，我很明白她的性格，假使爲了我的病，她捨得賣掉她所有的東西。我應該閉著眼睛任由她們賣東西嗎？」他在這裡又復停了停，想了下。「我決定再問沈醫師，不過我不敢說他一定肯告訴我實話，他有意不讓我知道我的實在情形。老鍾，你能告訴我嗎？你看我能好嗎？」

春木抬起眼睛定定地看著我的臉孔，他的眼睛是那麼誠摯，那

樣懇切，因而一時使我對他懷著祕密而覺得痛苦。關於此事，我曾和沈醫師談論過，醫師的態度是相當保留的，雖然當時春木的情形非常之好，他說春木的肺部空洞太大，他告訴我，我們不應把事情單獨孤立起來看。醫師的話雖無明白的結論，但那論調不是很樂觀卻是事實。我能告訴他這些嗎？

他等了一會得不到我的回答便轉臉看向前方，變得憂悒而苦惱，自言自話地說：「我要怎樣才好呢！」

4

邱伯母隔四五天，至長一禮拜，必來醫院一次，由於春木的啟示，以後她來時我便注意她的耳環和戒指。第一次，我發見耳環不見了；其次戒指不見了，由此證實了春木的疑懼不錯。但我看她的樣子很沉靜，似乎她對此想得相當透澈，相當決心。

在那以後，有一天，我走進三十二號室，春木一把抓住我的胳臂，一邊搖著一邊向我絕叫：

「老鍾，老鍾，她賣啦！她賣啦！」

「誰？賣什麼？」我擔心地問道。

「她，老太太！」他說，仍舊捉住我的臂膊不放。「縫衣機！縫衣機！」

他大概在方才母親來時哭過，因為我覺得他頰上好像有擦乾後的淚痕，不過我不敢說一定如此。但無論如何，當時他的樣子很激動，很昂奮，卻是事實。

「我們兩個人都在拼命，我和我媽，不過我們都快啦！」

他放開我的手，在床沿上頹然落坐，眼睛發光。我把手放在他的肩上，讓他安靜。

「假使我的腸癆再發。」他再叫著說，「我就完了！噢，我受不住，老鍾！噢，我受不住！真是受不住！」

我用力按住他的肩膀，慢慢的，春木安靜下來了。

以後他又打了幾支邁仙，在打到二十一支後終於停下來了。停止打針後的最初一段時間，情形還算平靜，但是一星朝後，情形變了，一直被抑止著的結核菌猛力往回反擊；泄瀉恢復了，繼之大便中又有了血膿，體重直線下降；上廁所又變成吃力的事情了。

有一天，他教阿婆拿便壺在室內大便，真怪，他的大便是白色的。顯然他的消化系統整個完了。我進去時春木直直地躺在床上，面色死灰，眼睛看著上面的天花板，冷冷的絕望僵化了他的面孔。

由此以後，他的情形一直很壞，他母親來時總要在閣樓裡淌一會眼淚。我對他及她已感到無話可說，因為我們大家心裡明白安慰已沒有用，它變成無聊的了，我只陪著他們坐著，他們不說話，我也不說話，他們嘆氣我也嘆氣，然後默默地走開。

又過了一個時候，春木決定退院了。這時他的病情更壞，人更弱；本來他是粗骨骼的，肉頭瘦落後體幹仍舊很粗碩，此時看著他兩隻瘦骨伶仃的腳支著龐大的身軀搖來晃去，舉步蹣跚，那情形是十分可悲的，悽慘的。

他退院的決心是悽愴的，悲涼的，沉痛的，因為他為什麼回家，那意義已經十分明顯；醫生囑咐他母親說：大概無須打針了，最好他想吃什麼就買什麼給他吃，讓他快活快活。

退院那日，我們握手相別，我對他說了幾句安慰話，不過這話空虛無力，我們彼此明白，因而說話時我覺得很難過。春木握著我的手，呵呵大笑。

「不要為我難過，老鍾，我們要快快活活分開。」他說：「快

快活活的分開。」

他說罷又復爽朗地大笑，笑得眼睛流淚，他用手背去揩拭，但揩乾後眼淚重新湧出；他又去揩，眼淚再度湧出。當他轉身時，忽然踉蹌一下，但他趕緊站好。

「那麼，」他向病友們揚手，「各位再見！」

他說著，眼淚又流出來了。

5

春木退院時秋色正濃，現在秋去冬來，北風夾著這地方特有的惱人的霏霏細雨在醫院上下穿進穿出，在走廊的荒涼地板上打滾，迴旋。油加里樹被吹得弓著身子，呼呼作響，它被吹得那麼彎，幾乎觸地，當它往回反彈時敲打著玻璃窗，同時把雨珠彈進病室。

這是風和雨的季節，陰霾和冷暗的季節，同時是憂鬱和哀傷的季節。

就在這樣的日子裡，有一天，我又看見了春木的母親。她的眼睛又紅又腫，眼淚汪汪，當她看見我時哭得異常傷心；她比上次退院時顯得更憔悴了，更消瘦了。看這情形，不用問我便明白發生了什麼事，及她來這裡做什麼。我不說話，陪著她在閣樓中坐著，我讓她盡情地哭，她在哭夠和流夠眼淚稍稍鎮定時，斷斷續續地告訴我春木回家後的經過和他的死。

據說回家後春木瀉得很厲害，她還設法給他打兩支邁仙，不過以後春木就不讓她買了。他說反正他不會好了，徒然浪費金錢，她們還要生活呢。他說她們已為他盡了心，就是死了，他也無話可說。自得瀉症以後他即始終戒慎飲食，不敢盡著意思吃東西，所以他想在死前放開口腹吃個痛快。他要她辦一桌筵席，讓他一天吃一

樣，吃完八碗八盤，然後死去，他就滿足了。於是她遵著他的意思
讓他每天吃一樣，吃到最後剩下一盤炒鰻子沒吃著，便在前天死去了。

　　她說到這裡，悲哀使她禁不住嗚咽和流淚。她拿手巾蒙著面孔
又悽切地哭了一會兒。

　　「昨天，」停數分鐘後她抬起頭來，「我還把這盤炒鰻子送到
他的墓前去，」她揩揩眼睛，「讓他完成心願。」

　　在這全部時間我沒有說過一句話，她的悲哀壓著我的心，按著
我的腦袋，當她說到最後時，我舉起我的頭，只見油加里樹又向那
邊彎過身子，雨正瑟瑟地下著。

小貓（節錄）/ 施達樂

【步月】

　　「那個貓仔臉還真越看越古錐！」

　　猴師殞命的當時，廟祝鍾麵線坐在媽祖廟庭，眼皮直跳。瞪著
壁上自己手寫的「敢笑宋江不丈夫」，想著自己就這麼沒出息過一
生，志氣竟連不識字的小貓都比不上。

　　日軍宣稱臺灣占領完成後，即被鄭吉生義軍阻在下淡水大河
邊。有「戰神」之稱的乃木希典率第二師團約八千人，想由臺海繞
道自更南端的枋寮海岸登陸，六堆客家鄉親互相傳報，通知要到內
埔選舉大總理，抗日。

　　該不該去呢？去了必死無疑。若不去，自己講古講了一世人的
「俠義」，又算什麼呢？小貓那些少年郎，還會聽講古嗎？會不會
喊：武俠小說「攏係假」？

　　鍾麵線走進廟，把古書、話本都撣乾淨了，疊好，《忠義傳》
放在最上頭，恭恭敬敬收進暗室裡。他知道，即使什麼都燒光了，

只要水滸在，武俠就在；火種埋在那貓仔臉裡囉！

「哈哈！」廟祝拈了三炷香，向媽祖婆道再會：「我若死，武俠也不會死──欲知後事如何？請聽下回分解。」

廟祝這一去，拱出數千英雄來。頭一位，就是邱鳳揚先生。

邱鳳陽原是讀書人，時局不穩，棄文從武，練就一身流民神拳，算是林庄主的師叔。年前流氓搶掠村民，進迫縣城，他單人雙拳，深入匪窟掃盪，力挫三十四人，受賜軍功六品「千總」。六堆諸庄共決，推為抗日大總理。另外，又選出蕭光明先生擔任副大總理、鍾發春（又名麵線）擔任六堆總參謀；而林天福總綰後勤留守，兵力整補。

一八九五年十月十一日晨，日軍第二師團第四步兵聯隊自枋寮出發，由桑波田景堯少佐指揮，往北沿海岸進攻，與六堆義軍遭遇在茄冬腳（今屏東縣佳冬鄉）蕭家古宅步月樓。這步月樓位居南北要衝，宅內設防禦工事，如同堡壘。客家鄉親在此據壘血戰，給了「戰神」一個迎面痛擊！

當時日軍配備後裝膛線步槍與山砲，彈藥由海上戰艦源源不斷補充；義軍則僅有黑旗軍殘留的老式臼砲六門及鳥槍、刀劍棍棒等，鎔化鍋鏈鑄造彈丸。雙方駁火終日，戰力懸殊，蕭副總理率義軍節節敗退。日軍於午夜終於攻下步月樓，十五人死亡，五十七人受傷。

客家義軍傷亡大半，至今，古樓上仍可見彈痕斑斑。日軍銜尾追擊，直抵總理邱鳳揚據守的火燒庄（今屏東長治鄉長興村）。

「火燒庄古戰場」就在屏東市郊百米，今由黑臉媽守護村民營造的兒童遊樂廣場，上有六堆義士紀念碑，殺蛇溪惡水仍無言圍繞著──

當時，客家鄉親在火燒庄築起石牆，並挖掘出寬二米，深及胸部的戰壕充當防禦工事與日軍殊死決戰。六堆總參謀在彈雨中，血書不成韻雜詩一首：

多謀驍勇一干城　韜略兵機古將驚
步月樓前禦日寇　火燒庄野殺倭狼
乾坤浩氣滿身膽　寶島傾山獨臂擎
甲午風雲悲割地　建言十策保民生

戰局僵持不下，義軍死傷雖慘，仍以肉身擋子彈頑抗。廟祝鍾麵線與副總理蕭光明手挽圍牌，地飛地走護天殺，掩護神拳邱鳳揚突擊日軍戰線，持槍日軍屢中流民必殺技——喉頭碎裂者有之、雙眼被挖者有之、蛋破湯流有之……要害受襲，紛紛倒地。

薩摩群隼大忿，決定放火燒庄，強風助勢，烈燄沖天，戰況頓時扭轉。

「棄槍！拔刀——」

山田忠三郎少佐狂喝，眼球布滿血絲，映射熊熊火光。他搶過軍號，吸飽一肺殺蛇溪狂嵐，拼命的吹號——

「呀！鳴鳴鳴！」

薩摩武士如猿猴般鬼叫，跳進戰壕，赤膊抽刀，以示現流刀法狂斬，中彈不退！

大火席捲全庄，燒成廢墟，義民軍全體遭難；神拳邱鳳揚等首領中炮火焚，盡作焦屍。

阿猴城南遠處火光燭天，炮聲隆隆有如天火降臨。城中人心惶惶，不知所以，包括正在廟庭前訓練徒眾的小貓。他正詫異怎近月

不見廟祝，才有人説他往客庄去了。

　　又是黃昏時分，晚秋的西北雨倏來倏去，紅日似把大武山邊堆積的雨雲也燒焦了，炭黑一片，難怪日人把夕陽稱爲「夕燒」，殘酷悽美的夕燒。

　　輾轉傳來消息，火燒庄全村燒成白地。小貓再無懷疑，急奔而去——他跑在火燒般的晚霞中，感覺熱氣直往頭衝，廟祝從小貓十歲就埋進心裡的火種瞬間燃燒——

　　那是刃西門的武二郎、那是劫法場的黑旋風、那是鞭督郵的張翼德、那是抱幼主的趙子龍。一身武俠，轟隆隆驅動小貓往前衝。

　　小貓步月狂奔的夜，土蜢似狂蟬淒切，驟雨初歇；忠義亭晚，殘雲似絲布在暗色天幕。月色明亮，照得滿地焦黑的屍首上一片銀白，陣陣焦臭瀰漫雨後夜氣，工事上餘爐未熄，英靈與煙灰四散飛舞。

　　四名穿著土灰色軍裝的日軍無感於周遭氣氛，仍神情輕鬆地談笑，好似堆疊在他們腳邊的屍體，不過是腐爛柴枝，毫不足惜。一名日軍在屍堆中瞥見一張標緻女臉，忙招手要抽煙的友伴過來看。

　　拉出女屍，幾人湊近一看，女子側腹中槍，無損她清麗的臉蛋。那日兵伸手撫摸沾血的奶子，叨唸可惜——

　　「要是早點來就可以拖出來……嘿嘿！」日軍操薩人土語飛快地説，旁人大笑，頂頂他手臂。

　　「不知裡面還有沒有活人？」另一名扛著半人高步槍的日軍喃喃自語。遠處黑影幢幢，性情膽小的他總覺得暗處有雙眼睛在窺伺。

　　撫摸女屍的伙伴回頭笑道：「剛才山田少佐宣布你沒聽？整村男女老幼六千多口全數殲滅，你是看到鬼？」

　　「別吵了！少佐有吩咐要看好這些屍體，要特別留心有沒人靠近……」

「真搞不懂山田少佐想啥，」摸膩冰涼的女屍，日兵起腳將她踹回屍堆，灰白色的身子倒折，空洞的眼承著冷雨。

「人死了就擺著讓它爛，幹麼費事守死人？真是無謂啊。」

「『阿猴！（日：笨蛋）』，這叫『殺雞儆猴』！這些臺灣土匪，非得嘗點苦頭才會知道我們皇軍屬害……」

一名日兵用步槍刺刀戳著屍身戲玩，殺殺聲混在呼呼風中聽來有些不真切。

「喂！一起來唱歌吧？」老覺得有鬼的日軍不管同袍意見，自顧自高唱起《君之代》，其他幾人閒著無聊，也此起彼落應和著：

我皇御統傳千代……（想念我呦！千代姐。）
一直傳到八千代……（八千代呦！千代姐。）
直到細石變巨巖……（變巨巖呦！千代姐。）
直到巨巖長青苔……（長青苔呦！千代姐。）

「壯膽吧！畜牲……著輪到爾驚惶了！」小貓咬牙切齒。

月色中，小貓與羅周領著九名兄弟悄悄潛至殺蛇溪岸，蹲踞在離哨口約五十步遠處。小貓手勢一比，羅周持刈戈就位——「咻」地破風聲響，當先的日軍額頭中石，腦殼碎裂倒地。羅周起身，左右連閃，瞬間斬落兩顆頭顱，剩下的一名日軍才剛舉槍瞄準，又一顆雞蛋大的飛石正好擊中他的兩眼之間，左眼掉出眼眶，像嚇壞似地，身體連連抽搐幾下才停止不動。

滿地的焦屍，如何收葬？滿腔的憤怒，又要向誰訴說？小貓立在滿地屍堆中，早已分不清躺著的是誰？是廟祝鍾麵線？通臂拳黃甘？還是十三太保的陳啟耀……無論他們生前是矮是高、是胖是

瘦，現在看起來都一樣了。上千具屍體，對他們推來的六輛車來說，實在太過沉重。

「貓大，價贅欲安怎扛轉去……」

「我知。」小貓抹去醜臉上的雨泥，強忍悲痛，要大夥一具屍首只揀一塊──意思到了就好，實無法周全安葬所有人。

幾人推著如山高的板車回到萬巒五溝水。天未明，留守的林庄主杵在宗祠前，看著他畢生僅見最慘的送葬行列。壯丁們在溪旁挖開兩丈方圓，丈餘深的大洞，小貓站在坑底，接過遞來的屍塊，一抔一抔恭敬地覆著沙土。圍觀的婦女們忍不住抱頭痛哭，林庄主也抹著淚濕老眼，偷偷啜泣。

一個坑埋不夠，就再挖第二坑；第二坑還不夠，再挖第三坑，一直忙到日落時分，小貓才覆上最後一坏土。他沒有插上墓碑，因為沒有一塊墓碑夠大，能刻上這許多名字：邱鳳揚、蕭光明、鍾麵線……還有許許多多他無能牢記的名字。整整又一夜，小貓耗盡力氣，愣愣看著自己沾著黃土黑血的雙手，蹲在土堆旁發呆。

「貓仔，你已經兩暝沒睏，先去歇一下。」

林庄主走來勸說小貓，小貓搖頭說不累，林庄主嘆了口氣，蹲在小貓身邊。

小貓望著土堆幽幽道：「功夫再高，名聲再好啥路用？死了也是一堆土……作歹人也死，作好人也死，我實在想沒展英雄有啥路用？以後，擱有誰會記得這寡人？」

「你錯了，貓仔。」

林庄主掬起一把黃土任它自掌中流洩。「後人敢會記著『您』，是因為『你』作啥。你，我講的就是你，你林小貓，其他嗣小晚輩、手足同胞──全全要看你做啥，後世人才會記得您。」

一九六八年建造萬巒國中時，在當地挖出許多無主屍骨，殘缺不全，地方政府設壇超渡，追懷先烈。題詩云：

氣與河山壯　名爭日月光
煌煌民族史　照耀火燒庄

抗日的朝陽舟舟從屍堆中升起，照臨千里，照在大武山高聳的峭壁上，映出一片火紅，那是阿猴勇者的光芒。

「我的大名是小貓！記住，我絕對袂予爾白死！」

小貓指著那輪紅日，挺腰大吼。

【方城】

火燒庄一役大捷，日軍始渡下淡水，準備接收阿猴城。原本口口聲聲「矢志抗日」、「與臺灣共存亡」的金樓梯兄弟率先響應，在鄉中爲日軍展開造勢，一如猴師所料。

小貓、興仔跟漏太三人躲在河邊草叢中，看著日軍一批批過河。日軍記取北白宮川被刺的教訓，不敢輕進，步步爲營，沿路都有槍隊警戒。小貓等人無計可施，只好起身回萬丹去找羅周商議。那時羅周正打著羅陽將的舊旗招募村中壯丁，鄉親們說起日前的火燒庄事件，無不掩面而泣。只是不久前，金樓梯倒戈的消息傳開來，原本吵嚷著要同報國仇的青年們紛紛改念，要求退團。

小貓三人回到廟庭，只見羅周孤身一人站在庭中吆喝，榕樹下蹲著七八個老頭在下棋，旁邊立著幾支刈戈和幾面團牌。再走近一瞧，居然是林社、吳老漏和興仔老爸他們。小貓開口問：「羅周阿兄，你招的人呢？都轉去抓蟲母相咬？安怎一個也無？」

羅周無奈又歉疚的回答：「貓仔，歹勢，日頭赤炎炎，隨人顧性命……我只招著這幾個。」說完往榕樹下一指。

「嗄？彼幾個老歲仔？欲安怎相殺？」

林社聽見小貓抱怨，起身走過來說：「你這個死囝仔！對你阿爸阿兄按呢講話？阮幾個老甫老，猶會哺土豆，若無敢來打生死對試看覓？」

「吼！你也卡拜託一下，你佮阿母冤家也演袂贏，攏出來瀉死瀉症（丟臉），打日本四腳就交待阮少年的啦！」

小貓幼時林社與來好嬤「相親相愛打架」決勝負的場面印象深刻，等到長成，自然明白是怎回事。此時正好拿來諷刺林社年老力衰，連女人都打不贏！

林社聽小貓又把醜事拿出來說，臉紅辯道：「哼！上起碼咱幾個老的知影『覆巢之下無完卵』。你看羅周日頭下站半天，叨一個少年人理他？人人攏會用嘴講愛臺灣，到要賭命時，少年家走得比誰卡緊。咱攏不出來，以後佇萬丹街呢安怎抬頭作人？後日煞沒資格教訓你。」

林社說完，又轉身回座下他的棋。

「將軍啦！」

「青菜啦！貓仔。就予您顧庄內好。」羅周頂頂小貓手臂小聲說道。

小貓環顧空曠廟庭，又回頭望著圍聚樹蔭下的老人。「按呢好啊，卡規氣，就咱四個，去包圍阿猴城，擋日本人！」

羅周一聽傻眼。「稍——等一下。你講，就咱四個？」

「沒錯，規欉好好，就咱四個。」小貓篤定。「日本人的主力自南邊來，所以我擋南門，打彼個『戰神』；阿漏太擋北門、興仔

擋東門：至於西門，就交予你，西門彼邊有萬年溪，你隔溪放鳥槍。誰打贏就搶日本火槍過來湊相工！」

看小貓說話表情，就好像堆麻雀方城一樣容易，四人八手，一兜就能圍城。

真正豪傑啊！這隻貓，果然是潑辣。羅周竟有點被說動。

「我東門嗎？」正在啃甘蔗的興仔抬頭問道。小貓朝他點點頭。

「對啦！」

「好！沒問題。」興仔一口允諾。向來小貓吩咐他就奉陪到底。甘蔗一拾，又埋頭啃去。又一個潑辣！

漏太搖頭質疑道：「貓仔，不是欲佮你唱衰，問題是，日本人一個小隊就有兩三百人，擱配火炮……咱四個人，敢會卡少寡？」

總算有一個頭殼沒壞的！羅周鬆了口氣。

「你會驚是否？」小貓轉頭就嗆。

「幹！」漏太不悅啐道：「我會驚？不笑死人！作流氓本來就沒命，要去就去，誰驚誰！」

哇咧……我不是流氓內。

羅周眨了眨眼，他他他——他是有些心動，但離下決心，可還差了那麼一點……

「小貓，不是我驚死，是咱命只有一條，死了就……」

「我肖貓，七條命，我攏總拿出來佮日本人輸贏！」小貓手拍胸口，豪邁坦蕩。「阿兄！不捨命安怎打得贏？你不是規日講『俠義心』？將命拿出來就是『俠義心』。」

啊！我擱中著這肖貓幻術。算伊厲害，一下討著四條命。

羅周掯頭暗叫，可心下早知抗拒不了小貓。

「安怎？」

「好啦,算我一份。」

「對!就是按呢!」小貓仰頭大笑。「走!」

走?!一直靜聽四大潘辣對談的林社掩到小貓身後,伸手就賞他一煙炊頭。煙炊頭比石頭還硬,小貓腦後登時腫了個包。

「阿爸,足疼捏!」

「你攔知疼!」林社怒斥。「少年郎只知找死!死了就變英雄?火燒庄幾若千人命,猴師一條命,想不到攏沒教會你。」

小貓氣道:「我氣不過身嘛!敢講咱就目睭晶晶看阿猴城予日本人占去,予金樓梯彼款無恥的臺灣人坐城頭搖擺?」

林社搖頭。「猴師教拳敢無教過?咱臺灣拳不是『找死』的拳,是『求活』的拳,救人的拳!」

乍聽此言,小貓想起猴師廟祝幼時的教訓,點點頭。

「你細漢唸要作流氓,講過啥記得否?」林社阻止不了小貓入黑道,一直心中遺憾,此刻只能盡力挽救,說道:「不是講『要保護阿猴人』、『要保護臺灣人』,準不準算?」

「沒錯,咱的拳不是打心酸的,是『保護』的拳!」小貓一時義憤,血氣上衝,這時想起自己曾立下的誓言,平靜下來。他知道不能找死,要動腦,想辦法才是正道。

「阿爸!我知錯了!」

林社提點他:「上遍你佮我講林庄主教你,咱臺灣流民拳是安怎?」

林社記得小貓曾說:打得贏就打,還要贏到他脫褲;打不贏就還是要打,鑽孔鑽縫,搞到他煩、他受不了——他放棄,咱就贏了。

小貓會心一笑，拉羅周到一旁商議。知子莫若父，這貓仔有勇有謀，只是偶而魯莽了點，林社向來清楚。

依著林庄主傳的心法，小貓想出了一個很簡單，但很有效的戰略──鑽孔鑽縫！既然寡不敵眾難以正面對決，就打游擊。小貓不和日本主力軍正面接觸，總是從後從旁偷襲、劫糧、暗殺、搞破壞，利用對地形環境的熟悉，打了就跑，跑了再打，搞得日軍焦頭爛額，始終摸不清小貓一夥人行蹤。小貓還商請羅周負責萬丹地區的義軍組織，運用羅陽將昔日的影響力來招募同志，而他自己也到客庄聯絡林庄主，兩邊形成犄角之勢，盡力扼住日軍的南進之路。

小貓雖難纏，可日人在金樓梯的幫助下，仍順利接管阿猴城。想當然耳，對日軍「赤膽忠心」的金樓梯榮任阿猴城參事，專門負責阿猴城防務。金家兄弟影響力奇大，在其主持下，小貓等人始終無法順利進占阿猴城，堪稱阿猴守護神也。

日軍戰事紀錄中有載小貓一伙在阿猴、潮州間閃電般來去的游擊戰；四月二十五日晨，小貓率四百餘人圍攻東港日軍營房及東港辦務署，一擊即走，黃昏竟又率三百餘人襲擊潮州憲兵屯所，神出鬼沒；九月十三日小貓又領二百餘人攻阿猴憲兵駐屯所；十月又協同黃布袋、廖泉、廖角、鄭家定等各地首領共率四百餘人擬聯合圍攻鳳山城，日軍得信逆襲，會戰不敵隨即解散；十一月小貓單人潛入內埔辦務署及警察署，以流民拳力斃日警七人；十二月廿七日拂曉，小貓又率二百餘義勇軍奇襲阿猴城，金樓梯指揮日警阻截抵抗，爭戰終日不成功，轉退隱伏到溪畔密林中。

祖靈遺忘的孩子／利格拉樂‧阿𡚃

我的母親——穆莉淡，祖靈遺忘的孩子。

幾天前，母親在小妹的陪同下，風塵僕僕地遠從屏東山中的部落趕來，我清楚地嗅到母親身上芒果花的香味，恍惚中似乎又回到童年記憶裡燠熱的夏季，媽媽坐在芒果樹下溫柔地哄著我入睡的情境。自從父親過世後，母親帶著對父親的思念回到睽別二十年的部落，療養生離死別的傷痛，長期蟄居氣候溫和的中部，母親當年一身健美的古銅色肌膚，如今已漸漸褪成不健康的青白，若隱若現的血液在泛白的皮膚下流動，隱藏在血管背後的是看不見的病痛。就像離開泥土的花朵終將因失去養分逐漸枯萎，當母親以一身「平地人」的膚色回到部落時，族人紛紛相信這是一個離開族靈護衛的孩子遭到懲罰的下場；因為，母親不是第一個遭到祖先處罰的例子。

畢竟是離開了二十年的地方，儘管母親在這裡出生、茁壯，但是在社會的規範下，選擇重返部落無異於是選擇重新開始生活；漢人社會中，存在兩性之間的對待差異，隨著文化的流通，也慢慢地侵蝕了族人的腦袋，部落裡有色的眼光像把銳利的刀，無時不在切割母親的心臟，「死了丈夫的女人」、「不吉利的家族」等等字眼，如空氣般充斥在母親的部落生活中。看到母親來回掙扎於定居與謠言的苦痛，遠嫁中部的我，幾度衝動地想將母親接出部落，好讓她擺脫流言的中傷，母親卻只有搖搖頭說：「沒關係，習慣就好，大概是我太早就嫁出去，祖先已經把我忘記了，總有一天祂會想起我這個離家很久的孩子；妳要記得常常回來，別讓祖先也忘了妳啊！」

母親在貧窮的五〇年代，遠嫁到離部落約有五、六十公里之遠的老兵眷村中，充滿夢幻的十七歲，正是個美麗的年紀；但是在一個動亂的年代裡，為了撫養下面五個孩子，單純的vuvu在「婚姻掮客」的矇騙下，將母親嫁給了一個在她的世界觀裡不曾出現的地方來的人；同年，母親國小的同學有近一半的女性，像斷了線的風箏，飄出了祖靈的眼眶。認命的母親在被迫離開生養的部落後，專心地學習著如何做好一個盡職妻子的角色，「這是妳vuvu在離開家前一天夜裡唯一交代的事，她千叮嚀萬叮嚀，就是要我別丟家裡的臉，做得好不好？有祖靈在天上看著；受了委屈，祖靈會託夢告訴她，所以一定不能做壞事。」結婚後一年，母親抱著未滿月的我，興奮地回到日夜思念的部落，在中秋月圓的前一夜，趕上一年一度的部落大事──豐年祭。沉浸在歡樂歌舞中的母親是快樂的，她出嫁前vuvu親手為她縫製的衣服，仍安靜地躺在衣櫃中，似乎在等待著主人的青睞，細細的繡工化成一隻隻活現的百步蛇，服貼地睡著了；當母親愉快地穿起傳統服飾，興沖沖地飛奔到跳舞的人群中時，族長憤怒地斥責聲赫然轟醒母親──她已是個結過婚的女子，那年母親十八歲。

　　依照排灣族的傳統，祭典中的歌舞是依身分作區別的，有貴族級，有平民級，有已婚級和未婚級的，這些族規在每個孩子生下後，就有長輩諄諄告誡並嚴守。母親其實並沒有忘記規矩，錯在她太早就出嫁，十八歲的女孩，在部落裡正是隻天天被追逐的蝴蝶，來回穿梭於青年的社交圈裡，但是被快樂沖昏頭的母親，卻意外地觸犯了族規。當她落落寡歡被分發到已婚者的舞群中時，竟發現她許多同窗摯友的臉孔，錯落地出現在這群略顯老暮的團體中；「那是我第一次覺得離部落很遠很……遠！」那天夜裡，母親與其他的

同學喝到天亮，聊天中，知道許多女同學和她一樣，嫁到了遙遠的地方，沒有親人，沒有豐年祭，沒有歌聲，也沒有禁忌，一個人孤伶伶地生活在眷村，或客家庄，或閩南聚落裡，除了孩子別無寄託。隔天清晨，母親將少女時期的衣服脫下，仔細地用毛毯包裹好，藏進櫃子的最底層，抱起熟睡的嬰兒，在第一聲雞鳴時離開令她日夜牽掛的部落，同時告別她的少女時代。

回到眷村後的母親，第一次認真地想要讓自己成為「外省人的妻子」，因為她知道，與部落的距離將越來越遠，最後她終會成為被部落遺忘的孩子，成為老人記憶中的「曾經有那麼一個女孩……」；但是，有許多事情真的不能盡如人意，就像母親說：「儘管我再怎樣努力，但是身上排灣族的膚色仍然無法改變，我走到哪裡，有色的眼光就像這身黑色一般，永遠跟著我。」為此，母親傷心、憤怒，卻依然無法抹去原住民身分的事實。童年的印象中，母親常常躲在陰暗的角落掩面啜泣，小小的我，不知道母親為何如此傷心？直到年歲漸長，才慢慢地體認到隱藏在她心中多年的苦處；「當你離開家，家裡的人都把你當成外面的人，回家時像作客；而你現在住的地方的人，又把你當成外面的人的時候，你要怎麼辦？」母親曾經不只一次地舉例說給我聽，當時我只天真地想：「再換個地方就好了嘛！」這般刺骨的疼痛，一直到我自己結婚後才親身經歷到，日子就在反反覆覆的情感掙扎中過下去。

父親與母親的年紀相差足足二十五歲，敦厚木訥的父親有著一百八十公分高、一百公斤重的巨人體形；而母親玲瓏嬌小、小鳥依人的五短身材，站在父親身旁時，常有不知情的鄰居友人，誤以為他們是父女；在現代生活中，常常聽到這樣的話：「身高不是問題，年齡不是距離」，我可以認同前一句話，卻質疑下一句詞。年

齡的差距，其實非常嚴重地影響父母之間的相處，小時候，家裡像個無聲的世界，除了語言障礙外，母親坦承：「我真的不知道該跟妳父親說什麼？」現代社會強調的兩性關係與共同生活的必要條件，用父母的婚姻狀況來看，似乎顯得多餘又諷刺。當我上高中後，一個喜歡爲賦新詞強說愁的年紀，因爲找不到寫散文的題材，自作聰明地將父母的婚姻添油加醋寫成一篇名爲〈歷史造成的悲劇婚姻〉的散文，這篇散文意外地獲校刊主編錄取，那一學期校刊一出版，我興奮地拿回家給父親閱讀，藉機炫耀作品；沒想到，父親看完文章之後，抄起竹條便是一陣雨點般的毒打，直到午夜，被罰跪在客廳的我，仍然不知道一向溫和的父親，爲什麼把我痛打一頓？事後，母親告訴我，當天夜裡父親將那篇文章唸一次給母親聽（母親識字不多），他們兩人坐在房裡，無言以對。我才知道，這不是一篇加油添醋的文章，它不但是事實，同時，因爲我的無心，竟深深地刺痛這一對「歷史造成的悲劇婚姻」中男女主角的傷口。

解嚴前兩年，父親輾轉自移居美國的姑姑手中，拿到從大陸老家寄來的家書，離開故鄉四十年的紛雜情緒，因爲一封信與一張泛黃照片的飄洋過海，使得父親幾度涕淚縱橫，無法自持。母親目睹父親情緒的潰堤，驚訝原來在父親的心中，竟有另一個女人已輕輕悄悄地住了四十年，一時之間，恐懼、傷心、生氣、忌妒……占滿她心臟與腦袋所有的空間，在父親還沒從接獲家書的喜悅中清醒的那一晚，母親拎著她所有的家當，悄然離去。我們全家都以爲母親必定是回去部落了，父親帶著我們三個小鬼匆促趕上山，母親的未歸頓時在部落引起一陣騷動，有人說：「母親是跟人跑了。」也有人說：「母親跑去自殺了。」第一次驚覺到即將可能會失去母親，成爲孤兒的恐懼一直侵擾著少年的我。三天後，父親在另一個眷村

找到母親的踪跡。多年以後，父親畢竟沒趕上解嚴的列車，「沒能回老家看看」成為父親這一生的缺憾。

　　母親之於父親的情感是複雜的，父親生前一絲不苟的個性，常是母親數落的話題，而母親粗枝大葉的行事方法，常常就是他們之間導火線的引爆點，但也許就是這種互補的個性，多少也彌補了父母親婚姻之間的缺憾。印象中的母親，在父親的護衛下生活，所以一直讓我有股「不安全感」，在我高中聯考那年，母親因為找不到我的試場而當場落淚的記憶，更確定我的判斷是正確的；父親過世那天，母親數度因過度悲傷而昏厥，身為長女，在見到母親無法處理喪事的情況下，只得一肩扛起父親的身後事，在短短的一個星期中，我能夠很清楚地感受到自己由少女轉型至成人的變化，並開始擔心起一向羸弱的母親該何去何從，父親過世那年，她才三十五歲。

　　父親過世滿七七的那一天，母親臉上出現一股堅毅的表情，那是在父親過世之後，第一次見到她沒落淚，我當時以為她會想不開，做出什麼傷害自己的舉動，在所有的祭祀活動終告結束之後，母親宣布決定搬回部落，「外面的世界已經沒有什麼值得我留戀了」。帶著小妹，母親回到了她曾經發誓再也不回去的故鄉，開始另一個社會對於女性的挑戰，經過生離死別的洗禮，母親終於鼓起勇氣去開闢另一個屬於自己的戰場，社會之於女性是殘忍的，受到道德規範的牽制與世俗眼光的殺傷，女性用「堅忍」二字換來的卻是一身不堪入目的傷痕。當母親帶著芒果花香出現在我眼前時，我知道母親又走過了一段不堪回首的歲月，誠如她自己說：「我用五年的時間才讓部落裡的老人，想起那個他們口中的『曾經有一個女孩……』，也用了當初我離開部落再乘於百倍的精力，讓祖先想起好久好久以前就離開部落的那個孩子，因為這個過程很累、很辛

苦，所以我再也不敢離開家了。」僅以這幾句話送給離開家好久好久的原住民族人們。

童年的西北雨／陳荳慈

七月的南臺灣天氣酷熱，稻田裡結實纍纍的稻穗被曬得抬不起頭來。發燙的柏油路，呼出陣陣熱氣。如殺雞般吼叫的夏蟬，試圖抖去身上的燥熱。盛夏的故鄉——萬丹，也被艷陽環抱，等待一場午後的西北雨，將空氣沖涼。記憶中的西北雨，像小時候媽媽手上的棍子，又急又快，且無處可躲。

趁著晚上搭車北上臺中的空檔到田裡晃晃。出門時隨手抓了一把傘，放在凹陷的置物籃裡。望著昏暗不明的午後，深怕西北雨攪局。雖然心有疑慮，但還是保握難得回故鄉的機會，跨上腳踏車尋找遺落的童年記憶。

午後的故鄉很安靜，村裡的人應該都在小憩。近幾年來，故鄉衰老的很快，因鄉下就業不易，年輕人大多外出謀生。活力消失，歡笑也跟著被帶走，村莊就像打盹的老人，漂流在緩慢的時光裡。我躡手躡腳穿梭在小巷弄，順著它的呼吸節奏，靜靜感受村裡的脈動。

童年的故鄉，除了自家居住的村子，也包括隔壁村外公家。眼前景緻無多大改變：斜坡旁的兩排竹林、平靜無浪的東港溪、總愛在家中屋頂遠望的大武山、還有外公家附近的公墓。抬頭仰望天空，雖然一副風雨欲來的樣子，我還是貪心地想要探尋留在故鄉裡的回憶，挖掘其中的故事。

入村的斜坡兩排竹林已被移除。那時人相信「死貓吊樹頭，死狗放水流」的說法，兩旁總掛著用不同塑膠袋裝的貓屍體。除了臭味飄散，袋子裡的貓屍似乎正在融解，蛆也在裡面鑽頭扭動，總嚇

得我魂飛魄散。一次和老爸晚上騎著腳踏車經過，當天月亮正圓，月光穿透竹葉灑落在塑膠袋上，被打了光的貓屍，似乎張牙虎爪想破袋而出。當天晚上，夢見一隻隻眼睛發著綠光且身體殘缺的貓，呲牙裂嘴慢慢朝我逼近。導致長大成年後，看到貓總會敬而遠之。

流經村莊的東港溪，父母總告誡我不可以靠近。每年暑假，鄰居間總繪聲繪影傳著水鬼故事。國小的午後，聽到溪裡有人滅頂，便在好奇心驅使下，打著赤腳跟著村裡大人趕去湊熱鬧。到達時，只見到救護車離開和聽到大人間「攔捉交替啊」的細語。傍晚，媽不知從哪裡得知我擅自跑去那裡，一場毒打至今難忘。

遠處的大武山，是魯凱族雲豹的故鄉；童年時，爸媽對她卻有不同的解釋。爸爸說那是飛機大便（傘兵跳傘）的地方，他總愛帶著我們三個小孩到住家樓頂樓觀賞，羊大便似的，和著陽光，一粒粒灑落在大武山上；而媽媽卻堅持那是撿到我的地方，說我是從那裡的山上撿來的，只要不乖，就要把我載回山上。我選擇相信老爸的說法，更享受依偎在他臂彎裡觀看的時光。

外公家附近的公墓有許多禁忌。外婆總是告誡說：在墓地裡不可以唱歌，不可以說話，不可以回頭，要不然好兄弟會跟著回家，或者魂魄會被帶走。外婆的「三不」叮嚀雖一再重複，卻總趕不上我遺忘的速度。

此時，天更黑了，騎出村莊斜坡，隱約聞到下雨前泥土飛揚的味道。大武山霧濛濛的，東港溪和外公家附近的公墓就在不遠處。回憶一幕幕浮現，我根據眼前的景物一一比對收藏，串連起童年與外公的西北雨故事。

國小時，父母親因為工作忙碌，常將我們帶回外婆家。每當小孩子做錯事，都由外婆拿棍子處罰。嚴肅的外公，總是沉默寡言，

但只要他用低沉的聲音一吼，馬上鴉雀無聲。印象中，常見他黃昏時從田裡回來，脫下斗笠和捲起褲管，露出黝黑皮膚和滿臉汗水，在水井邊靜靜洗去手腳上的泥土。

雙眼失明的舅公常拄著枴杖找外公聊天，外公此時似乎變成另一個人，眉飛色舞地敘說每件時事，舅公雙手總是重疊放在直立的枴杖上，聚精會神地聆聽。我總愛坐在旁邊聽外公講述田裡收成，對政策的不滿和鄰里間趣事……。但當舅公回家後，外公面對家人又露出不怒而威的表情。

有一天因為要參加鄰居的喜宴，媽媽要外公先騎腳踏車載我回家。如現在的天氣，午後總會有場令人措手不及的西北雨。當時烏雲已布滿天，外婆拿出一把大傘囑咐我隨身攜帶。力社村和興安村是隔壁村莊，腳踏車路程約莫二十多分鐘。我們只要穿過公墓，越過東港溪，再滑入村莊的陡坡，家就到了。

外公載著我騎在公墓的小路，望著無邊境的公墓，雖是白天，但是昏暗的天空多了些詭異氣氛。突然想起外婆的囑咐，進入墓地「不可以講話、不可以唱歌、不可以回頭，要不然好兄弟會跟著回家」，我緊閉原本叨絮的嘴巴，心中默念著阿彌陀佛，兩眼也刻意閃躲眼前的墓碑。

悶熱的溽夏，一陣陣的熱風撲打在臉上。烏雲堆疊在天空中，堵塞陽光穿透的空隙，黑夜似乎提早到來，而右手邊的大武山好像被烏雲緊勒得快窒息了。我緊握著手中大傘，希望可以在雨滴尚未著地前將它撐開。外公警覺快下雨了，更用力踩著腳踏車，車輪急速滾動，兩旁墳墓也一塚塚迅速往後移。抬頭望著外公長年耕作的厚實肩膀，外公的衣服裡已經開始下雨，汗水下在他薄透的白色襯衫上，一滴一滴變成透明，一點一點逐漸匯集。

我們終於騎出公墓區，接上通往東港溪的省道。望著天空，風突然將濃稠的烏雲吹淡，雲再也包不住陽光，光束頓時射出。原本快要跌落的雨滴又縮了回去。風吹臉頰，感覺很舒服。轉頭找尋大武山，還被烏雲緊勒著脖子嗎？幸好陽光適時解圍，大武山咳出一朵白雲，又露出悠然神色。

感覺車子不穩的外公突然側著臉警告我：「不可以轉頭往回看，要不然魂魄會被帶走。」嚇得我趕緊閉眼轉頭。再度睜開雙眼時，腳踏車已經騎上東港溪上的力社橋，天更清了，甚至看到河面上有些許亮光。此時我知道，手上這把傘無用武之地，它占據後座位置，也占據我和外公的距離。外公依舊沉穩踩著腳踏車，越來越多陽光撥開烏雲直接探出頭來。天氣變熱了，外公襯衫裡的汗水緊貼著背，聚集成一片片圖，慢慢擴大相連，汗水迅速蔓延，襯衫也快要捉不住了。

通過了橋，再騎一小段路就來到入村的斜坡。太陽不知何時竄出天空，偷偷轉頭望望大武山，烏雲散了，陽光傾瀉而下，大武山如解除詛咒般，頓時光亮了起來。會咬人的陽光，螫得我不耐煩，突然想到手中的大傘，心中浮現住家隔壁的漂亮大姐姐，她總撐著一把美麗的洋傘。外婆的傘不漂亮，花色也堪稱俗氣，但總還可以擋住艷陽，於是我在斜坡前撐開了手中大傘。

腳踏車前進速度瞬間變慢，我興奮期待滑下斜坡的片刻。雙眼刻意閃過兩旁的竹林，避開掛在上面的塑膠袋。在滑下的瞬間我雙手高舉手中大傘，更妄想突然刮起一陣強風，讓我直接迎風而上，再搖搖晃晃落地，如卡通畫面一般。

滑下斜坡後，外公沒有剎車，反而彎著腰更奮力踩著踏板，身旁的竹林也沙沙作響。突然注意到外公的襯衫已經無法負荷，瞬間

溢出，汗水隨著風飛揚，直接落在我身上。接著聽到外公口中唸著「阿彌陀佛，阿彌陀佛，阿彌陀佛……」，越來越大聲，越來越急促。我把雨傘枕在肩上，好奇地問外公：「阿公，是安怎啦？」外公聲音充滿恐懼回答：「莫講話。」而我覺得外公好像看到了不該看的東西，難道外公也害怕掛在兩旁的貓屍嗎？突然外公轉頭看了一眼打開的雨傘，開口大罵。

「你為什麼打開雨傘？」外公問了一句莫名奇妙的話。我答說：「足熱。」「當時打開？」「要溜下來的時陣。」外公鬆了一口氣，轉過頭繼續踩著踏板，嘴裡不知道碎碎念什麼東西。

之後根據媽媽的說法，外公那天因為我無故把傘撐開把他嚇出一身汗來。原本急速下滑的速度突然變慢了，宛如有人在後面拉住腳踏車，讓車子無法順利前進。從公墓、東港溪到斜坡兩旁的竹林本來就有很多傳說，而開傘的小動作讓外公以為是好兄弟的惡作劇。

因為一場失約的西北雨譜成一則鄰里間的笑話。外公幾年前回歸仙班了，他選擇火葬將骨灰放在寺廟，未依一般落土為安的習俗葬在公墓裡。我在想，若他葬在公墓裡，每當看到我騎車經過，他可能會跟他的新鄰居說：「那個就是差點把我嚇死的白目孫。」

現在出了村莊斜坡，正往前方的東港溪騎去。「要繼續往前騎嗎？」心中剛閃過這個念頭，大雨滂沱而下。驚慌失措把傘撐開，暴雨伴著強風讓我無法繼續前進，只能站在路上拿著傘，再用身體頂著腳踏車，心中祈禱這陣西北雨趕快離開。怕傘會被吹翻，手握在傘柄的前端刻意把傘壓低，而一陣陣風雨毫不留情地襲擊，沒多久，全身濕透了。天空被烏雲霸占，轟轟的打雷聲，宣示惡勢力的勝利。

一陣強力洗刷後，風雨終於停了。稻田裡成熟的稻穗，也被強風攪得暈頭轉向。天空清了，遠方的大武山又亮了起來，尚未到達的東港溪，我想此時應該溪水混濁，需等待一陣子澄清。手中的雨傘，骨架嚴重變形，傘布也被吹得翻了幾翻，而我和外公的那場西北雨終於下了起來。

第六章

屏東美術

張繼文

　　認識屏東的方式有許多，本單元將以視覺的方式認識屏東，希望以屏東有關的美術作品為途徑，透視歷代先民至今在屏東地區的開發歷程，了解屏東各地和各族群之環境、生活與文化意義及在地特色，並從中賞析作品的美感。本單元將分四大部分敘述，首先藉由早期屏東地區的繪畫、建築和攝影探析明清時期以及日治時代屏東的發展。其次，將敘述日治時代迄今相關美術家和美術教育工作者在屏東進行創作、教學、展覽或美術團體活動的情形，以及他們如何帶動屏東美術的發展。接著探討屏東地區的文化藝術設施、美術活動以及學校美術教育現況，期能提供欣賞屏東美術的管道。最後，本單元將以五大部分分別解析戰後至當代屏東地區的主要美術表現風格。

壹、移民初期屏東美術的發展

　　屏東地處臺灣之南端，為臺灣重要的農業縣與觀光重鎮。在美術發展上，屏東地區的好山好水正是孕育美術發展的最好場所。屏東於明鄭時期和清領時期先後有移民至屏東地區開墾，也帶來移民初期屏東美術的發展，包括清朝宮廷委託製作的「地圖式」水墨畫以及混合中國山水畫構圖和西洋繪畫光影表現之銅版畫作品，此二類作品再現清代屏東地區自然景觀、先民辛勤開墾與歷史事件。目前所殘存的清代建築物上的建築設計和建築物上的雕刻和壁畫，不免令人緬懷前人開發屏東之歷程以及感受其藝

術內涵。1895年開始，日治時代的日本美術家和美術教育家相繼來臺，傳入日本的美術形式和西方現代美術潮流，影響後來屏東美術的發展。以下我們將透過畫家以鳥瞰式構圖繪製的「繪葉書」[1]，以及攝影家們使用照相機所拍攝的照片，回顧此時期屏東的變遷和發展紀錄。

一、明清時代屏東美術發展淵源

屏東地區的美術發展淵源深遠，明鄭與清領時期的先民於開墾歷程和日常生活中，也會運用各種造形和色彩所構成的畫面、立體造形和日常生活所需用品來裝飾美化或抒發情感，有一些由官方授意創作的繪畫和版畫則記錄了當時屏東的發展狀況和歷史事件。可惜，至今未能留下太多早期美術作品。

清代康熙43年（1704）的〈康熙臺灣輿圖〉（摹本）為大清帝國占領臺灣後的第一張地圖，也是現存最早的一幅臺灣古地圖。〈康熙臺灣輿圖〉為摹本，這一張地圖的繪製採中國國畫的風格，既是一幅地圖，也是一幅山水畫。〈康熙臺灣輿圖〉右方圖示著今日屏東縣境，右下方還畫出了現在的屏東縣離島小琉球。這一件美術作品讓我們可以了解明鄭與清領時期的屏東縣全境的大致景色與居民聚落。

清代康熙年間，清朝宮廷為展現其疆域思維，全面規劃繪製國家輿圖，聘請西方傳教士白晉、雷孝思、杜德美、潘如、湯尚賢、費隱、麥大成等10多人，運用西方經緯度法和投影法，在實測的基礎上重新繪製全國地圖。康熙57年（1718）清朝宮廷終於完成〈皇輿全覽圖〉。在繪製〈皇輿全覽圖〉時，康熙曾令宮廷畫工將臺灣部分節錄出來，另繪出一幅

---

[1] 所謂「繪葉書」（エハガキ）的日文意義是「風景明信片」之意，日本人在各地旅遊時，習慣在郵局、火車站、博物館或名勝景點買「繪葉書」並黏上紀念戳郵寄回家鄉與家人分享此一遊所見及報平安，在殖民時期還有宣揚國威的意味。參見：國立臺灣大學圖書館數位典藏館，〈日治時期繪葉書〉。2018/5/17瀏覽。http://cdm.lib.ntu.edu.tw/cdm/landingpage/collection/card

獨立的臺灣專題絹底巨幅長卷地圖〈康熙臺灣輿圖〉（圖6-1），目前此畫由國立臺灣博物館典藏，是現存中最早的山水畫式彩繪臺灣地圖。該畫繪製年代約在清康熙38-43年間（1699-1704），1900年自清宮流出，1902年流轉至臺灣。這一張以傳統山水畫技法繪製的地圖，其地圖方位上方爲臺灣東部，下方爲臺灣西部，左方是臺灣北部而右方則是臺灣南部。此畫主要描繪臺灣西部由北到南的自然和人文景觀，也是臺灣社會文化生活及滿清對臺灣地理認知的一個縮影，也透露出明鄭與清領時期臺灣發展的歷史軌跡，全圖筆法細膩，設色精美，被譽爲臺灣古地圖之最。在此畫最右方所描繪的就是今天屏東地區的山川地形、兵備部署與城鄉聚落和農耕生活等，讓我們可以閱覽清領時期的屏東縣全境概況。

圖6-1 〈康熙臺灣輿圖〉（摹本）（今屏東縣部分之局部圖），清康熙43年（1704），66×536 cm，國立臺灣博物館藏。

圖片來源：國立中央圖書館臺灣分館特藏資料編纂委員會，《臺灣文獻書目解題第二種地圖類（一）》，臺北市：國立中央圖書館臺灣分館，1992，頁23。

乾隆時期，清高宗弘曆於平定臺灣天地會後，命人繪製一系列的銅版畫《御題平定臺灣全圖》又稱爲《平定臺灣得勝圖》（共十二幅）。清代

乾隆時期，民間祕密結社組織天地會糾眾集結，為遏制其在臺灣的發展，乾隆51年（1786），清兵搜捕天地會眾，引發臺灣天地會首領林爽文、莊大田等起義，率眾連克數城。乾隆52年（1787），欽差大臣福康安率兵渡臺進攻義軍，俘獲林爽文，解京殺害。平亂之後，乾隆皇帝命宮廷畫師繪製畫稿，描繪平亂經過，由姚文瀚、楊大章等繪稿，清高宗弘曆題詩，完成《御題平定臺灣全圖》十二件系列銅版畫作品。其系列銅版畫之一的〈平定臺灣圖──枋寮之戰圖〉（圖6-2）是描寫現今屏東縣枋寮鄉海岸地景的戰爭主題銅版畫。這件美術作品讓我們可以目睹清領時期的屏東縣枋寮一帶的海岸線風光。

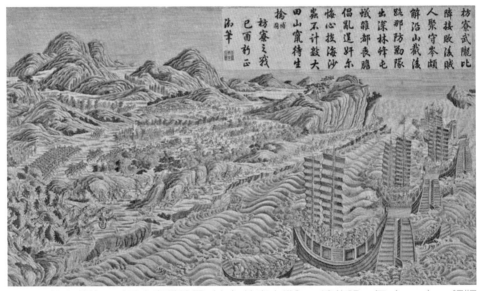

圖6-2　姚文瀚等，《平定臺灣戰圖（九）枋寮之戰》，清乾隆58年（1793），銅版蝕刻紙本墨印版畫，50.3×86.8 cm，國立臺灣美術館藏。
圖片來源：國立臺灣美術館「國美典藏」https://ntmofa-collections.ntmofa.gov.tw/GalData.aspx?RNO=M8M4MRMLMAMBMPMY&FROM=5T5J54KJM35BKK52

明鄭與清領時期，福建和廣東一帶漢人至臺灣開墾之後，移民們也逐漸將美術應用於生活，尤其在建築方面，民間藝人和工匠將閩南地區的建

築藝術形式運用於各類建築上，包括城牆、書院、廟宇、民宅等，也展現先民之藝術才華於屏東地區的建築物。例如位於屏東市屏東公園內屏東縣立田徑場旁近濟南路的清領時期阿緱城東門「朝陽門」建築古蹟、屏東市勝利路旁的舊「屏東書院」（今為屏東孔子廟）、屏東市臺鐵火車站前中山路上清領時期建造的信仰中心「慈鳳宮」（俗稱屏東媽祖廟）、屏東縣萬巒鄉萬金天主教堂、屏東縣恆春鎮恆春古城⋯⋯等遺蹟。

屏東縣在明鄭時期屬於「萬年州」，清領時期則稱為「鳳山縣」。屏東市原名「阿猴」、「雅猴」或「阿緱」，是平埔族阿猴社民所居之地，因在翠屏山之東，日治時期改為屏東。約於康熙23年（1684），漢人才於現今屏東市附近建立村落，正式開墾，第一批拓荒者是福建海澄縣民，鳳山縣置下淡水巡檢分署於此。雍正12年（1734），屏東平原大部分開墾完成；乾隆29年（1764），屏東市由村落發展為粗具規模的市街；道光16年（1836），官民合力建築城壘，共有東西南北四城門，至此屏東市街建築全部完成[2]。日本治臺時期，為了都市計畫才拆除阿猴城城牆和城門，阿猴城建築如今僅剩下東門「朝陽門」作為歷史見證，敘述先民開發屏東的滄桑歷程（圖6-3）。古時人們若由「朝陽門」城門洞便出阿猴城到「城外」，目前「朝陽門」仍殘存清道光16年（1836，歲次丙申）的城門題字：「下淡水分縣沈長棻監造」、「道光丙申年季冬穀旦」（圖6-3）。

上述現存在屏東地區的這一類明鄭與清領時期建築，顯露出此時期自福建和廣東移民來屏東的漢族人士的建築藝術品味與形制。

---

[2] 屏東縣文化資產保護所，〈本縣文化資產資料〉。2018年5月12日瀏覽。網址：https://www.cultural. pthg.gov.tw/Son/Landmark/page02_2.aspx?ID=11#/PhotoData/1051030195011.jpg。

圖6-3　位於屏東市屏東公園內屏東縣立田徑場旁近濟南路的清代道光16年（1836）
　　　　興建之阿猴城「朝陽門」建築古蹟。

圖片來源：張繼文攝影，2018年。

二、日治時代引進日本與西洋美術對屏東美術之影響

　　1895年，清朝與日本甲午戰爭後，雙方簽定《馬關條約》（日方稱
爲《下關條約》）把臺灣割讓給日本，自1895-1945年，日本美術教育家
和美術家間接把西洋美術傳入到臺灣，形成臺灣美術發展現代化的轉捩
點。此時期的屏東地區美術工作者除了承襲過去來自福建和廣東的先民文
化所形塑的美術傳統之外，也開始接受由日本所傳來的美術形式和現代美
術潮流。

　　一九三〇年代，在臺灣的日本畫家繪製一系列的觀光地圖或產業地
圖，他們曾經以繪畫和地圖結合的方式，並採用如鳥類在空中飛行所見的
眼光繪製臺灣各地風景[3]，成爲一種鳥瞰式構圖是很特殊的美術作品，並

---

[3] 這一種鳥瞰圖的繪製所採用的視覺觀察視點是類似小鳥在空中所見地面景觀，也猶如電影導演齊柏林
　　所執導的電影《看見臺灣》之視野。不過這一類鳥瞰圖作品是當時畫家將地圖空間和山水畫加以整合
　　想像繪製而成的繪畫。

採用印製成爲「繪葉書」提供民眾郵寄明信片使用。當時來臺灣繪製這一類鳥瞰圖的畫家曾經描繪現今屏東縣全境和屏東市全景式的鳥瞰圖作品，我們今天可以從吉田初三郎（1935）的〈高雄州全周景勝交通鳥瞰圖〉（圖6-4）和金子常光（1935）的〈屏東鳥瞰圖〉（屏東市大觀）（圖6-5）這些鳥瞰圖中，了解幾十年前屏東縣和屏東市景觀的時代變遷，並引發我們對所在的屏東地區之思古幽情。在吉田初三郎的作品〈高雄州全周景勝交通鳥瞰圖〉畫中（圖6-4）再現今屏東縣境內從下淡水溪以東到臺灣島最南端的鵝鑾鼻以及離島小琉球之景觀；金子常光的作品〈屏東鳥瞰圖〉（屏東市大觀）（圖6-5）則聚焦於再現當時日本殖民者在屏東市區，由臺灣南北縱貫鐵路帶動的屏東城市規劃發展，呈現當時屏東市區的街道和郊區聚落景象。

圖6-4　吉田初三郎，〈高雄州全周景勝交通鳥瞰圖〉（局部，今屏東縣部分），繪葉書，1935。
圖片來源：張世民編，《高雄地圖樣貌集》，高雄：高雄市政府文化局，1995。

圖6-5　金子常光，〈屏東鳥瞰圖〉（屏東市大觀），繪葉書1935。
圖片來源：莊永明編，《臺灣鳥瞰圖：1930年代臺灣地誌繪集》，臺北：遠流，1996。

三、昔日屏東的影像紀錄

　　屏東地區的發展從日本殖民統治時期（1895-1945）進入現代化的進程。國民政府遷臺之後，持續現代化的建設與發展，屏東地區的攝影家也開始使用照相機記錄了屏東地區的發展歷程，留下時代見證。從日治時期的屏東攝影作品中呈現當時日本文化與藝術的影子，也再現屏東地區的自然環境、公共建設和居民生活。昭和15年（1940）所拍攝的黑白攝影〈阿緱神社〉（圖6-6）是日治時代高雄州立屏東高等女學校（今國立屏東女子高級中學）第五回卒業生於今屏東公園內的阿緱神社之畢業生合照，照片重現已被拆除的昔日阿緱神社景觀。日治時期印製的「繪葉書」也經常出現屏東地區的都市和鄉村地景，例如屏東驛（今屏東火車站）和驛前廣場、下淡水溪橋（今已廢棄的臺灣鐵路局高屏鐵橋）……等公共空間之攝影作品。日治時代，屏東地區也有臺灣出身的攝影家，他們的攝影作品記錄了二次大戰前後，屏東的農村山野風光與純樸的民情。例如臺灣攝影家竹田鄉的李秀雲（圖6-7）、萬巒鄉出身的劉安明和東港鎮的林慶雲……等，他們使用黑白照相機和底片拍攝，留下極為珍貴的屏東先民生活影像，也見證了屏東地區的發展軌跡。

圖6-6　攝影者不詳，〈阿緱神社〉，黑白攝影，昭和15年（1940），16×40 cm，
　　　　國立屏東女子高級中學典藏。
圖片來源：屏東縣政府文化處編（2013），《藝象・屏東》，屏東：屏東縣政府，頁24。

圖6-7　李秀雲，《竹田車站》，黑白攝影，1969，45×60 cm，〈竹田〉，屏東縣
　　　　竹田鄉李秀雲先生攝影紀念館藏。
圖片來源：徐芬春總編輯，《穿越南國：屏東地區美術發展探索》，屏東：屏東縣政府，
　　　　　2010，頁64。

貳、屏東地區美術教育與美術活動之發軔

屏東地區現代美術的發展始於日治時期，此時期有許多日本美術家和美術教育家相繼來臺，不斷向臺灣的美術學習者呼籲，並提倡臺灣美術家應該在美術創作風格上發展具有屬於「地方色彩」的「南國之美」。屏東美術人才輩出，自日治時代迄今，在各種美術教育體制的培養下，已培養出許多優秀的美術家。這些美術家或居住於本縣，有的則已長期定居他縣市或旅居國外。此外，屏東地區的以師範教育為中心所帶起的各級中小學校美術教育持續進行，美術團體也開始籌組，舉辦各類美術活動，帶動日後不同世代屏東美術的發展。

一、日治時代來臺的日本美術家和美術教育家之影響

日治時期，日本美術家也經常到臺灣實地寫生，他們記錄並表現屬於當時對於臺灣的美感經驗。有些畫家也曾經來到屏東寫生作畫，例如石川欽一郎（1871-1945）曾經在屏東留下以屏東農村風景的水彩畫作品（圖6-8），此外如河合新藏（1867-1936）、鹽月桃甫（1886-1954）、池上秀畝（1874-1944）、立石鐵臣（1905-1980）等，他們都曾在屏東留下足跡並用畫筆描繪屏東的各地風光，例如鵝鑾鼻、排灣族、大武山、屏東農村等地的景致。

在日治時代美術教育者的積極灌溉推動之下，屏東地區的美術人才逐漸培養而成。回顧過去臺灣實施學校美術教育之始，濫觴於日治時期的師範教育[4]。而當時屏東地區美術教育有「臺灣總督府屏東師範學校」（今國立屏東大學屏師校區），中等教育有「高雄州立屏東中學校」（今國立屏東高級中學）、「高雄州立屏東高等女學校」、「高雄州立屏東農業

---

[4] 黃冬富（2005）。《屏東地區——臺灣美術地方發展史全集》。臺北市：日創社。

圖6-8　石川欽一郎，〈郊野〉，水彩畫，日治時期，78 cm×64.5 cm，屏東：屏東
　　　　縣政府文化處典藏。
圖片來源：徐芬春總編輯，《穿越南國：屏東地區美術發展探索》，屏東：屏東縣政府，
　　　　2010，頁36。

學校」[5]等，至於中學校、小學校[6]也普遍有美術教育課程。1932年創設的
「高雄州立屏東高等女學校」以及1940年創建的臺灣總督府屏東師範學
校（今國立屏東大學屏師校區）所引進的師資以及其所培育的美術學子後
來紛紛投入美術創作或美術教育的行列，奠定戰後屏東執南臺灣牛耳的美
術基業。

　　日治時期，首位入選在日本內地主辦的「帝國美術展覽會」（簡稱
「帝展」）並連續於殖民地臺灣主辦的官方美展「臺灣美術展覽會」（簡
稱「臺展」）嶄露頭角，甚至後來擔任臺展審查員（評審委員）的臺灣

---

[5]　今國立屏東科技大學的原校址位於今國立屏東大學民生校區和屏商校區。

[6]　包括日本孩童就讀的「小學校」和本島臺灣人就讀的「公學校」。

女畫家陳進[7]（1907-1998，新竹人），她在1934至1937年曾任教於「高雄州立屏東高等女學校」，留下許多描繪屏東三地門的排灣族原住民形象的膠彩畫，例如由日本福岡亞洲美術館所典藏陳進的〈三地門社之女〉（圖6-9）經典作品。曾多次入選「臺展」與「臺灣總督府美展」（簡稱「府展」）的膠彩畫家許深州（1918-2005，桃園人），1939至1940年也曾任職於日治時代的臺灣糖業株式會社屏東糖廠（今臺灣糖業股份有限公司屏東糖廠）。

圖6-9　陳進，〈三地門社之女〉，絹本膠彩畫，1936，147.7 cm×199.9 cm，日本福岡亞洲美術館典藏。

圖片來源：大紀元網站，國立臺灣美術館提供之〈三地門社之女〉圖片。2018/5/15瀏覽。網址：http://www.epochtimes.com/b5/5/1/21/n787961.htm

---

7　陳進（1907-1998）是新竹香山（新竹市香山區）人，為日本時代以及戰後臺灣著名的女性畫家，也是臺灣女子學畫的第一人。臺北州立臺北第三高等女學校畢業後考取東京的女子美術學校日本畫師範科。1927年入選臺灣美術展覽會東洋畫部，與林玉山、郭雪湖兩位臺灣畫家合稱「臺展三少年」。1934年，以大姐陳新為模特兒所繪製的〈合奏〉入選日本第十五回「帝國美術展覽會」，成為第一位入選帝展的臺灣女畫家。

二、戰後屏東地區以屏東師範為中心的美術教育

　　第二次世界大戰結束，國民政府除了在臺灣省立師範學院成立勞作圖畫專修科（國立臺灣師範大學美術系前身），以培育中等學校美術和工藝師資，此外先後在臺中、臺北、臺南三所師範學校成立藝術師範科（簡稱藝師科），以培育國校（小）美勞師資，開臺灣專業美術教育之始，也陸續培育出質與量均甚可觀的視覺藝術相關人才，在戰後臺灣美術發展史中占有不可忽視之分量。在上述這些師範校院的科班美術教育體系以外，其他未曾設立過藝師科或美勞科的師範和師專，也都曾孕育出不少藝術相關領域之卓越人才。地處南臺灣的臺灣省立屏東師範學校（以下簡稱「屏師」，今國立屏東大學屏師校區）普師科，在戰後初期的貧瘠文化環境以及弱勢的地緣條件之下，也曾培育出如王秀雄（屏師41級，臺師大名譽教授）、黃光男（屏師52級，曾任行政院政務委員）等美術界的重量級傑出人才。

　　戰後初期，許多原中國大陸培養的美術家到臺灣定居創作，美術教師也相繼來臺灣任教。例如任教臺灣省立屏東師範學校的美術老師，包括來自山東泰安的白雪痕[8]（1919-1972）、來自廣東梅縣的池振周[9]（1909-1978）和來自河北的王爾昌[10]（1919-2005）等老師。戰後初期，屏東女中尚有美術老師汪乃文[11]（1909-1999）以及在日治時期留學日本太平洋

---

[8] 白雪痕曾於1948至1972年任教於屏東，後來任教臺灣省立屏東師範學校（今國立屏東大學林森校區）。

[9] 池振周曾於民國37年（1948）至民國63年（1974）長期任教於臺灣省立屏東師範學校（今國立屏東大學林森校區）。

[10] 王爾昌曾於民國60年（1971）至民國73年（1984）任教於臺灣省立屏東師範學校（今國立屏東大學林森校區）。

[11] 汪乃文老師是美術教師，曾是屏東名畫家何文杞的啟蒙教師，他在音樂領域方面亦有成就。汪乃文曾以屏東市萬年溪上的「烏趕橋」（即建於1923年，位於今屏東醫院對面的「東興橋」，今日已毀）為題，創作了膾炙人口的搖籃曲〈搖仔搖〉以及〈屏東謠〉（汪乃文作曲，朱子赤作詞）。

美術學校大學部洋畫科的油畫家楊造化[12]（1916-2007）等美術老師。上述任教於臺灣省立屏東師範學校的美術教育者後來培養出戰後許多傑出的美術人才，培養出畢業於臺灣省立屏東師範學校畢業的優秀美術家如王秀雄（1931-）、何文杞（1931-2023）、蔡水林（1932-2015）、陳朝平（1933-）、陳瑞福（1935-）、張文卿（1936-1977）、高業榮（1939-2018）、藍奉忠（1942-2013）、陳國展（1937-）、黃光男（1944-）等。其他戰後自中國大陸來臺的畫家，包括來自山東省博平縣且擅長墨荷的水墨畫家劉子仁（1912-2003），也曾任臺灣省立屏東女中（今日國立屏東女中）美術教師，指導水墨畫後進。由此可見，戰後時期由中國大陸來臺美術教師對屏東美術教育的努力和貢獻。

三、戰後屏東地區主要美術團體和影響

　　屏東地區美術團體的發展在第二次大戰結束後有許多美術團體成立，這一些團體包括綠舍美術研究會、翠光畫會、育樂美術研究會、屏東縣畫學會、屏東縣美術協會等，以及其他攝影和手工藝為宗旨的美術團體，這些團體為數眾多，大多由屏東地區的美術家和美術教師共同組成。其中最具歷史的就是綠舍美術研究會和翠光畫會，其主要精神領袖分別是莊世和（1923-2020）（圖6-10）和何文杞（圖6-11）。

　　莊世和出生於臺南，早年東渡日本，入川端畫學校研習日本畫（1938-1941），繼而進入東京工藝美術學校純粹美術部繪畫科（普通科、研究科）（1940-1945），為屏東縣地區日治時期僅有的兩位留日學習西洋畫的前輩畫家之一，也是日治時期臺籍藝術家之中，極為少數探研西洋現代畫風的前輩畫家。莊世和長期定居屏東縣潮州鎮，其畢業於東京美術工藝學院純粹美術部研究科，與李仲生、何鐵華同為早期臺灣現代藝

---

[12] 楊造化在民國36年（1947）至民國37年（1948）也曾短暫時間任教於臺灣省立屏東師範學校（今國立屏東大學林森校區）

圖6-10　莊世和，《建設》，油彩、畫布，1952，45.5×60.5 cm（12F），高雄市立美
　　　　術館典藏。

圖片來源：高雄市立美術館——典藏品資料查詢。2018/5/15瀏覽。網址：http://collection.
　　　　kmfa.gov.tw/kmfa/artsdisplay.asp?systemno=0000001517&viewsource=list

圖6-11　何文杞，《萬巒五溝水劉氏宗祠》，水彩畫，1988，79×113 cm，藝術家
　　　　自藏。

圖片來源：童鈺華執行編輯（2018），《先驅者—何文杞的藝術人生》，銅鑼：客家委員會
　　　　客家文化發展中心，頁16。

術推動者。他擅長繪製具有二十世紀「立體派」（Cubism）精神的抽象風格油畫作品，也是戰後南臺灣現代抽象繪畫的精神導師之一。民國46年（1957），由莊世和發起並集結畫友張文卿、陳朝平、張瑞騰、徐天榜、陳處世（1934-2010）等人成立屏東地區第一個美術團體「綠舍美術研究會」，數十年來，該會藉由展覽活動帶動屏東地區的美術風氣並教育年輕美術後進，影響深遠。莊世和桃李滿天下，受其影響勇於從事前衛藝術創作的後輩不乏其人，家族三代亦從事美術創作與教育。

屏東地區另一個重要的資深美術團體是「翠光畫會」，1960年由何文杞集結畫友蔡水林、傅金生、潘立夫（1936-2003）、張志銘（1937-）和李石夫等人發起成立。何文杞是屏東地區重要的水彩畫家，自臺灣省立屏東師範學校和國立臺灣師範大學藝術系畢業後，從事美術教職31年。除了教職、創作外，還組織「翠光畫會」、「屏東縣美術學會」、「臺灣現代水彩畫會」等，推動美術運動，提升地方藝術文化水準。

戰後新生的屏東籍美術家在上述學校教育和以畫會活動為中心的社會美術教育的雙重推動之下，美術人才輩出，也有許多至海外留學或至海外發展的著名美術家，例如國際藝壇紙藝術先驅的屏東籍美術家戴壁吟（1946-）、曾以「香蕉系列」畫作呈現超寫實油畫風格出名的屏東縣南州鄉油畫家卓有瑞（1950-）、在油畫與玉石雕刻等方面造詣皆深的屏東籍美術家許東榮、生於臺灣屏東縣南州鄉的美籍臺裔國際著名行為藝術家謝德慶（1950-）（圖6-12）等。

參、屏東地區的文化藝術設施、美術活動以及學校美術教育現況

美術的發展需要眾多的人才與物質性的支援，多年來，政府積極推動各項藝文展演空間的硬體建設，也不斷提倡各種藝術活動。學校教育方

圖6-12　謝德慶，《籠子》（自囚），1978年9月30日至1979年9月29日，行為藝術
　　　　（攝影紀錄）。
圖片來源：https://kknews.cc/culture/962ojql.html

面，屏東縣的大學和中小學對於未來美術專業人才的養成也大力提倡扶
持。

一、屏東地區的文化藝術設施和美術活動

　　民國69年（1980），位於屏東市的「中正藝術館」（今名屏東藝術
館）落成，屏東縣政府也於民國73年（1984）成立屏東縣立文化中心
（今屏東縣政府文化處），掌管屏東縣境內的文化與藝術發展相關業務，
對於屏東縣美術發展有重大影響。

　　民國99年（2010），屏東縣決定利用昔日「屏東市公所」的閒置空
間修建爲「屏東美術館」，作爲民眾接觸美術的最佳場域。舊的屏東市公
所建築重新規劃再利用，成爲屏東縣第一所美術館，使屏東地區正式進入
「美術館時代」。同年並舉辦屏東美術館開幕首展，由藝術家張繼文策
展，以「穿越南國」爲主題，回顧屏東美術發展的脈絡。由於屏東美術館

位於屏東市菁華地段，整年舉辦各種美術展覽，吸引縣民與造訪屏東的他地遊客接觸美術，是目前屏東縣最重要的美術展覽場所。美術館周邊具有獨特的自然與人文環境，不但鄰近以屏東市太平洋百貨公司為中心的商圈，並與屏東公園、旅遊文學館、文學廊道等連結成為屏東市區獨特的休憩與藝文空間。屏東縣政府文化處管轄的「屏東藝術館」位於屏東縣立大同高中旁邊，也是屏東地區美術團體經常舉辦活動的官方場所。行政院客家委員會設立的「六堆客家文化園區」[13]內部設有「第一特展室」和「六堆藝廊」等展覽場所，經常舉辦美術展覽，讓遊園民眾有機會認識藝術，也提供屏東地區藝術創作展示的空間。民國107年（2018），屏東縣政府文化處也將日治時代「屏東菸廠」等閒置空間規劃為展覽和文化創意產業的展示空間「1936年屏菸文化基地」，也將增設「屏東縣立美術館」，並與鄰近的國立屏東大學民生校區和屏東演藝廳遙遙相對，使地區增添更多藝文氣息。屏東縣政府文化單位也經常舉辦各種美術比賽與展覽，例如民國76年起辦理「屏東縣地方美展」，又如民國80年開始迄今舉辦「屏東美展」並設立「屏東獎」，其他還有類似相關的美術比賽與展覽，這一類的美術比賽與展覽都能獎勵年輕美術學子，促使屏東地區當前美術風氣日益興盛。屏東市區也有民間設置的「佛光緣美術館」常舉辦美術展覽。

二、屏東地區的學校專業美術教育

現今屏東地區的學校專業美術教育方面，仍以國立屏東大學視覺藝術學系為翹楚。該系正式設立於民國81年8月「國立屏東師範學院」時期，原名「美勞教育學系」，原為專門培養國民小學美勞教育師資之學系，也陸續培養許多美術專業人才。民國94年8月，「國立屏東師範學院」改名為「國立屏東教育大學」，因此本系也於95學年度起轉型為非師資培育

---

[13] 位於屏東縣內埔鄉屏東縣內埔鄉信義路588號。

學系，並更名為「視覺藝術學系」，強調視覺藝術專業人才之養成。民國103年8月，原「國立屏東教育大學」與原「國立屏東商業技術學院」合併為「國立屏東大學」，從此「國立屏東大學視覺藝術學系」邁入強化產、官、學、研合一的新時代視覺藝術教育方向。

屏東地區的中小學美術班甚多，這些美術班發掘並培養屏東地區具有發展潛力的中小學學生之專業美術能力，成效良好。中等教育「美術班」計有國立屏東高中美術班、屏東縣立大同高中美術班（含國中部美術班）、屏東縣立新園國中美術班、屏東縣立光春國中美術班、屏東縣立恆春國中美術班等。屏東地區國小階段「美術班」計有屏東縣屏東市中正國小美術班、屏東縣屏東市民和國小美術班、屏東縣東港鎮東隆國小美術班、屏東縣潮州鎮潮州國小美術班、屏東縣枋寮鄉建興國小美術班、屏東縣恆春鎮恆春國小美術班等。

肆、戰後至當代屏東地區的主要美術表現風格

美術作品也關乎藝術家所處年代的歷史記憶，視覺語彙也就是時代精神的見證，反映該時代的生活方式與文化。屏東的美術家以多元的文化背景、觀視方法、表現媒材、運用技法與藝術形式，展現出「五彩繽紛」的美術風格樣貌。屏東地區位處臺灣南端，多元族群結構孕育出多元文化，在美術創作上，各個美術家也逐漸發展出自己的獨特「南國」面貌。「南國」也是對於「南方」的空間想像，其意義會隨著時代而有所轉變。來自不同的時代、地域與國家的美術家們對於屏東地區的自然與人文環境各有不同的視覺經驗、感受與想像，形成屏東美術之「南方」美術風格。

屏東地區的美術風格發展大致可以分成「在地靈想」、「異地凝視」、「地方之愛」、「南方想像」以及「自我認同」等五大部分，構成兼容並蓄的「屏東美術」。曾經在屏東地區有生活經驗或視覺經驗的美術

家們迄今不斷在藝術與文化上自我開拓，他們承先啟後並創造出新時代的屏東地區美術風格特色。

　　以下將分五大表現風格來描述二次大戰結束以後迄今的屏東美術，包括「在地靈想」、「異地凝視」、「地方之愛」、「南國想像」和「自我認同」等，美術家們專注創作並產出多元面貌的作品，呈現戰後屏東美術家之藝術理想和發展軌跡。所謂「在地靈想」是專指原生在地族群文化和宗教的藝術呈現；「異地凝視」是指屏東地區外來者對原鄉母文化的眷戀以及對屏東地區異鄉文化的態度；「地方之愛」則是不同族群之間對屏東地區的地方空間所產生的地方認同感；「南國想像」乃是美術家們對於屏東地區特殊地理位置所產生的自然景觀，以及當地民情風俗所反映的現象所歸納而成的「南方」意象與意義詮釋；「自我認同」就是探討美術家的不同立場與觀點所產生的自我文化認同感。以下詳述這五大表現風格。

一、「在地靈想」

　　有關於「南島語系」的發源地，人類學家曾有四種臆測：中南半島、中國大陸沿海、密克羅林西亞（Micronesia）以及新幾內亞。近年來以源自臺灣及印尼的理論較為流行[14]。臺灣的原住民的文化也與「南島語系」文化有某種程度的關聯性。就「在地」的觀點而言，視覺藝術是文化的一部分，也是反映人民生活型態與社會發展的一面鏡子。從人類學與考古學的角度觀視臺灣原住民的視覺藝術，不免令人發現其造形與色彩常與該民族的祖靈信仰崇拜有密切關係，也牽涉到該地區部族的貴族階級制度，因而能呈現各部族多元且豐富的意義。對臺灣原住民部族內部而言，該部族藝術作品的生產源於「在地」的自然環境與神靈傳說，原住民藝術家以具象的視覺符號將其所見所思予以「視覺化」（visualization），藉以「溝

---

14 參閱李壬癸，《臺灣南島民族的族群與遷徙》。臺北：常民文化，1997。

通」部族成員之間共同的思想與情感。對部族外部而言，「在地」的自然環境與神靈傳說除了是部族內部成員創作的靈感泉源之外，也常是臺灣原住民各部族與「異地」的「異族」做文化身分區隔的基礎。就在地的觀點而論，在地藝術家對自己族群的宗教靈魂與文化精神，自有其特殊的視覺詮釋方式，並會以視覺化的符號呈現出來。屏東地區的傳統原住民美術多以服飾、石雕、木雕和陶藝為主，呈現排灣族群和魯凱族群之先民傳說與狩獵生活。民國76年臺灣解嚴以後，臺灣原住民意識自主提升，許多屏東地區的原住民美術家逐漸掀起一股學習熱潮，並運用當代美術的表現形式和技巧來詮釋屬於當代原住民族的文化、生活和思維，例如曾獲「國家文藝獎」的屏東縣三地門鄉原住民藝術家撒古流·巴瓦瓦隆（圖6-13）等。

圖6-13　撒古流·巴瓦瓦隆，〈太陽的小孩〉，2017，青銅、白鐵，410×390 cm，公共藝術基地：屏東車站一樓大廳前站左側門。
圖片來源：張繼文攝影，2018年。

二、「異地凝視」

當人類暫時、長期或永久離開所定居的空間，便產生了「異地」的概念。因政治、經濟或其他因素，族群的遷徙移居「異地」，移居的族群必須與當地原居住的居民生活與文化，重新經歷一個定居、調適、融和及重築原有族群體系的過程，有時候也是「外來者」（包括外來族裔或族群、異國移民或觀光客）與「原有居民」（含原居住者或較早移居者）之間生活與文化的衝突與磨合過程。兩個族群和文化在某一空間內的接觸，也導致雙方透過「想像」（imagination）與「再現」（representation）的觀點去處理雙方文化的交會。普瑞特（Mary Louise Pratt）指出，兩種高度不對稱的文化發生接觸、碰撞、連結時，就會產生一種所謂「接觸區」（contact zone）的社會文化現象，並且以一種跨界狀態（transculturation）來說明權力的配置：「在地理或歷史上原來相隔的人群，在接觸區接觸彼此並建立往後的關係」[15]。不同的「外來者」面對新的「自然環境」、「文化處境」與「文化地景」的態度有所不同，其集體意識及想像與當地「原有居民」也會產生差異，甚至雙方出現特殊的「凝視」（gaze）觀看模式。屏東地區發展歷史軌跡之中，這些從外地移居至屏東地區的「外來者」以「異地」的特殊眼光「凝視」屏東這塊不熟悉的空間、族群與文化，並會對他們的原有文化眷戀，且思索自己如何在此落地生根。當然也有屏東的美術家離開屏東旅居國內外，他們離開「家」、「家鄉」或「母國」以後，凝視屏東以外的地區或國外「異地」，也會產生與當地居民不同感受。這種「外來者」離開自己熟悉的「在地」來到「異地」，在文化上將產生極大的失落感與衝突感，會產生一種對於「異地」主流文化的「離散」（diaspora）漂泊經驗。二次大戰結束迄今，屏東出身且揚名海外的美術家常會運用故鄉臺灣，甚至屏東的文化元素來表

---

[15] Pratt, M. Louise, "Arts of the Contact Zone", *Profession*, 1992, pp.33-34.

現在「異地」的內心自我經驗。「異地」來到屏東的美術家之作品也經常以
外地人的眼光來凝視屏東，產生許多動人的畫面或造形（圖6-14-6-15）。

圖6-14　高業榮，〈吃個檳榔吧〉，油畫，1986，115×78 cm，順益臺灣原住民博
　　　　物館典藏。
圖片來源：中央研究院數位文化中心，《數位典藏與數位學習聯合目錄》。2018年7月8日瀏
　　　　覽。網址：http://catalog.digitalarchives.tw/item/00/60/7f/0d.html

圖6-15　黃光男，《高屏溪連作》，1985，彩墨、紙，134.5×274 cm，藝術家自藏。
圖片來源：黃麗蓉執行編輯，《穿梭水墨時空——黃光男繪畫歷程展》，臺中：國立臺灣美
　　　　術館，2009，頁45。

三、「地方之愛」

在當今全球化（globalization）的情境中，人們也開始思索自身所處的「地方」（place）以及其藉由當地居民互動所孕育出的「地方性」（placeness），這種對地方的深刻依附、了解和熟悉的感覺。「地方」是人類創造的有意義空間，「地方感」（sense of place），是指人類對於地方有主觀和情感上的依附，亦即人們在一個空間待久且對它產生感情之後，該空間就會逐漸變成自己認同的「地方」。「地方感」是將地方視為人存在的核心，人於此空間中會自覺對生長於此、成長於斯、居住或旅居的此地而產生深厚的連繫與結合的關係。大致來說，人們對地方所產生的濃郁感情的擴散與發酵，就是段義孚所傳達的意念——「地方之愛」（或譯「鄉土愛」）（topophilia）[16]，由「地方之愛」會產生「地方認同」（place identity），也就是一種對地方空間的態度（attitudes）、價值（value）、思想（thoughts）、信仰（beliefs）、意義（meanings）和行為的意向（behavior tendencies），以及對於此地方空間具有歸屬感（belonging to particular place）[17]。藝術家經常會在畫面中出現自己長時間成長、生活、居住、工作與創作的熟悉空間，並與當地的「地方性」相結合，對於地方空間的「地方之愛」，也會透過美術作品表現其「地方認同」。在不同時代「視覺體制」（scopic regime）的影響以及「全球化」視覺文化之「流動」中，不同族群身分的屏東地區美術家於視覺藝術作品中，已表現出他們對於屏東地區的「地方感」，產生「地方之愛」，並塑造對於屏東在地的「地方認同」。他們以不同的藝術詮釋方式對地方空間

---

[16] 參見Tuan, Y. F. (1977). *Space and place: The perspective of experience*. Minneapolis: University of Minnesota Press.

[17] Bricker, K. S. & Kerstetter, D. L. (2000). Level of Specialization and Place Attachment: An Exploratory Study of Whitewater Recreationists. Leisure Sciences, 22(4): pp. 233-257.

進行視覺再現，並透過作品的視覺形式來呈現對屏東地區地方空間所「情有獨鍾」的地方認同感與空間美感。在不同時期社會的氛圍中，屏東美術的「地方特色」所呈現的「地方之愛」，早已表露出美術家對屏東這塊土地的真摯關愛，因此經常在美術作品中藉由屏東地區的各種自然景象、人文景觀和產業特徵來表達美術家們對屏東這個家鄉的熱愛（圖6-16-6-18）。

圖6-16　陳瑞福，〈入港〉，1989，油彩、畫布，112×162 cm，高雄市立美術館典藏。
圖片來源：高雄市立美術館，《典藏品資料查詢》。2018/5/15瀏覽。網址：http://collection.
kmfa.gov.tw/kmfa/artsdisplay.asp?systemno=0000001681&viewsource=list

四、「南國想像」

「南國」是一個主體性的空間想像，視空間為另一個屬於與「南方」也是其類似的概念，它對立於「北國」與「北方」的定義，既是屬於物理性的方位或地域，也是心理性的想像空間，更是文化上的界定方式。「南方」或「南國」在人類歷史發展過程中，以北半球生活圈的人類而言，由於地理位置的緯度特性所造成的自然環境特徵，在一般人的印象中，仍多

圖6-17　黃進龍，〈枋寮漁港〉，水彩畫，30×45 cm，屏東縣政府文化處典藏。
圖片來源：徐芬春總編輯，《穿越南國：屏東地區美術發展探索》，屏東：屏東縣政府，
　　　　2010，頁82。

圖6-18　陳國展，《飛躍屏東》，蝕刻銅版畫，31×40 cm，屏東縣政府文化處典藏。
圖片來源：徐芬春總編輯，《穿越南國：屏東地區美術發展探索》，屏東：屏東縣政府，
　　　　2010，頁110。

認爲是屬於「熱帶的」、「溫暖的」、「炎熱的」、「晴朗的」、「熱情的」。由於臺灣在地理位置上因亞熱帶氣候的孕育，使來自中國大陸或日本的統治者以其自身地理位置爲「中心」，將臺灣視爲國境「邊陲」，並對臺灣的自然與人文產生「南方想像」，意識型態上也經常將臺灣的居民視爲「內部的他者」（the others within）。「臺灣特色」也常與「南方想像」畫上等號，且充滿著「異域的」、「異質性」、「浪漫化」、「南國情調」的想像。例如在日治時代，臺灣美術發展歷程中，日本殖民統治者不斷呼籲臺灣的藝術家應該表現臺灣的「地方色彩」（local color）而成爲口號，此口號基本上是以「日本」爲中心所設定的「地方藝術」，想藉由藝術家的媒材與技巧製造出日人眼中的「異國情調」（exotic）的作品。當代藝術家對於屏東地區的「南方」定義與詮釋已與日治時代不同，其使用之視覺語彙也具有當代藝術的多元特質。尤其臺灣地理面積雖小，然而地形的狹長特性，無論是在緯度、光線、氣候、動植物生態等自然條件上，都有「南北差異」的現象，此外，或是所謂臺灣「南部人」對立於臺灣「北部人」的概念，經常顯現於我們周遭的實際生活中以及虛擬的視覺訊息中。屏東地區長期以來在以臺灣北部爲中心的思維模式中，在各種公共建設、交通運輸與資源分配上，常被認定爲「農業地區」或「觀光地區」之狹隘性的空間定義，使屏東居民處於發展不利的地位，因而限制屏東地區的工商業發展。在美術創作表現上，「屏東人」的「南方」意象出現在美術作品中，常與屏東地區的天象氣候有關的「陽光」和「炎熱」有關，也經常再現屏東地區的「農業」和「觀光」等產業意象有關（圖6-19-6-21）。

五、「自我認同」

「文化」是人類的生活方式，也是一種「做事的方式」。此外，「文

圖6-19　簡天佑，《戀戀舊鐵橋》，2016，水彩畫，79×110 cm，藝術家自藏。
圖片來源：簡天佑提供。

圖6-20　陳文福，〈恆春古城〉，水彩畫，2008，56×76 cm，藝術家自藏。
圖片來源：徐芬春總編輯，《穿越南國：屏東地區美術發展探索》，屏東：屏東縣政府，
　　　　2010，頁79。

圖6-21　張繼文，〈恆春半島風光〉，彩墨、宣紙，2018，69×68 cm，藝術家自藏。
圖片來源：張繼文提供。

化」也會顯現「我們是誰？」以及「我們不是誰？」之類的「文化認同」
問題。所謂「認同」（identity）是指一個人對自己的綿密感覺（a coher-
ent sense of self）[18]，也是一種「自覺」（self consciousness）的概念，是
一群人在意識上有共同的自覺，也就是「我們」相對於「他們」或「你
們」的獨特感覺，同時這群人主觀上相信彼此能休戚與共地尋求共同福
祉[19]。根據霍爾（Stuart Hall）的觀點，提出認同並非天生自然而來，而是
「建構的事實」，是在不斷化成（becoming）過程中建構出來的[20]。在文
化循環中，一群享有共同文化的人們會製造「符號」（例如文字、形象、

[18] Wheelis, Allen (1958). *The Quest for Identity*. New York: W. W. Norton & Co.

[19] Gellner, Ernest (1983). *Nations and Nationalism*. Ithaca: Cornell University Press, p.49; Shafer, Boyd C. (1972). *Faces of Nationalism: New Realities and Old Myths*. New York: Harcourt Brace Jovanovich, pp.14-15.

[20] Hall, Stuart. "Introduction: Who Needs 'Identity'?." In Hall Stuart and Du Gay Paul, eds. *Questions of Cultural Identity*. London: Sage Publications, 1996, pp. 1-17.

影像、聲音、姿態、動作等），藉以產
生彼此「共享的意義」（shared mean-
ing）或是「共鳴」的感覺。戰後迄
今，屏東的美術家們各自以自己的表現
方式表達他們對「自我認同」的看法，
包括平面圖像或是立體造形，來詮釋
他們各自的文化認同感。甚至屏東地區
的公共空間也產生不少公共藝術作品，
美術家們針對屏東不同社區需求並建構
在地文化特色，也反映臺灣人民歷經政
治變遷的事實所表現出的認同議題（圖
6-22-6-23）。

圖6-22　林磐聳，〈漂泊的臺灣〉，
　　　　影像輸出，1993，70×100
　　　　cm，藝術家自藏。
圖片來源：徐芬春總編輯，《穿越南國：屏
　　　　　東地區美術發展探索》，屏東：
　　　　　屏東縣政府，2010，頁129。

圖6-23　張新丕，〈飛越金町之實〉，2017，玻璃馬賽克、RC朔形結構、石板，公
　　　　共藝術基地：屏東市中山路旁舊眷村勝利新村。
圖片來源：張繼文拍攝，2018年。

伍、結語

　　本單元可以說是「視覺式」的認識屏東，也是「美感式」的閱讀屏東。當我們欣賞上面這些屏東美術作品時，我們可以從各藝術家們的多元美術風格，了解到不同時代來自不同地方的美術家們對屏東的視覺經驗與感情，猶如遊歷不同時代的「屏東時光隧道」一般，也可以讓我們對屏東地區自然景觀與人文歷史有深入的了解。

問題與討論

1. 在「屏東美術」單元中，曾經提及當代屏東地區的主要美術表現風格，請問是哪五大表現風格？請簡述之。
2. 在當代屏東地區的主要美術表現風格中，你（妳）最感興趣的是哪一個表現風格？為什麼？請舉一個美術家或美術團體的例子說明。
3. 「屏東美術」單元中的教材和投影片補充資料中，你（妳）最喜歡哪一位美術家的什麼作品？請寫出你（妳）最喜歡的原因。
4. 請同學在假日或課餘時間，前往屏東地區的藝文展覽場所欣賞美術展覽，並收集所看見的展覽整體理念之相關資料，或是展覽品中與屏東地區的生活和文化有關的作品資料，具體敘說自己的感覺、意義以及感想。

參考資料

中文部分

1. 李壬癸（1997）。《臺灣南島民族的族群與遷徙》。臺北：常民文化。
2. 徐芬春總編輯（2010）。《穿越南國：屏東地區美術發展探索》。屏東：屏東縣政府。
3. 高雄市政府文化局編（2015）。《高雄地圖樣貌集》。高雄市政府文化局。
4. 莊永明編撰（1996）。《臺灣鳥瞰圖——1930年代臺灣地誌繪集》。臺北：遠流出版社。
5. 黃冬富（1995）。《屏東美術發展史》。屏東：屏東縣立文化中心。

6. 黃冬富（2005）。《屏東地區——臺灣美術地方發展史全集》。臺北市：日創社。

7. 黃麗蓉執行編輯（2009）。《穿梭水墨時空——黃光男繪畫歷程展》。臺中：國立臺灣美術館。

8. 張繼文（2010）。《穿越南國：屏東地區美術發展的五個思考觀點》。屏東：屏東縣政府。

9. 屏東縣政府文化處（2013）編。《藝象・屏東》。屏東：屏東縣政府。

10. 張繼文策展、屏東市公所屏東美術館編輯委員會、財團法人蕭珍記文化藝術基金會編（2015）。《家鄉印記——阿緱180藝術榮光：屏東藝術地景與文學邂逅》。屏東：屏東美術館。

11. 童鈺華執行編輯（2018）。《先驅者——何文杞的藝術人生》。銅鑼：客家委員會客家文化發展中心。

外文部分

1. Bricker, K. S. & Kerstetter, D. L. (2000). Level of Specialization and Place Attachment: An Exploratory Study of Whitewater Recreationists. *Leisure Sciences*, 22(4): pp. 233-257.

2. Gellner, Ernest (1983). *Nations and Nationalism*. Ithaca: Cornell University Press.

3. Hall, Stuart. "Introduction: Who Needs 'Identity'?." In Hall Stuart and Du Gay Paul, eds. *Questions of Cultural Identity*. London: Sage Publications, 1996.

4. Pratt, M. Louise, "Arts of the Contact Zone", *Profession*, 1992, pp.33-34.

5. Shafer, Boyd C. (1972). *Faces of Nationalism: New Realities and Old Myths*. New York: Harcourt Brace Jovanovich.

6. Tuan, Y. F. (1977). *Space and place: The perspective of experience*. Minneapolis: University of Minnesota Press.

網路資源

1. 大紀元網站，國立臺灣美術館提供之〈三地門社之女〉圖片。2018/5/15瀏覽。網址：http://www.epochtimes.com/b5/5/1/21/n787961.htm

2. 中央研究院數位文化中心，《數位典藏與數位學習聯合目錄》，2018年7月8日瀏覽。網址：http://catalog.digitalarchives.tw/item/00/60/7f/0d.html

3. 屏東縣文化資產保護所文化「本縣文化資產資料」。2018/5/12瀏覽。網址：https://www.cultural.pthg.gov.tw/Son/Landmark/page02_2.aspx?ID=11#/PhotoData/105

4. 高雄市立美術館——典藏品資料查詢。2018/5/15瀏覽。網址：http://collection.kmfa.gov.tw/kmfa/artsdisplay.asp?systemno=0000001517&viewsource=list

5. 國立臺灣大學圖書館數位典藏館，〈日治時期「繪葉書」〉。2018/5/17上瀏覽。網址：http://cdm.lib.ntu.edu.tw/cdm/landingpage/collection/card

第七章
屏東縣音樂發展概論

周明傑

壹、前言

　　荷治時期活躍在屏東的住民以平埔族、排灣族以及魯凱族等族群爲主。屏東縣的舊名是「阿猴」，「阿猴」原本是鳳山八社平埔族群的社名，這個族在荷治時期音譯Akauw。而根據1877年（清光緒3）立在屏東書院（今屏東市孔廟）的碑文上的記載，本地被稱爲「緱山」。1905年（明治38），日本政府將阿猴廳改爲阿緱廳，1920年（大正9），阿緱廳併到高雄州管轄，原來的阿緱廳分成屏東、東港、潮州、恆春四郡。據說日本政府因爲阿緱地理位置位於半屏山之東，於是改稱阿緱爲屏東，然而屏東一詞很早就已存在，1815年（嘉慶20）興建完成的「屏東書院」，日本政府有感於阿緱街的地理位置與形勢越來越重要，爲了顯示阿緱這個地區的重要性，於是就以阿緱街上的屏東書院之「屏東」當作郡名，民國時代沿用屏東這個詞，稱爲「屏東縣」[1]。

　　民國34年，全省行政區域設置爲9市8縣2縣轄市，屏東市是省轄市之一。民國35年高雄縣政府成立後，凡屬於「郡」的行政區域皆納編爲高雄縣，也就是本縣當時境內的屏東區、東港區、潮州區、恆春區及山地區等都劃歸高雄縣。民國39年，因爲實施地方自治，全省行政區域重新調整，高雄縣和屏東市合併分設高雄與屏東兩縣。民國40年，全縣計有1縣轄市、3個鎮、29個鄉。屏東縣行政區域劃分爲屏東市、潮州鎮、東港鎮、恆春

---

[1] 黃瓊慧《臺灣地名辭書》卷四屏東縣，頁19-20。

鎮、萬丹鄉、內埔鄉、佳冬鄉、來義鄉、長治鄉、竹田鄉、春日鄉、琉球
鄉、麟洛鄉、新碑鄉、車城鄉、獅子鄉、牡丹鄉、三地門鄉、九如鄉、枋
寮鄉、枋山鄉、滿州鄉、里港鄉、新園鄉、鹽埔鄉、崁頂鄉、霧臺鄉、高
樹鄉、林邊鄉、瑪家鄉、萬巒鄉、泰武鄉、南州鄉等鄉鎮。（圖7-1）

圖7-1　屏東縣行政區域圖。

（圖片來源：http://localdoc.ncl.edu.tw/tmld/images/1800.gif）

屏東縣位於臺灣的西南部，東經120度，北緯22度，面積大約有2,700多平方公里，縣內東西寬約47公里，南北長約112公里，是臺灣西部最狹長的縣。東邊是以中央山脈與臺東縣為鄰，南瀕巴士海峽，西邊以高屏溪和高雄市為界，北邊則以荖濃溪與高雄市為界。屏東縣的地形大致分為三個部分，即屏東平原、恆春半島以及中央山脈南段的高山區。屏東平原地勢平坦，人口集中，農漁業發達。屏東平原的東邊是中央山脈南端的部分，地勢較高，平均海拔為1,000公尺以上，北大武山海拔逾3,000公尺，是本縣最高的山，此山脈往南延伸，地勢降低，進入到恆春半島，恆春半島通常指枋寮和大武二地連線以南之突出部分。

從族群的面向來看，屏東縣屬於多族群社會，《重修屏東縣志：文化形態與展演藝術》中，從聚落型態的角度列出了幾個不同的族群。在「屏東山區原住民聚落」中列出了魯凱族、排灣族、恆春阿美族和平埔族，在「平原漢人拓墾聚落」中列出了客家系族群、福佬系族群以及眷村[2]。若以語言類別來界定，屏東縣境內的語言分成兩大類，即南島語與漢語。南島語分成平埔族語及原住民語，平埔族語瀕臨消失，目前平埔族耆老均已無法完全用平埔語言交談。原住民語有兩種，排灣語與魯凱語，排灣語主要的分布是在三地門鄉、瑪家鄉、泰武鄉、來義鄉、春日鄉、獅子鄉、牡丹鄉、滿州鄉；魯凱語則分布在霧臺和三地門兩鄉。語言的第二大類為漢語，分成閩南語和客家語，客家人主要分布在「六堆地區」，包括高樹鄉、長治鄉、麟洛鄉、內埔鄉、竹田鄉、萬巒鄉、新埤鄉和佳冬鄉，以及里港鄉的武洛村，滿州的羅家莊，屏東市區的田寮、柳仔林等里。閩南語涵蓋範圍極廣，屏東縣境內除了客家語與原住民語言之外，其他地區都講臺灣閩南語[3]。

---

[2] 李謁政等《重修屏東縣志：文化形態與展演藝術》，頁45-60。

[3] 鍾榮富〈屏東地區的族群與語言〉《重修屏東縣志：社會形態與社會構成》，頁39-44。

貳、音樂發展概況

本章節從兩個面向探討，第一個面向是從文獻資料來探討；第二個面向是從音樂發展的歷史來探討。

一、文獻資料探討

音樂與人類生活關係密切，生活中舉凡祭祀、生產活動、捕獵、採摘、休閒、戀愛、遊戲等，都伴隨著不同型態的音樂。但是提到音樂方面的文獻資料，記錄屏東地區音樂生活的文字、圖像與聲音，卻是幾世紀前才出現的。荷西時期，荷蘭人占領臺灣時，派了很多傳教士和教師，他們傳教的對象為原住民中的平埔族，因此荷西時期的文獻只能提供極少的平埔族音樂資料。滿清時代，相關的音樂資料都出現在遊記、方志、行政文書以及見聞錄上，內容包括漢族祭典音樂、漢族戲劇、原住民族的歌謠、原住民族的樂器等，撰寫者都不是音樂學者，而且記錄對象主要是居住在平地的平埔族[4]。

1720年，記載高屏地區庶民生活並且是第一部記載有關排灣族的文獻《鳳山縣志》，書中提及原住民生活當中簷笛、鼻簫等樂器的使用[5]。1722年，黃叔璥的《臺海使槎錄》這本書，內容共分八卷，卷五至卷七為[6]番俗六考，卷八為番俗雜記。書中列舉了34首以「漢字拼音」方式寫成的歌詞，成為本書最可貴的地方，34首歌當中，南路鳳山番有8首，南路鳳山瑯嶠十八社1首，雖然都只是歌詞，卻是屏東地區最早被記錄的歌曲。本時期還有一些文獻，作者都是傳教士、專門人員等，非音樂學者。族群的音樂描述或許並不是他們的重點，但是書中提及的音樂生活、祭

---

[4] 許常惠《臺灣音樂史初稿》，頁4。

[5] 陳文達《鳳山縣志》，頁83。

[6] 黃叔璥《臺海使槎錄》，頁146-148。

典儀式過程等文字，在那個沒有任何音樂文獻可資參考的時代，顯得非常重要。像描述南排灣音樂生活的水野遵《臺灣征番記》（1874）以及《1880年代南臺灣的原住民族：南岬燈塔駐守員喬治‧泰勒撰述文集》（2010），還有描述屏東地區平埔族與排灣族音樂與生活的《福爾摩沙及其住民：19世紀美國博物學家的臺灣調查筆記》（2009）。

日治時期（1895-1945年），日本官方在1913-1921年間刊行《番族調查報告書》8冊，這其中，1921年出刊的第8冊《排灣族、獅設族》裡面，排灣族與魯凱族單獨而完整的音樂文獻，這本著作可以作為一個里程碑。日本的音樂學者田邊尚雄是從事臺灣原住民音樂學術研究最早的學者，他留下了臺灣原住民最早的錄音（排灣族來義社3首）[7]。當時還有張福興的《排灣、布農、泰雅之歌》（1925）都是重要的原住民音樂史料。佐藤文一出版《關於排灣族歌謠》（1936）這本書，書中詳述了許多南部排灣族的歌謠。1943年，日本音樂學者黑澤隆朝（1895-1987）的《臺灣高砂族の音樂》一書以及《高砂族の音樂》唱片，收錄以及記錄了很多排灣族、魯凱族的音樂[8]。綜觀日治時期的文獻，已經可以看到日本人詳盡的音樂研究資料，此時，屏東地區的音樂也因為這些音樂研究而被保存下來。

日治時期以後，政權交替，此時期雖然已經有唱片事業萌芽，但僅限於平地社會，原住民方面在這個時期少有文獻出版。中央研究院民族學研究所於民國44年成立，這個單位創辦的《中央研究院民族學研究所集刊》，在這個時期發表了幾篇臺灣原住民音樂方面的論文，例如李卉〈臺灣及東亞各地土著民族的口琴之比較研究〉（1956）、陳漢光〈有

---

[7] 田邊尚雄的《第一音樂紀行》（1923）是臺灣原住民最早的錄音，相關資料後續的整合，可參考田邊尚雄著，李毓芳等譯2017《百年踅音：田邊尚雄臺廈音樂踏查記》（附CD）。

[8] 王櫻芬等《戰時臺灣的聲音1943黑澤隆朝《高砂族的音樂》復刻——暨漢人音樂》。

關平埔族祭儀的研究數篇〉（1961-1963）、Lenherr〈The Musical Instruments of the Taiwan Aborigines〉（1967）等。1986年，中研院民族所接受省政府民政廳委託，進行「臺灣土著祭儀及歌舞民俗活動之研究」。屏東縣魯凱族與排灣族分別為第一期與第二期的計畫，由民族所研究員劉斌雄和胡台麗主持，邀請許功明、徐韶仁、王嵩山、錢善華、平珩等人協同研究，全部的成果刊載於《臺灣土著祭儀及歌舞民俗活動之研究》。

　　1987年解嚴，社會的開放以及音樂多元化的發展，有關於屏東地區音樂的書籍以及有聲資料都增加許多。許常惠《臺灣福佬系民歌》（1982）、許常惠《臺灣音樂史初稿》（1994）、戴秋華等執行編輯《客家歌謠採擷》（1995）、張絢《屏東縣音樂發展概說》（1996）、吳榮順製作《跳戲》（1998）、吳榮順《臺灣原住民音樂之美》（1999）、陳美玲《排灣之歌》CD（1999）、《魯凱之歌》CD（1999）、林欣慧等《屏東地區馬卡道族語言與音樂研究》（1999）、黃壬來主持《屏東縣藝文資源調查報告書——音樂類》（2000）、吳榮順製作《山城走唱》CD（2000）、許常惠等《臺灣傳統音樂之美：原住民音樂・漢族傳統音樂・客家音樂》（2002）、阿猴文化工作室製作《恆春民謠》（2002）、許裕苗等《風之頌：亙古不朽的恆春半島民謠》（2008）、吳榮順《臺灣失落的聲音：恆春半島海洋工作歌曲》（2011）、李謁政等《重修屏東縣志：文化形態與展演藝術》（2014）、高玉枝、林志興著《從安平部落古謠到傳唱排灣——高明喜歌謠輯論》（2014）、陳再興製作《聆聽地磨兒之子這樣唱》（2015）、伊誕・巴瓦瓦隆《戀戀石板屋外的笛音：記許坤仲先生的愛戀笛音》（2015）等，還有周明傑撰寫的《歌頌山林吟唱歷史——屏東縣原住民族傳統歌謠》兒歌、情歌、勇士之歌、結婚歌四本系列書籍（2022），都是解嚴後至今的重要文獻。

二、音樂發展簡史

　　漢人大量移居到屏東地區以前，屏東早已有排灣族、魯凱族以及平埔族這些族群，這些族群的音樂伴隨著族人生活，在每個祭典、生命禮俗、男女聚會處或是工作休閒場合中運作。荷西時期，荷蘭人占領臺灣38年，這期間許多傳教士與教師來臺，傳教與教育的對象是原住民的平埔族。清領時期，雖然已經有零星的文字提及屏東地區的音樂生活，但是這些論述通常都是約略提及，重點通常不在音樂，而且接觸與記錄對象以平埔族居多，對於居住在山區的原住民，則均以想像的方式陳述。

　　要談到音樂的研究、分析、整理與收集，歌謠的錄音，都是從日治時期開始，日治時期與前期（滿清時期）不同的特點有二：第一，對漢族的民間音樂做分門別類的介紹，並記錄歌曲歌詞，唱片與樂譜在這個時期出現。第二，全面調查「高山族」的音樂，有關平埔族音樂的資料反而減少。此時期音樂家開始分析音組織與歌曲形式，學者亦開始探討音樂在民族社會中的功能[9]。此時期除了是對傳統音樂完整的收集整理以外，學校教育當中的音樂課，學生得以學習到不同於傳統歌謠的曲調，另外，西式音樂在這個時期開始進入臺灣。總括來說，光復前的音樂環境，是傳統音樂、學校音樂以及西式音樂相互交融的時代。有關田野錄音方面，田邊尚雄、黑澤隆朝等學者，以錄音機收錄了排灣族、魯凱族非常多的歌謠。尚需提及的是，日治時期西樂的傳播，除了依靠教會系統以外，師範教育採全盤西化的教育制度，也讓西樂教育體制化。

　　光復後的15年（1945-1960），執政者輪替，經濟蕭條，社會紊亂，之後經歷「二二八」與白色恐怖事件，這段時間臺灣音樂史呈現一片空

---

[9]　兩個特點參考許常惠《臺灣音樂史初稿》，頁5。

白[10]。1960年，屏東縣音樂環境有了轉機，例如《重修屏東縣志：文化形態與展演藝術》所述，一九六〇年代是屏東縣音樂發展的關鍵年代，出生於屏東海豐的鄭有忠，以西方新的作曲觀念與技巧從事樂曲創作，並籌組樂團。而遠赴歐美深造的音樂家李淑德等人陸續返回臺灣，奠定臺灣本土音樂創作的基礎，此時期西式音樂開始萌芽[11]。隨後而來的「民歌採集運動」（1966）（表7-1），對屏東縣音樂亦產生影響，採集運動的採集對象包括所有族群。1967年，許常惠與史惟亮創辦的「中國民族音樂研究中心」成立，音樂研究中心資源充裕，因此兩人策劃，當年五月至八月之間，展開了密集而盛大的採集工作。此次的採集工作是有史以來最大規模，也最有系統的一次，主要的採錄者計11人，總共採集約千餘首歌曲。1967年的民歌採集運動，第一階段採錄者為史惟亮（屏東部分），第二階段西隊主要成員為許常惠、顏文雄、呂錦明、徐松榮、丘延亮等5人，採集資料排列如下：

表7-1　1967年「民歌採集運動」屏東採集一覽表[12]

時間	地點	族群	採集數量	備註
1967.6	楓港	福佬系	不詳	第一階段
1967. 7. 25	三地鄉三地村	排灣族	94	第二階段西隊
1967. 7. 26	三地鄉水門村	排灣族	7	第二階段西隊
1967. 7. 26	來義鄉古樓村	排灣族	42	第二階段西隊
1967. 7. 26	三地門鄉	排灣族	16	第二階段西隊
1967. 7. 27	霧臺鄉霧臺村	魯凱族	25	第二階段西隊
1967. 7. 27	霧臺鄉去怒村	魯凱族	40	第二階段西隊
1967. 7. 27	枋山鄉枋山村	福佬系	5	第二階段西隊

[10] 許常惠1997〈臺灣新音樂的產生與發展〉。《音樂臺灣一百年論文集》，頁334。
[11] 李謁政等《重修屏東縣志：文化形態與展演藝術》，頁133。
[12] 吳榮順等作《重返部落·原音再現：許常惠教授歷史錄音經典曲選(一)》，頁31-36。

時間	地點	族群	採集數量	備註
1967. 7. 27	枋山鄉楓港村	福佬系	19	第二階段西隊
1967. 7. 28	霧臺鄉霧臺村	魯凱族	29	第二階段西隊
1967. 7. 28	恆春鎮大光里	福佬系	15	第二階段西隊
1967. 7. 29	滿州鄉永靖村	福佬系	18	第二階段西隊
1967. 7. 29	滿州香滿州村	福佬系	3	第二階段西隊
1967. 7. 30	滿州鄉長樂村	福佬系	19	第二階段西隊
1967. 7. 31	車城鄉田中村	福佬系	7	第二階段西隊

　　以上資料呈現出，民歌採集運動在屏東縣所做的採集，但是筆者執行屏東縣政府主辦之「臺灣原住民歌謠曲譜第二集」計畫時，卻發現到鈴鈴唱片在1966年以前就已經錄製了排灣族的音樂，時間是在1964年，比民歌採集運動早了兩年[13]。1987年解嚴後，政府陸續開放黨禁、報禁，國內政治開始走入新的階段，此時民間的力量帶動了文化參與。一九九〇年代後，多元族群文化的觀念崛起，多元社會群體提倡的臺灣主體性認同運動，蔓延整個臺灣社會。

　　流行音樂部分，一九三〇年代臺灣流行歌謠發展的興盛期，唱片公司紛紛成立。戰後出現很多改編自恆春民謠的歌曲，1962年，臺灣電視公司開播，國語流行歌曲取代臺語歌曲成為主流。一九七〇年代，「民歌運動」崛起，民歌風行於校園以及各種公開場合，屏東縣出現許多知名的流行歌手，像是陳一郎、陳雙、劉平芳、施孝榮、戴愛玲等，也有知名的樂團以屏東為主題做音樂創作，例如打狗亂歌團、山狗大樂團、動力火車等[14]。

　　「林班歌」的音樂最近越來越多人提及與演唱，它不是新音樂，是

---

[13] 周明傑《大社之歌：臺灣原住民歌謠曲譜・第二輯》（附CD）。
[14] 李謁政等《重修屏東縣志：文化形態與展演藝術》，頁144-151。

與原住民族社會發展同時存在的音樂。林班歌原來是指一九五○-六○年代，政府因為育苗造林計畫，族人上山參與林務局的林班工作時，在山上所傳唱的歌謠，但是廣義的林班歌，則泛指一九五○年代以後，直到一九八○年代，隨著原住民族群的遷移與生活型態，在山林間或是都市所唱的所有歌謠。林班歌最有名的歌者是獅子鄉的蔡美雲，她在1981年錄製林班歌錄音帶，歌曲內容道盡了原住民生活的無奈及苦痛，苦難的百姓從她的歌聲找到心靈的宣洩出口，出版品一度風靡了南臺灣所有的社區[15]。

參、漢族傳統音樂

一、福佬系音樂

(一)福佬系民謠

福佬系民間音樂的類型繁多，像是鑼鼓、鼓吹、民間信仰或宗教音樂、民歌、說唱、戲劇、其他民間樂器等。其中的民歌、說唱與戲劇三項都與歌唱息息相關，可見民歌與各項藝術表演關係密不可分，重要性不言而喻。音樂學者許常惠將福佬系音樂依照歌詞內容分類，分成愛情類、飲酒遊戲類、童謠類、敘事類、祭祀類、勞動類、歌舞類等。許常惠亦將全國福佬系民歌依照產生的地區分類如下：1.嘉南地區、2.蘭陽地區、3.恆春地區、4.臺北地區[16]。其中，恆春地區占了全國四個類型中的一類，足見恆春民謠的重要性。

(二)恆春民謠

恆春地區內的行政區包括恆春鎮、車城鄉、滿州鄉、枋山鄉、牡丹

---

[15] 周明傑《斜坡上的AM林班》（附CD），頁9。

[16] 許常惠《臺灣福佬系民歌》，頁8-13。

鄉等五鄉鎮。而恆春地區居民的族群多樣，有排灣族、阿美族、平埔族、福佬系、客家系，異族混合非常明顯。《風之頌：亙古不朽的恆春半島民謠》當中列出了恆春地區的民謠計有7項：《牛母伴》、《平埔調》、《思想起》、《四季春》、《楓港小調》、《五孔小調》、《守牛調》[17]。《思想起》是所有恆春民謠當中最為大家熟悉的，《思想起》的產生有兩種說法：第一種說法是指那些由大陸到臺灣來謀生的工人，因為想念家鄉或思念妻女兒，抒發出來的歌曲。第二種說法是指從西部平原到臺灣南端荒地開拓的工人，因為思念故鄉所抒發出來的歌曲。總之《思想起》源於那些離開了家鄉，前往臺灣南端謀生，開拓新生地的臺灣漢族工人，在那個人生地不熟的地方思念故鄉、懷念親人，而唱出這樣的歌曲，所以歌名叫《思想起》。《思想起》每一段都以「思啊、想啊、起……」開首[18]。以下歌詞是陳達自彈自唱的〈思想起——勸世歌〉。

思想起—勸世歌／陳達　月琴自彈自唱
嘿思啊想啊起
一啊年過了啊一啊年啊來，喔那來光景著那歹啊喂
不通得來賺少又下來看開啊喂，不當顧這大小在流目屎啊喂
思啊想啊起
（其餘歌詞略）[19]

　　《風之頌：亙古不朽的恆春半島民謠》當中列出了恆春地區在恆春民謠方面演唱、教學、傳承上面重要的人物。這幾位是陳達、董延庭、吳燦

---

[17] 許裕苗等《風之頌：亙古不朽的恆春半島民謠》，頁28-42。
[18] 思想起產生二說參考吳榮順製作《山城走唱》，頁14。
[19] 完整歌詞見吳榮順製作《山城走唱》，頁6。

崑、張文傑、朱丁順、陳英、黃吳對仔、林董眞金、王張日貴、黃卻銀、華恆雄等11位。2011年，音樂學者吳榮順撰寫《臺灣失落的聲音：恆春半島海洋工作歌曲》這本書，書本記錄恆春半島從楓港到旭海五個漁村的工作歌，《數虱目魚苗歌》是本書的亮點，亦爲極力保存的無形文化資產。

(三) 南管

臺灣傳統音樂中的藝術類樂種，主要是南管音樂和北管音樂。南管系統的曲目有兩種——歌樂與器樂，歌樂部分是臺灣傳統音樂主要曲調的來源，它的樂種很多，例如南管、歌館（或品館）、太平歌、車鼓、南管戲、交加戲等，但是考量到音樂文化現象還是不一樣，所以我們應該再區分成「眞正的」南管，以及南管的衍生形式[20]。

根據南管人的分類法，南管音樂可以分成指、曲、譜三種。「指」是歌唱式器樂，有曲調、歌詞，依照音樂性質的不同，可將之稱爲曲牌性器樂，因此類樂曲之標題屬於宋詞牌或元明曲牌系統。「曲」是指歌唱曲，在南管音樂會中，演唱是主體，曲是主要的部分，可以看作正曲。「譜」無歌詞，有曲調，是標題式器樂，所以音域較寬，達三個八度，較技術化，因爲屬正式演唱的結束部分，所以有人稱煞譜[21]。

南管的樂隊是以五件樂器組成：琵琶、三絃、洞簫、二弦以及拍，前四件旋律性的樂器稱爲四管。在規模較大的排場音樂會，開始的節目，也就是指套演奏的部分，也可以用鼓吹的形式演奏，如此一來這個編制除了南管原來的五件樂器外，再加上節奏性樂器，包括四塊、響蓋、叫鑼、雙音、玉噯等。利用這些樂器產生色彩較爲多樣且熱鬧的音響，這種編制的樂隊稱爲「十音」[22]。

---

[20] 許常惠等《臺灣傳統音樂之美》，頁93。

[21] 呂鍾寬〈臺灣的南北管〉《音樂臺灣一百年論文集》，頁76。

[22] 許常惠等《臺灣傳統音樂之美》，頁115。

南管分布在臺灣各地，根據音樂學者王櫻芬所述，這兩個半世紀中，南管隨著移民的腳步逐漸遍布全省，已知確實存在過的館閣至少就有103個。分布地區除了苗栗、桃園、南投外，各個縣市都會有兩個館閣。南管的全盛時期（1895-1937），日治時期初到中日戰爭爆發期間，當時已存在並分布於臺灣各地的南管館閣起碼有33個，大多成立於日治時期，而這些館閣中，位在屏東的有兩個──鳳鳴社與集賢社（頭前溪）[23]。

《屏東縣音樂發展概說》當中記載的南管重要推廣單位為北極壇玄天府，屏東市的北極壇玄天府是屏東地區保存南管重要的地方[24]。另外一個非常活躍的南管團體是東港鎮海宮南樂社，南樂社的前身為「東港鎮鎮海宮南管小唱」社團，「南管小唱」的成員在東港鎮東隆宮每逢三年一科的迎王平安祭典中，擔任代天府的「侍王」與「宴王」時的演奏工作，因此地方人士非常重視南樂。鎮海宮在民國83年11月間承辦「鎮海宮文化祭」的大型文化活動，加入一場「南樂演唱」，結果深獲地方人士的喜愛，南樂社至今已有數十年的歷史，值得繼續保存與傳承[25]。《屏東縣屏北區傳統表演藝術普查計畫》當中，記載了屏北區兩個南管保存團體，一為1982年成立的「中元民俗樂團」，另一為2014年成立的「屏東天后宮集泉樂軒」[26]。

㈣北管

北管是臺灣傳統音樂的主要樂種之一，北管音樂包括器樂和歌樂。北管音樂當中的歌樂有兩種，一種是戲曲，一種是細曲。北管戲曲由三種不同聲腔的戲曲組成，民間將三種不同聲腔的戲曲稱為扮仙戲、古路戲和新

---

[23] 王櫻芬〈臺灣南管一百年──社會變遷、文化政策與南管活動〉《音樂臺灣一百年論文集》，頁86-124。

[24] 張絢《屏東縣音樂發展概說》，頁102。

[25] 東港鎮海宮https://www.8327777.org.tw/music2.asp。

[26] 溫宗翰計劃主持《屏東縣屏北區傳統表演藝術普查計畫期末報告書》，頁230-244。

路戲。至於北管歌樂中的細曲,是清唱類音樂,是以絲竹類樂隊伴奏,演唱時歌者邊唱邊搖打板,以制樂節。[27]北管的器樂有牌子與譜兩種,兩者的風格不同,牌子以鼓吹的編制演奏,音樂風格熱鬧、開朗,在很多場合演奏,例如北管館閣的排場節目,或是各種民俗節慶,用途很多。譜則以絲竹的編制演奏,音樂偏向清麗、溫婉,主要用於戲劇的後場樂,或是北管館閣的排場[28]。

《屏東縣屏北區傳統表演藝術普查計畫》當中,紀錄了三個屏北區的北管樂團,各為屏東縣萬丹鄉的「屏東峰岳閣」、屏東市的「屏東金蘭會北管團」以及屏東慈鳳宮的「慈鳳宮媽祖學苑北管班」[29]。

(五) 歌仔戲

歌仔戲產生的年代最早為1903年,最晚在1923年之前,前後有20年的時間。歌仔戲依照不同的階段的發展劃分如下: 1.唸歌仔時期（1903以前）、 2.小戲歌仔陣時期（1903或1906起）、 3.落地掃時期（1911起）、 4.大戲歌仔戲時期（1923起）、 5.廣播歌仔戲時期（1954起）、 6.電視歌仔戲時期（1962起）[30]。

歌仔戲的歌唱方式為獨唱、對唱、齊唱三種,歌唱角色通常是由小生、小丑、小旦發展而成的三小戲。速度的變化搭配劇情內容,展現不同的趣味和情感,讓表演更生動。一般的敘述使用中板,而憤怒和喜悅使用快板,哀傷和失意的時候則用慢板。選擇的戲目方面,早期僅限於陳三五娘、山伯英台、呂蒙正、李三娘等戀愛故事,後來逐漸擴大範圍,加上民間故事和「通俗演義」的歷史劇,例如林投姐、周成過臺灣、薛平貴與王

[27] 呂錘寬《臺灣傳統音樂概論‧歌樂篇》,頁161-182。
[28] 呂錘寬《臺灣傳統音樂概論‧器樂篇》,頁134。
[29] 溫宗翰計劃主持《屏東縣屏北區傳統表演藝術普查計畫期末報告書》,頁211-229。
[30] 許常惠《臺灣音樂史初稿》,頁198-202。

寶釧、孟姜女哭倒萬里長城、雪梅教子、七世夫妻等[31]。

　　歌仔戲的樂團編制約在5、6人左右，分為文場和武場，分坐在舞臺兩側。文場使用的樂器最初僅有大筒弦、殼仔弦、月琴、大吹、北笛、嗩吶（鼓吹）等，後來增加了二胡、三弦、鴨母弦、琵琶、揚琴、洞簫等，甚至加入小喇叭、薩克斯風、吉他等。武場使用的樂器全為打擊樂器，只能奏出節奏，但是卻是全劇推展、連貫、塑造氣氛的動力。至於歌仔戲常用的曲調上，一般民眾最熟悉且最具代表性的曲調的約有七種：七字仔調、哭調、背詞仔、雜唸仔調、走路調、都馬調、吟詩詞、串調仔、慢頭[32]。

　　林茂賢把屏東地區的歌仔戲分成三大主流，第一個是由外地傳入的「明華園系」；第二個是從臺南流傳到屏東的「仙女班」系統；第三個是買下臺南戲班到屏東發展的「中華興」歌劇團，三大主流唯獨「中華興」較無演出[33]。明華園歌仔戲團，創始人陳明吉先生1912年生於屏東縣車城鄉，1929年日治時期，與戲院老闆蔡炳華共組「明華歌劇團」（明華園前身），戰後，明華歌劇團更名為明華園。1962年，受到電視開播以及社會變遷影響，原本堅持在內臺演出的明華園轉往外臺表演，劇團成員因此在潮州鎮定居下來。陳明吉先生創立劇團的七十年間，持續對於歌仔戲的熱愛，從不因為困境而改變初衷。他的堅持為劇團打下良好基礎，整個家族都投入劇團工作。1997年，第二代明華園承繼上一代的基礎，編制調整為八個子團（天、地、玄、黃、日、月、星、辰），明華園再造傳奇，在國際舞臺上發光發熱。

---

[31] 張絢《屏東縣音樂發展概說》，頁97-99。

[32] 簡上仁《臺灣民謠》，頁97-100。

[33] 邱金惠《演繹戲曲人生：屏東傳統戲曲發展紀錄》，頁12，作者引林茂賢之論述。

㈥布袋戲

　　布袋戲也叫掌中戲，戲偶頭部中空，表演者用手伸入木偶的衣袖裡，應用食指、拇指和另外三指做木偶的各種表演。布袋戲是臺灣偶戲中流行最廣的戲種，源自泉州和漳州，布袋戲所唱的聲腔有南管以及北管之亂彈與外江。五〇年代以後，科技發達，歐美文化入侵，有些團體想出不同的表演方式，在布袋戲內加入一些現代化的素材，例如聲光、劇情、唱曲或是臺步等，形成了聲光效果十足的「金光戲」。傳統布袋戲的後場都是現場伴奏，後場又可分為武場和文場，武場所使用的樂器以打擊樂器為主，文場則以吹奏和拉奏為主。

　　屏東縣自日治時期起，就是布袋戲的重鎮，林茂賢的《屏東縣傳統表演藝術資源普查計畫》中，把屏東縣布袋戲傳承體系分成三派：第一為新進閣傳承體系（屏東縣跛齊師派）、第二為全樂閣（鄭全明）、第三為祝安傳承體系（萬吉師派）[34]。以上這幾個團體持續發展，所傳承衍生的弟子劇團已超過十數團，讓布袋戲藝術傳揚到更多地方。

　　屏東地區的戲劇除了歌仔戲以及布袋戲以外，尚有皮影戲。從學者呂訴上的訪問資料當中可知，1962年，高屏兩縣的皮影戲團保守估計接近20團，然而目前正式的調查紀錄只剩下兩團：光塩民俗藝術團與樂樂兒童紙影戲團[35]。有關於屏東縣戲曲方面固定舉辦展覽以及推廣的場館，是位於屏東縣潮州鎮公所後方，一棟日式平房的建築，它是屏東戲曲故事館（圖7-2）。這棟建築原本是潮州郵局，郵局搬遷後，政府翻修還原其原本風貌，2006年屏東縣登錄公告為歷史建築，讓這棟百年老房舍得以被保護。此建築修復之後，融入潮州本地文化特色，積極與明華園歌仔戲、

---

[34] 邱金惠《演繹戲曲人生：屏東傳統戲曲發展紀錄》，頁55，作者引林茂賢之論述。
[35] 邱金惠《演繹戲曲人生：屏東傳統戲曲發展紀錄》，頁90-101。

圖7-2　屏東戲曲故事館（周明傑攝）。

明興閣布袋戲、樂樂紙影戲團等的團體做各項表演、教育、展覽等文化活動，是屏東縣第一座戲曲故事館。

二、客家音樂

㈠客家系民歌

　　臺灣客家民歌的研究和福佬系民歌的情形一樣，開始於1966年「民歌採集運動」時期，楊兆禎於1974出版《客家民謠——九腔十八調的研究》，是客家民歌研究的第一人。依照客家人所居住的區域、各地民俗以及腔調，臺灣的客家民歌分為南北兩個地區。南部地區是以屏東與高雄縣為主要地區，這個區域離首都臺北較遠，客家人生活圈散布於中央山脈旁的丘陵地帶，民風純樸且與大自然接近，因此能保留傳統客家山歌的特色[36]。

　　1995年，屏東縣文化中心以六堆地區的客家歌謠為對象，出版了一

---

[36] 許常惠《臺灣音樂史初稿》，頁149。

本詞曲記載詳盡的書《客家歌謠採擷》，這本書收集了屏東地區61首客家歌謠。本書開頭林松生先強調了客家歌謠主要指山歌，當然也包括其他的歌謠和童謠。他並說明了，山歌，顧名思義，即山村間的民歌，是山村間的農民或牧童所唱的歌謠。而在客家山歌的特性方面，作者強調山歌的幾個特性：1.客家山歌的內容，大抵皆為工作與生活的抒發以及男女情愛的傾訴，歌為心聲，深邃感人，生動有趣而且格調高雅，旋律優美，充分顯現其生活化與藝術化的特性；2.客家山歌中的老山歌、山歌仔、平板等三種曲調所配歌詞均為近體詩中的「七言絕句」，講求對仗平仄，飆韻有致，唱起來朗朗上口，極富有古典文學的韻味；3.客家山歌，固然不乏流傳已久的好曲詞，但『即興作詞』乃其極為重要的特性；4.客家山歌的唱腔頗具自由性。[37]以下呈現〈挑擔歌〉之歌詞，歌曲風格輕快，旋律行進如跳躍一般，歌詞表面上是描述挑擔的工作，但是後面心情一轉，原來是藉著歌曲傳達自己對於心愛的人的心意，整曲歌詞如下：

《挑擔歌》

挑擔愛挑（來）ㄏㄟ ㄏㄟ ㄧㄛ

竹擔竿ㄋㄚ ㄏㄛ ㄏㄧ ㄏㄟ

中央擔等（來）ㄇㄧㄠ ㄚ ㄇㄧㄠ

ㄍㄛ ㄍㄛ ㄔㄟ ㄧㄛ ㄛ（介）兩頭彎ㄋㄚ

（其餘歌詞略）[38]

---

[37] 戴秋華等執行編輯《客家歌謠採擷》，頁7。

[38] 曲譜以及完整歌詞見戴秋華等執行編輯《客家歌謠採擷》，頁70，曲譜上方沒有標記作詞者。

(二)客家八音

「客家八音」幾乎已是客家人器樂合奏的代名詞，也是客家音樂當中，不管是客家山歌或客家戲曲，合樂的一種音樂形式[39]。過去臺灣的六堆客家地區，「客家八音合奏」與客家人農耕生活緊密連結，舉凡客家人神明活動、婚禮、敬外祖、葬禮等活動，都可以聽到客家八音的演出。所以六堆地區客家族群的各種祭儀、各項重要禮俗，常與客家八音相伴，儀式有了客家八音的領奏合奏，才能呈現這個活動的完整性。

客家八音團的組織形式方面，吳榮順經過田野調查發現，六堆地區的客家八音有四種組合方式：三人組、四人組、五人組、六人組等四種，其中又以四人組最普遍。南部六堆地區最常應用的八音演奏形式是四人組樂團，四人組客家八音樂團的編制是：一把嗩吶（兼吹直簫）、一把殼子弦（二弦）、一把比殼子弦低五度的胖胡及一位打擊樂手（堂鼓）、小鈸（錡子）、小錚鑼（叮噹）、小鑼（碗鑼）及大鑼（本地鑼）[40]。

至於八音使用樂器之分類，有一種三分法的分類原則較為南部客家藝人所採用：

1. 吹：分成大吹、小吹兩個樂器，大吹是指吹奏嗩吶，小吹是指吹奏直、橫簫的「簫仔調」，擔任「吹」類的藝師通常被稱為「頭手」。

2. 弦：傳統客家八音的弦類樂器，是以音色的高低調，分成高音的「弦」（二弦）與低音的「弦」（胡弦）兩類，弦類樂器的演奏藝師稱為「下手」或是「二手」。

3. 鑼鼓：指所有的打擊樂器，包括鼓、鑼、鈸、板等樂器。擔任該樂器演奏的人稱作「鼓手」[41]。

---

[39] 吳榮順《臺灣南部客家八音紀實系列精選集》，頁9。

[40] 吳榮順《臺灣南部客家八音紀實系列精選集》，頁46。

[41] 吳榮順《臺灣南部客家八音紀實系列精選集》，頁50。

目前，六堆地區僅存的客家八音團，根據吳榮順於2002年的調查，屏東地區尚存八個樂團，但是在《重修屏東縣志：文化形態與展演藝術》當中的描述，目前僅存六個樂團，分別爲：萬巒中西音樂隊、林金川吹手鼓吹團、屏東長興八音團、赤山潘榮客家八音團、佳冬八音團、內埔新興八音團[42]。

客家傳統音樂和其他族群的傳統音樂一樣，在工商業社會中面臨新的挑戰，他面臨著社會現代化，以及外來文化入侵這兩個因素，而有沒落的危機。客家採茶大戲每場戲碼耗費大量的人力與物資，觀眾卻也日益減少，戲團於是失去了生存空間。而客家八音也因爲播放媒體的普及，漸漸失去了演出機會。唯獨客家歌謠，目前有心人藉助許多方式讓它起死回生，這些方法例如知識分子的參與、山歌比賽、客家歌謠唱片的發行、山歌班等[43]。

肆、原住民族的音樂

臺灣原住民族，民族學家稱之爲「南島語系」（Austronesian）民族，在漢族移居臺灣之前，已經分布在臺灣各地。這些民族包括居住在平地的平埔族，以及居住於山地和平地的16個原住民族。屏東縣境內的南島語族包括魯凱族、排灣族、阿美族以及平埔族。

臺灣原住民族的音樂表現，根據早期音樂學者許常惠針對臺灣島的原住民音樂表現說到：「就以原住民族的歌謠來說，其演唱形式包括人類最單純到最複雜的項別，其內容和功能更與生活各層面息息相關，令人嘆爲觀止。」[44]可見在學者的眼中，臺灣原住民的音樂是臺灣文化的瑰寶，相

---

[42] 李謁政等《重修屏東縣志：文化形態與展演藝術》，頁137。

[43] 鄭榮興〈客家音樂與客家社會〉《本土音樂的傳唱與欣賞》，頁193-196。

[44] 許常惠《臺灣音樂史初稿》，頁2。

當特殊。以下，我們呈現排灣族、魯凱族與平埔族的音樂。

一、排灣族傳統音樂

依照日本學者移川子之藏（1935：265）的分類法，排灣族大體可分為ravar（拉瓦爾亞族）與vuculj（布曹爾亞族），vuculj系統之下可再分為北部的paumaumaq（巴武馬群），南部的tja'uvu'uvulj（查敖保爾群）與paliljaliljau（巴利澤利敖群），以及東部的paqaluqalu（巴卡羅群）四群。ravar分布在整個排灣住地的最北方，也就是在三地門鄉的北部，隔隘寮北溪與霧臺鄉的魯凱族遙遙相對。vuculj的分布地區比較廣大，三地門鄉ravar以外的區域以及其他的原住民鄉鎮均包括在內。vuculj亞族又分為以下諸群：paumaumaq原義為「本土」或「內地」（衛惠林1960：71），指的是南北大武山以西，力里溪以北的山區，這個地區包括三地門鄉的南部，瑪家、泰武、來義以及春日鄉的北部；tja'uvu'uvulj群的居住地，北端以士文溪為界，包括春日鄉的南部與獅子鄉的全部；paliljaliljau群的居住地包括牡丹鄉、滿州鄉與恆春鎮，在這一地區的排灣族，由於接近恆春（瑯嶠），而且大部分的人口居住在淺山或者平原，易與漢人接近，另外，這一地區的原住民除了排灣族外，尚有阿美、卑南以及平埔族，所以在風俗上非常特殊。paqaluqalu則居住在大武山以東直到海岸一帶，以臺東縣的金峰、達仁兩鄉為居住地。

(一) 歌樂

排灣族人的音樂觀，有幾個重要概念需要特別敘述，這些概念支撐了排灣族音樂的重要骨幹，從這個骨幹發展出各式各樣的歌謠以及器樂。

1.歌謠的功能性

排灣族人的歌謠運作，幾乎都是因應生活的需求，族人因為結婚而歌、因為祭典而歌、因為談戀愛而歌，歌曲與生活緊密連結。也因此，排

灣族的語彙當中並沒有「表演」這個稱呼，傳統生活當中要特別去作一種與自然生活無關的「演出」，在傳統部落社會中是不可能的。

2. 即興的歌唱風格

歌曲既然依照生活的運行而實施，歌唱的當時，領唱者依時、地、物的不同，或是當時的心情，表達出適合的歌詞。而在應答式的歌謠場合中，領唱者表達完後，應答者需要回應領唱者的問題，此時回應的歌詞內容與回應的技巧，都需要歌唱雙方在很短的時間內作即興式的歌唱表達。即興的歌謠演唱方式既然是排灣族歌謠的特色之一，因此大部分的歌曲都是用即興的方式來演出，也就是「一人領唱，眾人應答」的方式唱歌，此種演唱方式不僅讓我們看到了古代排灣人溝通的另外一種方式，同時也讓我們見識到了老一輩排灣人的反應及智慧。雖然即興的演唱方式在別的原住民族群並不陌生（例如阿美、布農、賽德克族等），但是對於本地區這種不打節奏、不藉舞步，不變換節奏形式，而純然為溝通而歌，為表達而歌，單純的例如說話般的即興歌曲，應該就不多了。吳榮順在文章表示：「即興，真的是一種『社會事實』的反應。」[45]

3. 副歌的重要地位

排灣族的詞彙當中出現了很多「副歌」的母語稱呼，像是ulikaisi、veljatjan、semedjulj、siumaumalj等母語指的都是副歌。副歌相對於實詞，因為沒有明顯而確定的文字意涵，很容易被我們忽略，但是排灣族很多歌曲（特別是情歌），副歌的長度往往超過了實詞，可見副歌在排灣族歌謠裡，有它不可取代的一面。

4. 「織音」的藝術展現

排灣族歌曲大部分都是骨幹音的形式，骨幹音是一種「骨幹」，它並

---

[45] 吳榮順〈傳統音樂的即興——以臺灣原住民音樂為例〉。

不提供一種嚴謹的旋律進行軌道。歌者實際歌唱時，心中雖有骨幹的架構，但是會依照歌詞的不同、歌唱的能力，甚至是當時的心境，去「編織」出他最喜歡的旋律進行方式，這樣的編織方式，就是一種「織音」（weaving）。歌唱語彙裡面，像是penireq、sulapiq等，是指歌者織音的時候，所呈現出「波動、微微抖動」的聲音裝飾，這樣的聲音展現是族人喜歡的。歌唱語彙裡面，像是remiqriq、lemegeleg、mireq等都是形容鼻笛「微微抖動」的旋律進行，這樣的聲音展現也是族人認為悅耳的音樂。

　　吳榮順針對排灣族織音的特色，也提出了看法：「排灣族人的歌唱發聲獨樹一格，在情歌的演唱上更顯突出。每位演唱者為了去布織級進上行或級進下行的音列，極盡可能的去美化拍上的主要骨幹音，於是形成了花團錦簇式（embellishment）的歌唱方式，要演唱好排灣情歌，這種裝飾美化式的歌唱原則不可或缺，更不可不知。」[46]

5. 依「動作」所作的分類

　　若是強調歌唱時的「動作」，並以肢體動作程度的大小來區分歌謠的話，歌者常會用兩個詞來區分歌曲的類別，兩種稱呼及其意義（表7-2）：

表7-2　以動作為主的歌謠稱呼

稱呼	意義
siqilaqiladj	qemiladj是坐，siqilaqiladj是指坐下來唱的歌或是偏靜態的歌曲類型（例如情歌）。
siziyaziyan	zemiyan是跳舞，siziyaziyan是指舞曲或指搭配各種動作的歌曲類型（例如舞曲或勇士舞）。

---

[46] 周明傑《sepiuma唱情歌》，頁1。

　　歌謠中的階級意識，是很多民族音樂學者及人類學者，在接觸排灣族的文化時，就聽到、感受到了。呂炳川的《臺灣土著族音樂》，書中介紹〈婚禮之歌2〉這首歌是一首「頭目等貴族的婚禮之歌」。史惟亮的《論民歌》，歌曲雖然沒有突顯階級意識，但是在觀察族群社會組織時，已經注意到了貴族地主制。黑澤隆朝的《臺灣高砂族の音樂》裡，不但注意到了族人的階級制度，所記錄的小米祭之歌和五年祭歌詞，也處處提及祖先，可見排灣族的傳統歌謠裡，到處都可以見到階級制度的因素。

　　以下呈現泰武鄉平和村，林貴鳳領唱的傳統歌謠〈uniyu〉完整的歌譜。本曲是排灣族複音歌謠，屬於年輕人的情歌，全曲是藉由負面的說詞（被拒絕、孤單），希望得到女生的喜愛，因為對於異性追求充滿了期待與不確定，因此也將戀愛的命運交託給神。

〈uniyu〉

1. nu sayisayiv a men, ljemun kimun ayaya
   當我對妳萌生愛意，是否因而反遭嘲弄呢？

2. kinuda men nu maljad, pinaru ljamilingan
   上帝怎麼造我的？我竟成為一個孤單且被排斥的人。

3. inu sun a ti lemas, djavayu tu manguwaq
   神啊！你在哪裡？將好運賜給我吧。

uniyu

平和村歌謠
周明傑採譜
平和歌團唱

曲例7-1：排灣族古謠〈uniyu〉。（周明傑採譜製譜）[47]

　　排灣族語當中並沒有「音樂」這個全稱性的名詞，日常生活中我們最常聽到的全稱性名詞就是「senai」，senai的意思是歌，semenai是歌唱，而semenasenai則是指正在歌唱或強調歌唱者的狀態，senai這個詞專指人聲，是歌樂，與器樂無關，器樂部分族人說吹笛子叫做pakulalu，kulalu是笛子，雙管鼻笛的排灣語是lalingedan。

　　若要將眾多排灣族歌曲作一分類並不容易，我們選擇以文化功能作為依據做分類，應該是一個適當的手法，以下是分類結果（圖7-3）。

　　筆者所採集的歌謠當中，以情歌占的數量最多，顯示這類歌謠不但在任何場合都可以演唱，而且歌詞耐人尋味、引人遐思，不會觸犯到任何禁忌，相當受歡迎，就算到了現代，也都是部落族人最喜歡唱的歌。祭儀音樂偏少，其原因是因為本部落外來宗教的影響，傳統祭儀不再進行，連帶的使祭儀歌謠也跟著漸漸被遺忘。童謠、勇士歌、結婚歌的數量較多，一方面也因為這幾類歌謠與實際生活關係密切，自然，被流傳下來的數量也就比較多了。

———

[47] 本曲歌詞與曲譜見周明傑《sepiuma唱情歌》，頁20-25。

圖7-3　排灣族歌樂系統分類表。（周明傑製）[48]

　　排灣族的歌曲形式，若以聲部的組織來看，也可以分為單音性和多音性，茲列出簡易的形式（圖7-4）：

圖7-4　排灣族歌曲形式表。（周明傑製）

---

[48] 本分類是從周明傑，歌頌山林吟唱歷史——屏東縣原住民族傳統歌謠——兒歌，頁34中之分類微調而成。

(二)器樂——口笛與鼻笛

　　有關口鼻笛的早期文獻紀錄，民族學者石磊於文獻中提及，第一部記載有關排灣族的文獻是康熙年間的《鳳山縣志》（1720），書裡描述提到了蘆笛、鼻簫以及口琴。

　　口笛分成單管口笛與雙管口笛，形制從三孔到七孔都有，雙管口笛的構造，一根管子有孔，另一根管子無孔，無孔的管子只能吹出單音，有孔的管子能吹出很多音。實際吹奏時，一個聲部作持續音的進行，另一個旋律作高低音的進行，兩個聲部形成類似複音歌謠「持續低音式」的聲部展現。部落的使用方面，呂炳川提到：「雙管式豎笛（口笛）在排灣族的拉巴維爾蕃（ravar）使用，其中一管是奏持續低音的，這是在魯凱族鼻笛的啟示下形成的。」[49]從這個敘述可以得知，魯凱族與排灣族兩個族群與口笛的淵源很深。口鼻笛藝術家少妮瑤，針對口笛的功能，提出了三種用途及意義：結婚慶典歡樂之物、男女戀愛之物、男子自娛之物。

　　排灣族鼻笛分成兩種，一種是單管鼻笛，一種是雙管鼻笛。單管鼻笛的名稱是pakulalu或palinger，演奏方式是將左邊的鼻孔塞住，用另一個鼻孔吹出聲音。雙管鼻笛叫作lalingedan，在中北排灣較普遍。根據少妮瑤所述，雙管鼻笛無孔的一支叫zemingerav，是配音的，有指孔的另外一支則是會說話（cemikecikem或qivuivu）的笛管。排灣族口鼻笛藝師謝水能和許坤仲，雙雙入選100年度文建會指定的「重要傳統藝術排灣族雙管鼻笛保存者」，即俗稱的人間國寶。圖7-5是謝水能藝師吹奏雙管鼻笛的照片。

---

[49] 呂炳川著 郎櫻譯《高山族的音樂》，頁26。

圖7-5　謝水能藝師吹奏雙管鼻笛。（周明傑拍攝）

二、魯凱族傳統音樂

　　根據民國84年的戶口資料（由臺灣省政府提供），魯凱族的人口有10,000餘人。居住地主要在本省南部中央山脈的東西兩側，西側的魯凱族人分布在荖濃溪的支流濁口溪流域，以及隘寮北溪流域；東側的魯凱族人則分布在呂家溪流域。前者以山區為主要居住地，後者則住在臺東平原的邊緣地帶。

　　關於魯凱族的分類，一般學者均採地域的標準，把魯凱族分成三群：

1. 是以霧臺社（budai）為中心的隘寮群，分布在屏東縣霧臺鄉境內隘寮溪上游之山地。

2. 分布在高雄市茂林區境內荖濃溪支流濁口溪流域的濁口群的三個社（茂林、萬山和多納）。

3. 以大南社（taromak）為中心的大南群（或東魯凱群），此群分布在臺東縣卑南鄉大南溪上游之山地。魯凱族分布區域，包括屏東縣霧臺鄉好茶、霧臺、阿禮、去露、佳暮、大武等村；高雄市茂林區茂林、萬

山、多納三里：臺東縣卑南鄉東興村（大南村）。此外，因為移民而與排灣族人建立的混居村落，例如三地門鄉的青葉村和瑪家鄉的三和村等12個主要行政單位。

(一) 歌樂

魯凱族同樣也沒有「音樂」這樣的總稱，歌謠與器樂皆有單獨的稱呼，歌謠的母語與排灣族一樣是senai，也就是歌曲的意思。複音歌謠並沒有一個絕對的專屬名稱，歌者們講說malhilhuku或是wailhilhuku，大家就知道是要唱「含有二部」的歌曲，wailhuk是帶的意思，wailhilhuk就是指帶領的人，或指帶領在最高音的，所以wailhuku就是二部複音歌謠的稱呼。

魯凱族歌樂的分類方式，我們參酌霧臺鄉的盧正君，在其著作中所做的魯凱族歌謠分類（圖7-6）[50]：

魯凱族歌謠分類
- 聚會歌類
- 情歌類
- 勇士歌類
- 頌讚歌類
- 勞動歌類
- 歡樂歌類
- 對唱類
- 迎親歌類
- 刺福球歌
- 譏諷歌

圖7-6　魯凱族歌謠分類表。（盧正君分類，周明傑製表）

[50] 盧正君《魯凱族歌謠採擷》，目錄頁。

魯凱族的歌曲形式，從聲部的組織來看，可以分爲單音性與多音性的歌謠兩種。單音性的歌謠是以獨唱或齊唱的方式演唱，以童謠居多；多音性的歌謠幾乎以持續低音及同音反覆唱法形成的二部複音歌樂爲主，甚至有三部的複音歌樂。二部歌唱時，獨唱者唱上方聲部，眾人則唱下方聲部，上方聲部爲起伏較大的旋律，下方聲部則爲持續低音及同音反覆的旋律。三部合唱時，在低音聲部之上還有一個歌者擔任獨唱聲部。

　　爲每首歌取歌名在魯凱族幾乎已成常態，霧臺的歌者說：「我們小時候老人家就已經取歌名了，是由他們傳下來給我們的。」雖然歌者一致都同意以前並沒有取歌名的習俗，但是在歌唱時卻都會直呼該曲的曲名，比如說：「我們現在來唱inalhaina……。」或是說：「翻到lalrualrumedhane那首……」，我們深入觀察，發現這樣的取歌名習慣的原因源於幾個因素：1.環境改變的因素、2.宗教聚會的因素、3.學校教育的影響。

　　魯凱族的領唱，母語是akualhai，也就是最先起音，或是最先唱的人。在一個團體裡面，領唱者並不分男女，誰唱都可以。霧臺村的歌者說：「領唱的人跟年齡身分無關，只要會唱就可以了，只是領唱的時候，音域不要太高，否則大家沒辦法唱，領唱的人聲音不能太奇特。」青葉村的歌者說：「一個團體裡面，不分男女，只要他有意思要講，都可以領唱，有時自己有能力領唱當然可以刻意讓別人知道，但是唱的時候有歌唱能力的限制，所以能力還是要夠。」好茶村的杜多振說：「領唱的人並沒有規定什麼條件，但是領唱的人當然一定是很會唱的，要有自信，要能引起共鳴，還有就是領唱人的歌詞要很豐富，要領唱就必須被人家肯定才行。」最先唱的人當然得有些膽識，敢去先發表意見，然而也不是說有膽識就可以領唱，擔任最先唱的人，往往是平常大家都一致公認的，也就是族人一般都知曉其歌唱能力，而他自己當然也要有帶頭的膽識，有能力且具有相當自信心，才能當領唱者。一個歌唱的場合往往是領唱者開啟序

幕，其重要性不言而喻。

　　而和唱，族人就沒有一個常用的名詞，經追問之下，好茶的歌者說是calebeceb。嘉蘭村的歌者說複音歌謠的兩部裡面，上面一個人唱的聲部叫mailhilhuk，而底下眾人構成的聲部叫作calebeceb；霧臺村和好茶村的歌者說上面一個人唱的的聲部叫wailhuku，而底下眾人構成的聲部叫作calebeceb。經過整理之後，我們確定領唱的第一個人一定叫akualhai，而calebeceb這個詞有兩個意義，一個意思是和唱，另一個意思是二聲部時的眾人唱部分。而二聲部當中由一個人唱的高音部叫mailhilhuk或wail-huku，根據魯凱族歌者所述，ilhuk的意思是帶領者，mailhilhuk也有帶領的意思，唱高音的人只有一人，一人的聲音要對抗眾人的聲音，其重要性由此可知。至於對唱時，對方要回答前一個人的話語時，母語叫tuvare，就是回應之意。

　　而魯凱族對唱的時候，通常是一句一句對，也就是一個人表達完，對方就要在下一次唱實詞時回應上一個人的話。wailhuku的歌曲因為都是情歌，情歌大部分都是男女之間的對話，所以通常歌唱的時候是男生女生互相問答最多。以下歌曲是霧臺鄉好茶村之複音歌樂，〈lalrualrumedhane情歌〉之曲譜與歌詞，歌詞裡面也道出了對於遠道而來的人的一種問候與祝福，可以說不但盡到了主人對於客人的一種禮貌，也可以看得出來雙方在言詞上的一種「陣仗」。〈lalrualrumedhane情歌〉歌詞如下：

〈lalrualrumedhane情歌〉

1.（虛詞段落）

2.【女問】lakai numi kidulru ki kadadalranane
　　　　你們這趟路一定很辛苦

3.【男答】siadrikisi nay kaadalranane/ikelanga ta iya

　　　　　我們迫不及待的與你們會面，所以路上沒有倦意。

4.【女回應】amialringa nay amialringa nay lrisidrikisi iya

　　　　　我們料定你們會抱著無限的希望

5.【男回應】kipangiabaladha lrisiturulu numi

　　　　　不要想得太嚴重，免得會因而造成後遺症。

lalrualrumedhane

好茶村歌謠
周明傑採譜

曲例7-2：魯凱族複音歌樂〈lalrualrumedhane情歌〉（周明傑採譜製譜）。[51]

(二) 器樂

　　魯凱族的音樂以聲樂爲主，傳統器樂的表演仍屬少數，然而觀察日治時期黑澤隆朝的紀錄，我們卻驚訝於魯凱族（當時稱作澤利先Tsarisens族）當時使用的樂器種類非常多。

　　紀錄中，口簧琴有13個魯凱族部落使用；弓琴則有11個部落使用；縱笛風行於17個部落；鼻笛則有12個部落使用；橫笛有8個部落使用；鈴類樂器有13個部落；體鳴樂器當時有兩個部落使用；農耕用途及其他的發音樂器則見於6個部落[52]。從以上的紀錄看來，傳統部落生活，魯凱族人的器樂非常豐富，只是後來因爲遷移、時代變遷或是材料取得不易等因素，樂器慢慢的被族人遺忘，甚至消失。

　　魯凱族和其他族群，同樣都面臨傳統音樂凋零的情形。杜傳校長說：「今日多元化的社會和生活的變遷，我們不僅喪失了祖先留下的足跡和族

[51] 周明傑《排灣族與魯凱族複音歌謠比較研究》頁298-303。

[52] 黑澤隆朝《臺灣高砂族之音樂》，頁329-525。

人生活演進的軌跡，另最寶貴的文化資產也漸漸流失。」[53]因此，如何讓下一代族人親近並歌唱這些祖先傳下來的文化資產，成了我們當前重要的課題。

三、平埔族音樂

屏東縣的平埔族，在清朝志書上記載有「鳳山八社」，這八社分別是阿猴、放𤩽、上淡水、下淡水、加藤、塔樓、武洛、力力社。鳳山八社的族群遷徙，是在漢人大批進入以後，開始往山區的萬金、赤山、老埤、加蚋朗等地移動，或是往南方的餉潭、新開、海口、射寮、滿州、欖仁路、白沙灣等地遷徙。後來有的和漢人通婚漢化，有的就再度越過中央山脈，朝臺東、花蓮的後山發展。

1904年，日據初期，伊能嘉矩把屏東的平埔族統稱為makatao（馬卡道），伊能嘉矩是第一位將屏東平原的平埔族群從「鳳山八社」改稱為一個獨立族群，並賦予族名的學者。1935年，移川子之藏把makatao（馬卡道）改稱為tao（道）。1944年，小川尚義則將臺南的平埔族和屏東的平埔族統稱為siraya（西拉雅）族[54]。

屏東縣政府於2017年扶植三個平埔族夜祭之活動，分別為內埔鄉老埤村的「老祖祠祭祀活動」、高樹鄉加蚋埔公廨的「加蚋埔夜祭活動」以及萬巒鄉加匏朗仙姑祖廟的「加匏朗夜祭活動」，此三個地區每年持續辦理夜祭活動。高樹鄉的泰山村，俗稱「加蚋埔」，加蚋埔每年在農曆11月15日舉辦祭典，所祭拜的神稱作「中埔七兄弟」或「尪姨七姐妹」。族人過去原本有祈雨的習俗，通常是當尪姨的「a mu」到口社溪進行祈雨儀式，後來為了方便起見，從溪裡運一塊石頭作為代表，稱「溪頭兄」。現

---

53 盧正君《魯凱族歌謠採擷》，序。

54 參考吳榮順製作《跳戲》，頁10。

存的加蚋埔聚落歌謠，包括潘美娘、陳清文與潘金成等三個傳習系統留下來的歌謠共有13首。這13首歌謠從音樂的功能上來劃分，可以區分成五種不同型態。第一種是用於「祈雨」的祭歌（4首）；第二種是用於「跳戲」正典時所唱的祭歌（3首）；第三種是用於「跳戲」正典之後，所唱的「公廨外的歌」（4首）；第四種是屬於a mu個人所唱的「尪姨歌」（1首）；第五種是屬於個人日常生活上所唱的「娛樂歌」（1首）[55]。

夜祭儀式過程當中與音樂有關的是跳戲，跳戲就是（ta ho lau），雖然稱跳戲，但是歌者實際上也演唱了祈雨歌，但卻不是眞正的祈雨，眞正的祈雨，阿姆（尪姨）要帶領村人至口社溪祈雨，然後潑水。吳榮順製作的《跳戲》專輯當中有兩首名稱也稱作〈跳戲〉的歌曲，描述的是祭典當天晚上，族人在公廨外手牽著手，眾人圍繞著刺桐樹，帶領者領唱眾人答唱，歌唱跳戲這首歌的第一首歌謠，因爲音域較低，族人稱之爲「低音的跳戲」，唱完了低音的跳戲，帶領者馬上會接唱下一首「高音的跳戲」[56]。

曾經，平埔族人各自說著屬於南島系的母語，但是在清代漢人大量入墾之後，平埔族人快速的被漢化，母語也就隨之流失。以西拉雅三個亞族而言（西拉雅、大滿、馬卡道亞族），近代雖然有學者努力記載與訪談[57]，還是擋不住一概使用福佬話的命運，直到今日。

伍、西式新音樂與音樂教育的發展

一、基督教音樂

早在荷蘭人統治的時代，文獻當中就已記載了荷蘭人如何以《聖

---

[55] 吳榮順、顏美娟〈歌謠的種類與運用〉《跳戲》，頁26-28。

[56] 吳榮順製作《跳戲》，頁40。

[57] 見林欣慧等著《屏東地區馬卡道族語言與音樂研究》。

經》和聖歌教化原住民和河洛人。但是基督教進入屏東，是在1869年才開始，英國基督教長老教會派李麻牧師到屏東市設立基督教屏東長老教會，這個時候也正式傳授詩歌。因為宣教順利，之後相繼設立了萬丹長老教會（1899）、民和教會（1950）、公館教會（1959）、海豐教會（1964）。原住民地區也陸續設立教會，像是相助（1943）、士文（1946）、三地門（1947）、南和（1948）、瑪家（1949）、馬兒（1949）、賽嘉（1950）、口社（1950）等。其他教派也在屏東縣相繼設立，像是浸信會、眞耶穌教會、國語禮拜堂、聖公會等。這些教派在推展教義之時，也把西方新式音樂帶進來[58]。

教會的外籍傳教士都極力推動音樂，他們甚至組織唱詩班與舉辦音樂會，教導教友西方音樂，使得音樂在臺灣得以順利普遍的發展，並且培養了許多西式音樂家。目前，基督教教會在縣內的數量越來越多，不同的教派也增加許多，教會增加，禮拜程序上的聖詩便隨著教會的發展而讓更多人認識，禮拜儀式上的彈琴、歌唱、聖歌隊，還有練唱時的五線譜、伴奏等，都隨著教會當中的儀式，傳播到縣內每一個地方。

二、天主教音樂

1861年（清咸豐11）3月，天主教西班牙籍郭德剛神父（Rev.Ferinchon, O.P.）與傳教員楊篤（聖名爲安德勒），前往萬金平埔族部落傳教。儘管教會初期經歷許多誣陷和迫害，教堂建築亦遭破壞，但是因爲萬金教區之教務蒸蒸日上，極需規模更大的教堂，新的教堂乃由良方濟神父（Rev. Franisco-Herce, O.P.）策劃建造，教友們自動奉獻金錢人力，經過1年的施工，萬金天主堂於1870年12月8日落成，每年的12月8日就成爲萬金聖母聖殿的堂慶，也是萬金地區一年一度的聖事，各地教友紛紛前來朝

屏東學概論

---

[58] 黃壬來主持《屏東縣藝文資源調查報告書——音樂類》，頁9。

聖[59]。

「彌撒」是天主教的專有名詞，是天主教會主要的崇拜儀式，它的原文Mass源自儀式的最後一句：「Ite missa est」。這個崇拜儀式在其他的基督教會中也稱作「禮儀」（Liturgy）、「聖餐」（Holy Communion）、「感恩祭」（Eucharist）。彌撒儀式最重要的過程是奉獻以及祝聖儀式之後，把餅和酒分給信徒，藉以紀念或重演最後的晚餐。天主教彌撒聖祭是祭拜天主最神聖崇高的祭禮，其聖祭上之聖歌——〈彌撒曲〉，是以詠唱的方式進行。〈彌撒曲〉可分為普通彌撒曲和安魂彌撒曲，普通彌撒曲分為兩個部分，即特有部分（Proprium Missae）和常用部分（Ordinarium Missae），特有部分常用的歌曲有進堂曲（Introitus）、階臺經（Graduale）、歡讚曲（Alleluia）和繼抒詠（Sequentia），此外還有奉獻曲（Offertorium）和領主曲（Communio）。常用部分的歌曲有垂憐經（Kyrie）、光榮頌（Gloria）、信經（Credo）、聖哉經（Sanctus）、羔羊讚（Agnus Dei）等。安魂彌撒曲則是特有部分和常用部分混合在一起的一套樂曲。聖樂能襯托典禮的隆重，升華人的心思意念，亦能引導人心靈向上、接近天主。

1859年，郭德剛神父從廈門來到臺灣開始，天主教的本有歌曲一直以葛麗果聖歌為主。日治時期，高恆隆神父於1927年編寫了臺灣第一本臺語聖歌，自此臺語聖歌數量上開始增加，萬金聖母聖殿裡，臺語聖歌是除了拉丁聖歌外，信徒們最為普遍使用的聖歌類型。光復後，臺語聖歌並沒有因為天主教本地化的推動而蓬勃，某個時期，萬金聖母聖殿裡的國語聖詩數量甚至超過臺語聖歌[60]。總括來說，臺語聖歌無論在音階結構、曲

---

[59] 許麗秋《臺灣天主教臺語聖歌之緣起與發展——以屏東萬金聖母聖殿為例》，頁41。

[60] 許麗秋《臺灣天主教臺語聖歌之緣起與發展——以屏東萬金聖母聖殿為例》，頁192-194。

調結構、歌曲形式以及記譜方式上都有其獨特之處，應號召音樂學者爲天主教聖歌譜寫更多的樂曲。

三、音樂教育的發展

日治時期的學校音樂教育，分爲普通音樂教育和師範音樂教育兩種，普通音樂教育包括初等普通教育和高等普通教育，課堂上音樂課的內容以唱歌爲主，到高年級才指導普通西洋樂理的知識。而師範音樂教育則已超出普通音樂科的範圍，而隨著學生優異之表現，師範學校漸漸成爲轉至專門音樂教育的橋梁[61]。

光復後，一般學校的音樂教育，其音樂課本內容都一樣，是以大陸的教材爲主，頂多加一些本地音樂家的作品。直到民國60年，教育部統一國民教育的教材，音樂方面的課程分爲樂理、視唱、歌曲與欣賞四個部分，此內容沿用了相當長的時間。爲了因應時代的變遷與多元化社會的需求，國小音樂科的新課程從85學年度起開始逐步修訂，目前國中小音樂科以教育部頒定之九年一貫課程爲主。

而在師範學校之音樂教育部分，最早的音樂教育在臺北師範學校前身「國語傳習所」中實施，後來又有了臺南師範與臺中師範學校的設立，此三所師範學校對於臺灣音樂的發展有很大的貢獻，有些學生因此走向專門音樂的路線，甚至公費赴日深造。

屏東縣各級學校的音樂教育，在教育部各項音樂政策的施行之下，也呈現了多種多樣的變革。1884年，屏東縣設立中正國中音樂實驗班。1887年，設立仁愛國小音樂實驗班。1993年，設立屏東女中音樂實驗班。大學部分，屏東師範學院（國立屏東大學前身）於1993年成立音樂教育系，2000年首次招收「音樂教育系碩士班」學生，並於2004年起分

---

[61] 許常惠《臺灣音樂史初稿》，頁258。

為「音樂演奏暨教學組」及「音樂教育組」。國立屏東大學音樂學系教育目標重視展演能力之訓練以及音樂教學、音樂科技、音樂治療、音樂行政等音樂相關能力的養成。

陸、重要音樂家介紹

　　1996年出版的《屏東縣音樂發展概說》這本書記載了10位音樂教育耕耘有功人士。2000年的《屏東縣藝文資源調查報告書——音樂類》這本書裡，第二部分的音樂資源調查內容當中，呈現了音樂工作者（包括西洋音樂和傳統音樂）251人的資料。2014年《重修屏東縣志：文化型態與展演藝術》中，音樂家介紹的篇章裡面，呈現了8位音樂家的資料。以上書籍以不同的層面選擇音樂人物，本文，筆者考量音樂家本身音樂才華、音樂影響程度以及音樂工作投入時間等因素，列出屏東縣重要音樂家如下：

1. 李志傳先生：屏東縣萬丹村人，1902年生。1927年就讀東京國立高等音樂學校，留學期間曾與陳泗治、呂泉生、郭芝苑等人學習作曲，是臺灣早期的西式音樂作曲家。1933年回國推展音樂教育，對高屏地區的音樂推展投入許多心力。

2. 鄭有忠先生：出生於屏東海豐望族，1906年生。因其本人精通各種管樂器，1924年組織「海風吹奏樂團」。1926年，與朋友組織「屏東音樂同好會管絃樂團」、「吾們音樂愛好管絃樂團」。1933年赴日本專攻小提琴，1942年返國，1947年在屏東重整「有忠管弦樂團」，隔年在屏東師範學校指導管弦樂隊。本人亦創作多首作品，包括獨唱曲與管弦樂曲等，作品多，只可惜都散失殆盡[62]。

---

[62] 陳美玲《鄭有忠的音樂世界》，頁135。

3. 郭淑貞女士：1932年出生。畢生致力於音樂教育，創立屏東縣欣韻合唱團，連續三年獲得臺灣省音樂比賽合唱組冠軍。後來亦成立屏東音樂協進會，1987年成立屏東縣教師合唱團，奪得全省各項合唱比賽冠軍，平日樂教工作甚至擴及山地和偏遠地區。

4. 李淑德教授：1929年生於屏東市自家開設的德昭醫院，7歲時跟著伯父李志傳學習鋼琴，後來以小提琴作為主修。1964年得到美國新英格蘭音樂學院碩士，回國後致力於提琴教育，門下有世界名小提琴家林昭亮、胡乃元等。

5. 曾辛得先生：1911年生於屏東縣滿州鄉里德村。1930年畢業於臺南師範學校，曾任國小教師、校長，1974年退休後專門從事提琴教學。曾辛得是業餘作曲家，創作的兒童歌曲多被收錄在省教育會的《新選歌謠》月刊，曾辛得亦採編了恆春民謠的〈耕農歌〉，他將之採編成國語歌曲並發表於《新選歌謠》，成為學校音樂課上課用歌謠。

6. 張效良先生：音樂教育開拓者，1946年創設屏東師範學校，非常注重音樂教育，本人會彈奏多種國樂器。為了培養師範生藝術氣質，加強並美化生活教育，每學期有兩三次的演出，稱為月會。其任內在課程上增設音樂科，內容包括所有音樂必學知能，因此畢業學生在音樂教學上均有傑出表現[63]。

7. 陳達先生：1917年生於屏東恆春，二十歲開始受邀演唱，在眾人面前展現歌藝。臺灣光復後，陳達的一隻眼睛患有眼疾，因此恆春人叫他「紅目達仔」，二十九歲因重病導致左眼瞎、半身不遂，後來除了左眼外，奇蹟式的康復。1967年由史惟亮和許常惠發起的「民歌採集運動」中發掘到陳達，陳達即興的彈奏月琴與歌唱感動了在場採集團隊

---

[63] 張絢《屏東縣音樂發展概說》，頁128。

的所有人，許常惠在日記上說：「今天，我在離開臺北五百公里的恆春的荒山僻野中，爲一個貧窮襤褸的老人流淚了。」[64]1971年，史惟亮邀請陳達到臺北錄音，出版了《民族樂手陳達和他的歌》唱片，1977至1981年，陳達獲得更多的邀約，他因此常出現在電視臺和咖啡屋。

8. 謝水能先生：屏東縣泰武鄉平和村人，在口鼻笛的吹奏與傳承上有傑出表現，入選文建會100年度指定的「重要傳統藝術保存者」（即俗稱「人間國寶」）。

9. 許坤仲先生：屏東縣三地門鄉大社村人，在口鼻笛教學、保存與吹奏上成績卓著，入選文建會100年度指定的「重要傳統藝術保存者」。

10. 張日貴女士：1933年出生於恆春滿州鄉，致力於滿州鄉民歌的傳承工作，民國101年更入選文化部指定的「重要傳統藝術保存者」，表揚張女士一生傳承藝術文化的精神。

11. 朱丁順先生：朱丁順17歲開始接觸民謠，他以師徒傳承方式，投入恆春民謠教學與推廣，傳承工作足跡遍及恆春地區。曾獲第14屆金曲獎傳統藝術「最佳演唱獎」、第19屆傳統暨藝術音樂「特別貢獻獎」，並入選文化部指定的101年度「重要傳統藝術保存者」，表彰他對恆春民謠的貢獻。

12. 陳英女士：陳英女士爲恆春民謠傳藝師，傳唱恆春民謠一甲子。2019年榮獲教育部藝術教育貢獻獎殊榮，2020年，88歲的陳英通過文化部認定重要傳統表演藝術保存者，俗稱「人間國寶」殊榮，他是繼朱丁順、張日貴之後，榮登恆春民謠「人間國寶」第3人。

---

[64] 許常惠《追尋民族音樂的根》，頁49。

屏東的舊名是「阿猴」，日本政府以阿緱街上的屏東書院之「屏東」當作郡名，民國時代沿用屏東這個詞，稱為「屏東縣」。民國39年，因為實施地方自治，高雄縣和屏東市合併分設高雄與屏東兩縣，民國40年，全縣計有1縣轄市、3個鎮、29個鄉。屏東縣位於臺灣的西南部，是臺灣西部最狹長的縣。屏東縣的地形大致分為三個部分，即屏東平原、恆春半島以及中央山脈南段的高山區。從族群的面向來看，屏東縣屬於多族群社會，若以語言類別來界定，屏東縣境內的語言分成兩大類，即南島語與漢語，南島語分成平埔族語及三個族群的原住民語，漢語分成閩南語和客家語。

文獻資料探討部分，荷西時期，荷蘭人占領臺灣時，派了很多傳教士和教師，他們傳教的對象為原住民中的平埔族，因此荷西時期的文獻只能提供極少的平埔族音樂資料。滿清時期，相關的音樂資料都出現在遊記、方志、行政文書以及見聞錄上，內容包括漢族祭典音樂、漢族戲劇、原住民族的歌謠、原住民族的樂器等，撰寫者都不是音樂學者，記錄對象主要是居住平地的平埔族。日治時期，《番族調查報告書》、田邊尚雄的《第一音樂紀行》與錄音、張福興的《排灣、布農、泰雅之歌》、佐藤文一的《關於排灣族歌謠》、黑澤隆朝的《臺灣高砂族の音樂》都是重要的史料。日治時期以後，政權交替，此時期雖然已經有唱片事業萌芽，但僅限於平地社會，原住民方面在這個時期少有文獻出版，中央研究院民族學研究所這個時期發表了幾篇臺灣原住民音樂方面的論文。1987年解嚴，社會的開放以及音樂多元化的發展，有關於屏東地區音樂的書籍以及有聲資料都增加許多。

音樂發展簡史方面，荷西時期，荷蘭人占領臺灣38年，這期間許多

傳教士與教師來臺，傳教與教育的對象是原住民的平埔族。清領時期，雖然已經有零星的文字提及屏東地區的音樂生活，但是這些論述通常都是約略提及，重點通常不在音樂，而且接觸與記錄對象以平埔族居多。音樂的研究、分析、整理與收集，歌謠的錄音，都是從日治時期開始。光復後的15年（1945-1960），臺灣音樂史呈現較爲沉寂的時期。一九六〇年代是屏東縣音樂發展的關鍵年代，鄭有忠與李淑德等人陸續返回臺灣，奠定臺灣本土音樂創作的基礎。1966年「民歌採集運動」，收集許多屏東縣內傳統音樂，對屏東縣音樂亦產生影響。流行音樂部分，一九三〇年代臺灣流行歌謠發展的興盛期，一九七〇年代「民歌運動」崛起，流行音樂部分屏東縣出現許多知名的流行歌手。

福佬系民間音樂的類型繁多，像鑼鼓、鼓吹、民間信仰或宗教音樂、民歌、說唱、戲劇、其他民間樂器等。許常惠將全國福佬系民歌依照產生的地區分類如下： 1.嘉南地區、 2.蘭陽地區、 3.恆春地區、 4.臺北地區。恆春民謠方面，《風之頌：亙古不朽的恆春半島民謠》當中列出了恆春地區各種民謠計有七項：《牛母伴》、《平埔調》、《思想起》、《四季春》、《楓港小調》、《五孔小調》、《守牛調》。《思想起》是所有恆春民謠當中最爲大家熟悉的。2011年，音樂學者吳榮順撰寫《臺灣失落的聲音：恆春半島海洋工作歌曲》這本書。南管部分，南管系統的曲目有兩種——歌樂與器樂，歌樂部分是臺灣傳統音樂主要曲調的來源。南管的樂曲種類分爲指套、曲以及譜，這三者都是以相同的樂隊演奏伴奏，樂隊是以五件樂器組成，若再加上節奏性樂器，則合稱爲「十音」。

歌仔戲方面，歌仔戲產生的年代最早爲1903年，最晚在1923年之前，歌仔戲的歌唱方式爲獨唱、對唱、齊唱三種，樂團編制約在5、6人左右，分爲文場和武場。而歌仔戲常用的曲調上，一般民眾最熟悉且最具代表性的曲調的約有七種。屏東的明華園歌仔戲團，創始人陳明吉先生持

續對於歌仔戲的熱愛，為劇團打下良好基礎，第二代明華園承繼上一代的基礎，編制調整為八個子團。布袋戲方面，屏東縣自日治時期起，就是布袋戲的重鎮，林茂賢把屏東縣布袋戲傳承體系分成三派：新進閣傳承體系（屏東縣跤齊師派）、全樂閣（鄭全明）與祝安傳承體系（萬吉師派），以上這幾個團體持續發展，所傳承衍生的弟子劇團已超過十數團。屏東地區的戲劇除了歌仔戲以及布袋戲以外，尚有皮影戲，目前只剩下光塩民俗藝術團與樂樂兒童紙影戲團兩團維持運作。有關於屏東縣戲曲方面固定舉辦展覽以及推廣的場館，是位於屏東縣潮州鎮公所後方的屏東戲曲故事館，持續辦理各項表演、教育、展覽等文化活動。

臺灣客家民歌的研究和福佬系民歌的情形一樣，開始於1966年「民歌採集運動」時期，楊兆禎於1974出版《客家民謠——九腔十八調的研究》，是客家民歌研究的第一個人。「客家八音」幾乎已是客家人器樂合奏的代名詞，也是客家音樂當中，不管是客家山歌或客家戲曲，合樂的一種音樂形式。客家八音團的組織形式方面，六堆地區的客家八音有四種組合方式。八音使用樂器分類上，有一種三分法的分類原則較為南部客家藝人所採用：1.吹、2.弦、3.鑼鼓。

原住民族音樂部分，排灣族音樂的分類表上，所有歌謠類型幾乎占了生活的全部，可見音樂與生活非常緊密。歌曲形式上，以聲部的組織情形來看，分為單音性和多音性。排灣族人的音樂觀方面，幾個議題值得探討：1.歌謠的功能性、2.即興的歌唱風格、3.副歌的重要地位、4.「織音」的藝術展現、5.依「動作」所作的分類、6.階級制度下的音樂。提及排灣族口鼻笛，口笛分成單管口笛與雙管口笛，型制從三孔到七孔，雙管口笛的構造，一根管子有指孔，另一根管子無指孔，無指孔的管子只能吹出單音，有指孔的管子能吹出很多音，雙管口笛兩根管子兩個聲部形成類似複音歌謠「持續低音式」的聲部展現。排灣族鼻笛分成兩種，一種是單

管鼻笛，一種是雙管鼻笛。單管鼻笛的名稱是pakulalu或palinger，雙管鼻笛叫作lalingedan。魯凱族傳統音樂部分，魯凱族歌樂分類上，盧正君將之分成10類。魯凱族的歌曲形式上，聲部的組織可以分為單音性與多音性的歌謠兩種。魯凱族的領唱，母語是akualhai，而和唱，好茶的歌者說是calebeceb。平埔族音樂方面，每年持續辦理夜祭活動的是內埔鄉老埤村的「老祖祠祭祀活動」、高樹鄉加蚋埔公廟的「加蚋埔夜祭活動」以及萬巒鄉加匏朗仙姑祖廟的「加匏朗夜祭活動」。現存的加蚋埔聚落歌謠，包括潘美娘、陳清文與潘金成等三個傳習系統留下來的歌謠共有13首。夜祭儀式過程當中與音樂有關的是跳戲，跳戲就是「ta ho lau」。

基督教音樂部分，基督教進入屏東是在1869年才開始，英國基督教長老教會派李麻牧師到屏東市設立基督教屏東長老教會，這個時候也正式傳授詩歌。教會的外籍傳教士都極力推動音樂，他們甚至組織唱詩班與舉辦音樂會，教導教友西方音樂，並且培養了許多西式音樂家。天主教音樂部分，1861年，天主教西班牙籍郭德剛神父與傳教員楊篤前往萬金平埔族部落傳教，新的教堂乃由良方濟神父策劃建照，萬金天主堂於1870落成。天主教彌撒聖祭是祭拜天主最神聖崇高的祭禮，其聖祭上之聖歌 ——〈彌撒曲〉，是以詠唱的方式進行。聖樂襯托典禮的隆重，亦能引導人心靈向上、接近天主。日治時期，高恆隆神父於1927年編寫了臺灣第一本臺語聖歌，萬金聖母聖殿裡，臺語聖歌是除了拉丁聖歌外，信徒們最為普遍使用的聖歌類型，臺語聖歌無論在音階結構、曲調結構、歌曲形式以及記譜方式上都有其獨特之處，應號召音樂學者為天主教聖歌譜寫更多的樂曲。音樂教育的發展上，日治時期的學校音樂教育分為普通音樂教育和師範音樂教育兩種，普通音樂教育包括初等普通教育和高等普通教育，課堂上音樂課的內容以唱歌為主。而在師範學校之音樂教育部分，最早的音樂教育在臺北師範學校前身「國語傳習所」中實施，後來又有了臺南師範與

臺中師範學校的設立，此三所師範學校對於臺灣音樂的發展有很大的貢獻。

　　屏東縣重要音樂家的介紹，筆者考量音樂家本身音樂才華、音樂影響程度以及音樂工作投入時間等因素，列出12位重要音樂家：李志傳先生、鄭有忠先生、郭淑貞女士、李淑德教授、曾辛得先生、張效良先生、陳達先生、謝水能先生、許坤仲先生、張日貴女士、朱丁順先生、陳英女士。

參考資料

論文與專書

1. Joseph beal steere著，林弘宣譯。2009。《福爾摩沙及其住民：19世紀美國博物學家的臺灣調查筆記》。臺北市：前衛出版社。（1874年來臺）
2. 王櫻芬等。2008。《戰時臺灣的聲音1943黑澤隆朝《高砂族的音樂》復刻──暨漢人音樂》。國立臺灣大學出版中心。
3. 王櫻芬。1997。〈臺灣南管一百年──社會變遷、文化政策與南管活動〉。陳郁秀主編。《音樂臺灣一百年論文集》。臺北市：白鷺鷥基金會。
4. 田邊尚雄。1923。《第一音樂紀行》。東京：文化生活研究會。
5. 田邊尚雄著，李毓芳等譯。2017。《百年踅音：田邊尚雄臺廈音樂踏查記》（附CD）。臺北市：臺大出版中心出版。
6. 吳榮順。1999。《臺灣原住民音樂之美》。臺北市：漢光文化事業公司。
7. 吳榮順。2002。《臺灣南部客家八音紀實系列精選集》。宜蘭縣五結鄉：傳藝中心。
8. 吳榮順。2011。《臺灣失落的聲音：恆春半島海洋工作歌曲》。屏東市：屏東縣政府。
9. 吳榮順。2000〈傳統音樂的即興──以臺灣原住民音樂為例〉，「展望二十一世紀鄉土音樂藝術教學研討會」。屏東師範學院。
10. 吳榮順製作。2000《山城走唱》CD。風潮音樂。

11. 吳榮順製作。1998。《跳戲》CD。風潮音樂。

12. 吳榮順等作。2010。《重返部落・原音再現：許常惠教授歷史錄音經典曲選（一）》。國立臺灣傳統藝術總處籌備處。

13. 杜德橋編，謝世忠、劉瑞超譯。2010《1880年代南臺灣的原住民族：南岬燈塔駐守員喬治・泰勒撰述文集》。臺北市：原民會。

14. 李謁政等。2014。《重修屏東縣志：文化形態與展演藝術》。屏東市：屏東縣政府。

15. 呂錘寬。2005。《臺灣傳統音樂概論・歌樂篇》。臺北市：五南圖書公司。

16. 呂錘寬。2005。《臺灣傳統音樂概論・器樂篇》。臺北市：五南圖書公司。

17. 周明傑。2005。《排灣族與魯凱族複音歌謠比較研究》。國立臺北藝術大學音樂學研究所碩士論文

18. 周明傑。2007。《sepiuma唱情歌》附CD。屏東縣：屏東縣臺灣原住民文化研究會。

19. 周明傑。2012。《大社之歌：臺灣原住民歌謠曲譜・第二輯》附CD。屏東市：屏東縣政府。

20. 周明傑。2013。《傳統與遞變：排灣族的歌樂系統研究》。國立臺北藝術大學音樂學系博士班博士論文。

21. 周明傑。2019。《斜坡上的AM林班》（附CD）。屏東縣政府。

22. 周明傑。2022。《歌頌山林吟唱歷史 屏東縣原住民傳統歌謠—兒歌》（附CD.DVD）。屏東市：屏東縣政府。

23. 周芬姿等著。2014。《重修屏東縣志：社會型態與社會構成》。屏東市：屏東縣政府。

24. 阿猴文化工作室製作。2002。《恆春民謠》CD。屏東市：屏東縣政府。

25. 林欣慧等著。1999。《屏東地區馬卡道族語言與音樂研究》。屏東市：屏東縣政府。

26. 邱金惠。2013。《演繹戲曲人生：屏東傳統戲曲發展紀錄》。屏東市：屏東縣政府。

27. 黃瓊慧等撰述，施添福總編等。2001。《臺灣地名辭書卷四屏東縣》。南投市：臺灣省文獻委員會。

28. 許常惠。1994。《臺灣音樂史初稿》。全音樂譜出版社。

29. 許常惠。1982。《臺灣福佬系民歌》。臺北：百科文化。

30. 許常惠。1987。《追尋民族音樂的根》。臺北：樂韻出版社。

31. 許常惠等。2002。《臺灣傳統音樂之美：原住民音樂・漢族傳統音樂・客家音樂》。臺中市：晨星出版社。

32. 許常惠。1997。〈臺灣新音樂的產生與發展〉。陳郁秀主編《音樂臺灣一百年論文集》。臺北市：白鷺鷥基金會。

33. 許裕苗等。2008。《風之頌：亙古不朽的恆春半島民謠》。屏東縣恆春鎮：墾丁國家公園。

34. 許麗秋。2004。《臺灣天主教臺語聖歌之緣起與發展——以屏東萬金聖母聖殿為例》。中國文化大學音樂研究所碩士論文。

35. 陳美玲。1997。《鄭有忠的音樂世界》。屏東市：屏縣文化。

36. 張絢。1996。《屏東縣音樂發展概說》。屏東市：屏縣文化。

37. 陳文達。1720。《鳳山縣志》。1993重刊。南投市：臺灣省文獻委員會。

38. 溫宗翰主持。2020。《屏東縣屏北區傳統表演藝術普查計畫期末報告書》。屏東縣文化資產保護所主辦。

39. 黃壬來主持。2000。《屏東縣藝文資源調查報告書—音樂類》。屏東縣政府。

40. 黃叔璥。1736。《臺海使槎錄》。1996重刊。南投市：臺灣省文獻委員會。

41. 黑澤隆朝原著，王櫻芬等譯。2019。《臺灣高砂族之音樂》。臺北市：南天書局。

42. 鄭榮興。2000。〈客家音樂與客家社會〉《本土音樂的傳唱與欣賞》。國立傳統藝術中心籌備處。

43. 盧正君。1997。《魯凱族歌謠採擷》。屏東：屏東縣立文化中心。

44. 戴秋華等執行編輯。1995。《客家歌謠採擷》。屏東市：屏縣文化中心。

45. 劉斌雄、胡台麗計畫主持。1989。《臺灣土著祭儀及歌舞民俗活動之研究》續篇。南投縣：臺灣省政府民政廳。

46. 簡上仁。1992。《臺灣民謠》臺北市：眾文圖書。

網路資料

1. 東港鎮海宮http://www.8327777.org.tw/music2.asp（2023/5/31下載）。

2. 臺灣鄉土書目資料庫http://localdoc.ncl.edu.tw/tmld/browse_map.jsp?map=1800（2023/5/31下載）。

第八章
屏東的文化創意產業

賀瑞麟、易毅成

導論：屏東+文化創意產業？

在「導論」這一節，我們會先對「屏東的文化創意產業」這個名字進行思考，並說明它的含義。其次，再說明本章的架構和論述順序。

一、本章釋名

本章名為「屏東的文化創意產業」，重點有「屏東」+「文化創意產業」；兩者的交集，就是「屏東的文化創意產業」（圖8-1）。

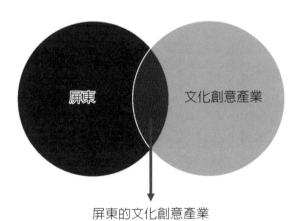

屏東

文化創意產業

屏東的文化創意產業

圖8-1　屏東的文化創意產業（交集關係）。

要了解什麼是「屏東的文化創意產業」，就邏輯的順序來說，我們就要先了解什麼是「文化創意產業」；然後再進一步了解，什麼是「屏東的」文化創意產業。臺灣乃至世界各地都有所謂的「文化創意產業」，

所以理論上我們應該先了解什麼是「文化創意產業」，這是一個比較大的類，指的是全世界共同的內容；然後，我們再把範圍縮小到臺灣、縮小到屏東，我們就可以理解什麼是「屏東的文化創意產業」（圖8-2）。

圖8-2　屏東的文化創意產業（從屬關係）。

　　換言之，我們要先了解「文化創意產業」是什麼，才能了解「屏東的」文化創意產業是什麼？這裡的「屏東的」，代表「屏東」這個地方和其他地方不同的特色或元素。

　　要了解「屏東」這個地方，我們可以分別從「時間／歷史」和「空間／地理」兩個向度來說；「時間／歷史」這個向度對應的是屏東這個地方的**發展歷程**，而「空間／地理」對應的則是屏東這個地方的**區域範圍**（圖8-3）。從這兩個向度來理解屏東，可以參考本書的「屏東縣社會發展的軌跡與形塑」一章。

　　而要了解什麼是「文化創意產業」，則可以從「文化創意產業」這個概念的「外延」和「內含」來說（圖8-4），詳細的說明，請參見本章第一節〈什麼是「文化創意產業」？〉。

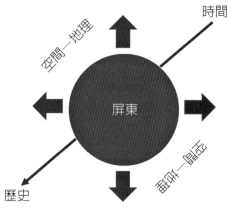

圖8-3　屏東地方的發展歷程與區域範圍。

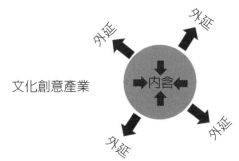

文化創意產業

圖8-4　文化創意產業的內含與外延。

二、本章的結構與論述順序

本章的結構與論述順序如下：

首先，先說明什麼是「文化創意產業」（第一節），分別從「內含」和「外延」來談「文化創意業」的定義，並從《文化創意產業發展法》來檢視臺灣官方對「文化創意產業」的定義；再指出「文化創意產業」是三大要素的交集：文化基底、創意元素和產業連結；之後，我們說明什麼是「屏東的文化創意產業」，指出所謂的「屏東的文化創意產業」就是具有屏東在地特色的文化創意產業（第二節）；以上都是「理論性」的討論，之後，我們將從「實務」的角度，討論一些屏東文化創意產業的案例，

分別是「展演空間和文化園區」、「歷史空間活化」、「文化資產（古蹟與歷史建築）」和「文化活動與文化觀光」（第三節）；最後則是「代結論」，從學生的立場來進行實踐與應用，探究屏東的文創個案或規劃屏東在地的文化觀光旅遊行程；而爲了讓同學便於規劃一日遊或數日遊的行程，在〈附錄〉會列出屏東縣所有鄉鎮的夜市時間和地點。

壹、什麼是「文化創意產業」？

在這裡，我們先說明什麼是「文化創意產業」，分別從「內含」和「外延」來談「文化創意產業」的定義，並從《文化創意產業發展法》來看臺灣文化創意產業的官方定義；再從三大要素（文化基底、創意元素和產業連結）的交集來談「文化創意產業」。

一、文化創意產業的定義：外延與內含

替一個概念（比如說「文化創意產業」這個概念）下定義，最簡單的方式就是就找出這個概念的「內含」與「外延」；「定義」就是「內含」與「外延」的總和。首先，「內含」（intension、connotation）[1]，指的就是滿足這個概念的基本條件或資格限定；而「外延」（extension、denotation）是這符合基本條件或資格限定的成員（member）全體。

以「人」這個概念爲例，我們姑且說，它的內含是具有生命的、兩足的、會笑的、會思考的（知道自己會死，愛面子，……）、會說話的……。

這5個條件就是「人」的內含，要滿足這5個條件才算是「人」。[2]

---

[1] 有時會寫成「內涵」。

[2] 當然這個內含只是大原則，是可容許彈性的，如缺一條腿、不會笑的人、不能說話的人……等等，並不能說他們不符合「人」的內容。

「人」的內含，就是「人」這個概念的基本條件或資格限定。而「人」的「外延」則是滿足「人」的內含（基本條件和資格限定）的所有成員。

以「文化創意產業」這個概念為例，「文化創意產業」的「內含」是它的基本條件或資格限定，某個產業要滿足文化創意產業念的內含才能算是「文化創意產業」（見下文《文化創意產業發展法》第三條的說明），而所有滿足文化創意產業內含的成員，就是它的外延（即下文的16類產業）。

1. 內含在認知上的優先性

任何一個概念的內含，在認知上，都優先於外延。也就是我們要先知道概念A的內含，才能知道概念A的外延。比如我們說「電視電影產業」是「文化創意產業」，意思就是說「電視電影產業」屬於文化創意產業的外延之一。這代表我們得先知道「文化創意產業」的內含（基本條件、資格限定），才能知道「電視電影產業」是否符合文化創意產業的基本條件或資格限定，如果符合了，就是文化創意產業的外延；如果不符合，就不是。這就是內含在認知上「對外延」具有優先性。

2. 內含與外延成反比

內含規定得越豐富（也就是概念越複雜），外延的範圍越小（適用的成員越少）。內含規定得越貧乏（也就是概念越單純），外延的範圍越大（適用的成員越多）。以「產業」、「藝術產業」、「數位藝術產業」為例：

首先，就「內含」來說：「產業」的內含最小（少），因為它指的就是與經濟、生產、資源利用等相關的特徵，強調效率、生產力和商業運作等方面的屬性；而「藝術產業」，則是除了上述「產業」的內含之外，還加上「藝術」相關的部分，內含更多了。「數位藝術產業」的內含則更較大（多），因為它除了「藝術產業」的內含之外，同時還加上「數位」的

內含，所以內含更多、更豐富。

　　其次，就「外延」來說：「產業」的外延最大（多），「藝術產業」的外延則次之，而「數位藝術產業」的外延則最小（少）。因為「數位藝術產業」不僅要有「藝術」，還要有「數位」，條件限制更多，因此符合資格的成員會更少，其外延相對較窄。（圖8-5）

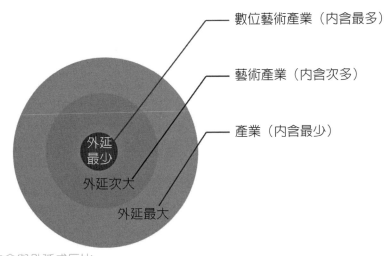

圖8-5　內含與外延成反比。

3.內含同則外延必同，但外延同內含不一定同

　　「中華民國前任副總統」和「中華民國現任行政院長」這兩個概念指的都是陳建仁先生，所以「外延」相同；但兩者的概念卻不同，一個是國家副元首，另一指的是國家最高行政長官，也就是說兩者雖然「指涉」同一個人（外延相同），卻有著不同的「意義」（內含不同）。以「文化創意產業」為例，依據聯合國教科文組織（UNESCO）的定義，「文化產業」（cultural industries）是：「結合創作、生產與商業的內容，此內容在本質上，具有無形資產與文化概念的特性，並獲得智慧財產權的保護，而以產品或服務的形式來呈現。文化產業也可以被視為『創意產業』（creative industries）；在經濟領域中，稱之為『未來性產業』（future oriented industries）；在科技領域中，稱之為『內容產業』（content industries）」。[3]

　　換句話說，「文化產業」是通稱，在不同的脈絡中，則可以分別稱為「創意產業」、「未來性產業」和「內容產業」。而臺灣通用的說法「文化創意產業」（Cultural and Creative Industries）則是將文化產業和創意產業，連結在一起使用，強調文化與創意之連結。因此，「文化產業」或「創意產業」，或合而言之「文化創意產業」，此三者可謂具有同樣的「外延」，雖然這三者的「內含」不同，但指的都是同一種產業（圖8-6）。

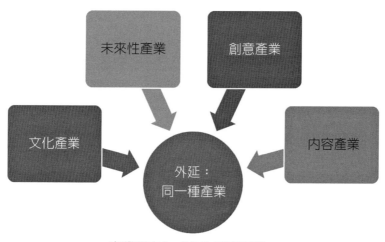

臺灣稱之為「文化創意產業」

圖8-6　外延相同，內含未必相同。

二、從《文化創意產業發展法》來看臺灣文化創意產業的定義

　　現在我們根據《文化創意產業發展法》[4]來理解「文化創意產業」的

---

[3]　參考自文建會（2004）。

[4]　法條全文參見「全國法規資料庫」：https://law.moj.gov.tw/LawClass/LawAll.aspx?pcode=H0170075

內含與外延。該法第三條第一款如是寫：

　　本法所稱文化創意產業，指源自創意或文化積累，透過智慧財產之形成及運用，具有創造財富與就業機會之潛力，並促進全民美學素養，使國民生活環境提升之下列產業：（以上是「內含」，以下列出16類產業是「外延」。）

　　這段文字先規定「文化創意產業」的「內含」。它規定文化創意產業的「內含」（特徵、條件、資格）為：「源自創意或文化積累，透過智慧財產之形成及運用，具有創造財富與就業機會之潛力，並促進全民美學素養，使國民生活環境提升之……產業」。[5]

　　也就是說其「內含」除了 1.「創意」或「文化累積」為「必要條件」之外，還有 2.「透過智慧財產權」、 3.「具有創造財富與就業機會之潛力」、 4.「促進全民美學素養」以及 5.「使國民生活環境提升」等4個「必要條件」，總共5個必要條件；也就是說「內含」有5項。

　　該法第三條隨後就列出「文化創意產業」的「外延」：

一、視覺藝術產業。

二、音樂及表演藝術產業。

三、文化資產應用及展演設施產業。

四、工藝產業。

五、電影產業。

六、廣播電視產業。

七、出版產業。

八、廣告產業。

---

[5] 在解釋這段文之前，我們必須先注意到《文化創意產業發展法》這個標題和其「內含」之間的重要差異，關於這個差異或不一致，請參見賀瑞麟（2019）。

九、產品設計產業。

十、視覺傳達設計產業。

十一、設計品牌時尚產業。

十二、建築設計產業。

十三、數位內容產業。

十四、創意生活產業。

十五、流行音樂及文化內容產業。

十六、其他經中央主管機關指定之產業。

也就是說「外延」有16類。其中第16類當然是為了保留彈性，這是可以理解的。當然，不論幾類，重點是如果這16類都能符合上述的必要條件（共5個），那麼這16類產業就不是16「個」產業，而是「同一類」產業：文化創意產業。

關於《文化創意產業發展法》第三條第一款中「文化創意產業」的內含與外延，整理如圖8-7。

也可以如圖8-8所示。

三、文化創意產業：文化基底、創意元素、產業連結

上文是根據《文化創意產業發展法》的文字，從「內含」與「外延」來談文化創意產業的定義。本節要從「文化」、「創意」和「產業」三個範疇的交互關係來說明文化創意產業是什麼。

「文化創意產業」是由「文化基底」、「創意元素」和「產業連結」這三個不可或缺且環環相扣的部分結合而成。

首先，「文化基底」是指一個地區（如屏東）所擁有的獨特文化傳統和資源；文化的基本可以是具體的「物質和器物」，也可以是「社會制

本法所稱文化創意產業，指源自創意或文化積累，透過智慧財產之形成及運用，具有創造財富與就業機會之潛力，並促進全民美學素養，使國民生活環境提升之下列產業： ◁ 內含

一、視覺藝術產業。
二、音樂及表演藝術產業。
三、文化資產應用及展演設施產業。
四、工藝產業。
五、電影產業。
六、廣播電視產業。
七、出版產業。
八、廣告產業。 ◁ 外延
九、產品設計產業。
十、視覺傳達設計產業。
十一、設計品牌時尚產業。
十二、建築設計產業。
十三、數位內容產業。
十四、創意生活產業。
十五、流行音樂及文化內容產業。
十六、其他經中央主管機關指定之產業。

圖8-7　《文化創意產業發展法》中的內含與外延⑴。

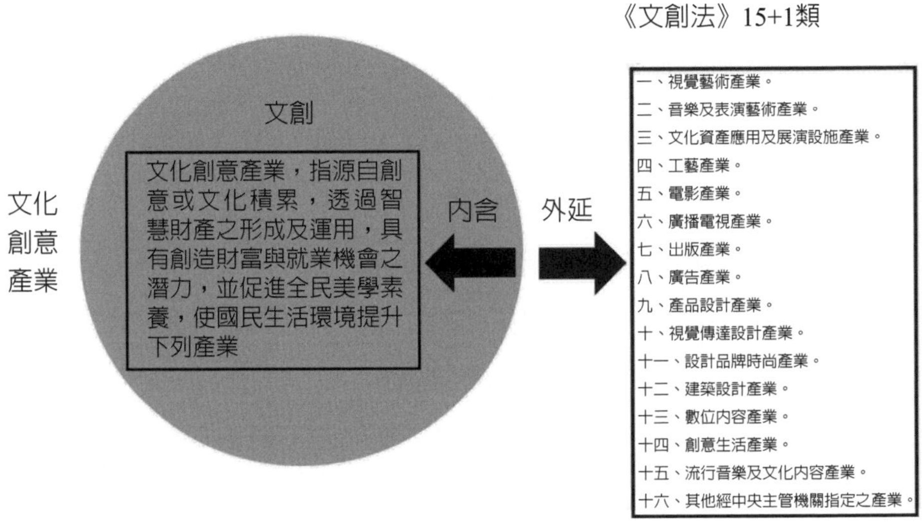

《文創法》15+1類

文化創意產業

文創

文化創意產業，指源自創意或文化積累，透過智慧財產之形成及運用，具有創造財富與就業機會之潛力，並促進全民美學素養，使國民生活環境提升下列產業

內含　外延

一、視覺藝術產業。
二、音樂及表演藝術產業。
三、文化資產應用及展演設施產業。
四、工藝產業。
五、電影產業。
六、廣播電視產業。
七、出版產業。
八、廣告產業。
九、產品設計產業。
十、視覺傳達設計產業。
十一、設計品牌時尚產業。
十二、建築設計產業。
十三、數位內容產業。
十四、創意生活產業。
十五、流行音樂及文化內容產業。
十六、其他經中央主管機關指定之產業。

圖8-8　《文化創意產業發展法》中的內含與外延⑵。

度」，甚至是最為抽象的「意義和理念」[6]）。文化基底提供了豐富的素材和資源，為創意的產生提供了土壤，是文化創意產業的基石，也是創意元素的重要來源。賴聲川（2006：342）曾說：雖然近年來，「文化創意產業」變成很流行的行業，但事實上我們必須看清楚：「創意產業」必須依賴「創意」才能成立；「創意」又必須依賴「文化」才能茁壯。這是一個前後連鎖的關係，沒有文化就沒有創意，沒有創就沒有創意產業可言。

所以很明顯，創意要成為一種產業，首先必須有很好的創意。這一點都不奇怪，但並不容易理解。

再者，「創意元素」是指創意、創新和設計等方面的元素。它們通常包括新奇的構想、原創的作品和創新的產品或服務。「創意元素」是文化創意產業的核心，它們以「文化基底」為基礎，通過創意的加值，將傳統文化轉化為具有商業價值的產品。

最後，「產業連結」是指文化創意產業與其他相關產業之間的關聯。這包括與媒體、科技、設計、旅遊、娛樂等領域的產業之間的連結和合作。透過與其他產業的結合，文化創意產業能夠將創意商品推向市場，實現商業價值和經濟效益。同時，產業連結也能夠為文化創意產業提供更多的發展機會和資源，促進其持續的創新和成長。

綜合來說，「文化基底」提供了豐富的文化資源和素材，「創意元素」將這些資源轉化為具有商業價值的產品，而「產業連結」則將這些產品與市場和相關產業鍵結起來。這三者環環相扣，交互滲透，是文化創意

---

[6] 「文化」有三個層次：器物、制度和理念，這一觀點來自英國人類學家威廉斯（Raymond Williams）的著作《文化與社會：1780至1950年英國文化觀念之發展》（Culture and Society），中譯本見彭淮棟（譯）（1989）。威廉斯是20世紀後期重要的文化理論家之一，他在該書中探討了文化的多樣性和複雜性，將文化分為物質層面、社會結構層面和意義層面。另外，類似但略為不同的「三層次說」（物質文化、制度文化和精神文化），也可以在楊明華編著（2009）中看到。本文所採用的三層次說，是結合上述兩種說法而成：器物（物質）、制度（社會）、理念（精神）。

產業重要的「三一體」（trinity）（圖8-9）：

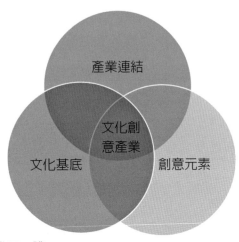

圖8-9　文化創意產業三一體。

　　讓我們總結一下，在這一節裡我們已經先從「內含」與「外延」和《文化創意產業發展法》來說明「文化創意產業」的定義，也從「文化基底」、「創意元素」和「產業連結」這三者的交互關係來理解何謂「文化創意產業」。在下一節裡，我們進一步說明什麼是「屏東的」文化創意產業。

貳、什麼是屏東的文化創意產業

　　在這一節裡，我們會先說明什麼是「屏東的地方特色」，再說明具有「屏東特色的文化創意產業」是什麼。

一、屏東的特色是什麼：地方特色或在地性

　　屏東的地方特色是什麼？通常我們說一個地方的特色是指這個地方的「獨特性」、跟其他地方不同也不會被其他地方所取代的一些特性，這些特性是當地特有的，只有「在」當「地」才有，所以我們也可以稱之

為「在地性」[7]；這種地方的獨特性可能跟當地的「空間—地理」或「時間—歷史」有緊密的關係。

屏東的地方特色有以下幾個方面：

1. 自然景觀：屏東擁有豐富多樣的自然景觀，包括高聳的山脈、廣闊的平原、美麗的海岸線、蜿蜒的河川，甚至還有小型的沙漠和高原景觀[8]。著名的觀光景點包括墾丁、三地門與霧臺、小琉球、大棚灣等，吸引了大量遊客。

2. 族群文化：屏東有豐富而多元的族群文化，漢人（外省、閩南、客家）、原住民和新住民，不論在是在美食或工藝方面，都體現了多元族群文化的風貌。

3. 農漁特產：屏東擁有肥沃的農田和豐富的漁場，出產各式各樣的農產品和海產品。著名的特產包括蓮霧、芒果、鳳梨、可可、石斑魚等。

4. 節慶活動：屏東積極推動節慶活動，舉辦各種藝術節、音樂演出、展覽等，提供了豐富多元的藝文體驗。其中較知名的活動是「南國漫讀節」、「半島歌謠祭」、「南國音樂節」、「屏東燈會」、「熱帶博覽會」、「三大日音樂節」等。

總而言之，屏東以其多樣的自然景觀、豐富的族群文化、特色的農漁產品、活躍的節慶活動而聞名，成為臺灣旅遊的熱門目的地之一。當然，屏東縣以外的遊客多半都只知道墾丁、小琉球，實際上屏東山區的原民文化、六堆地區的客家風情，以及近年來屏東市區裡的許多文化觀光景點開始大放異彩，讓外地遊客逐漸了解，屏東不是只有墾丁，即使是在屏東市也有許多景點可以進行短則一日遊，多則數日遊的旅遊行程。

---

[7] 通常「在地性」這個詞是要突顯「接地氣」，但我們在這裡把它詮釋為「只有在當地才有的特性」。

[8] 港仔沙漠和旭海草原，這兩者也許不是真的沙漠或高原，但具有類似的「景觀」。

二、屏東的文化創意產業：具有屏東地方特色的文化創意產業

在屏東這塊土地上的產業，未必都是具有地方特色的產業；「地方產業」未必等於「在地產業」，後者是具有當地特色或「只有在當地才有」[9]的產業。這些產業由於結合了在地的創意（或地方特色的創意），因而無法複製，也無法被取代。將具有在地創意的產業，結合屏東特有的文化，就是具有屏東地方特色的文化創意產業。

如果我們從「器物」（或物質）、「制度」（或社會）、「理念」（或精神）三個層面來看屏東的文化，有如下三個特色：

1. 器物（或物質）層面：在屏東的文化中，屬於這個層面的有：傳統建築、藝術品、手工藝品、傳統服飾、在地美食等。這些物質文化反映了屏東地區的歷史、生活方式、傳統技藝和經濟特色。透過研究這些物質文化，我們可以了解屏東的傳統產業、工藝技術和地方特色。

2. 制度（或社會）層面：制度層面涉及屏東地區的社會組織、傳統習俗和社會結構。這包括宗族制度、社區組織、傳統節慶、宗教活動等。透過研究屏東的制度層面，我們可以了解當地的社會結構、道德倫理和社會互動方式。

3. 理念（或精神）層面：屏東文化的精神層面，包括民間信仰、傳說故事、藝術表演、文學作品等。這些理念層面的元素反映了屏東人民的信仰系統、價值觀念、精神寄託和文化認同。透過研究屏東的理念層面，我們可以了解當地的信仰體系、故事傳說、藝術表演形式和文學創作等。

透過這三個層面的分析，我們可以更全面和深入的理解屏東的文化。

---

[9] 在韓國或日本，有些農特產品只有在當地超市才買得到，這就是具有在地特色的產品。

這種綜合的觀察和研究有助於我們認識屏東地區的獨特文化特色、歷史背景和社會語境。

　　如果要從這三個層面來說明具有屏東特色的文化創意產業，有如下重點：

1. 器物（或物質）層面：從物質文化的角度來培養和發展屏東的文化創意產業。這包括設計和製作以屏東特色爲基礎的手工藝品、藝術品、傳統工藝產品等，並且將其結合現代設計和創新概念，打造出具有獨特性和市場競爭力的產品。屏東有些原住民藝術家[10]創作的作品，即屬於此類。

2. 制度（或社會）和層面：在社會和制度層面上建立支持文化創意產業的環境。這可以包括政府政策的支持、創業環境的改善、法律法規的健全，以及相關的社區組織和產業聯盟的建立。同時，建立培訓機制和資源共享平臺，促進人才培養和知識交流。以產業聯盟或各種協會爲例，如「屏東縣文化資產維護學會」、「屏東縣創意產業發展協會」、「屏東縣藝術與文創產業聯盟」，即屬於此類。

3. 理念（或精神）層面：注重屏東文化的精神層面，將文化的意義與創意產業結合。這可以包括探索屏東的傳統民間信仰、故事傳說、藝術表演形式等，並將其融入文化創意產品的設計和表達中。如本章要討論的恆春搶孤、東港迎王船等結合文化活動而形成的節慶產業，即屬於此類。

　　這三個層面，表現具有屏東特色的文化創意產業的各種樣態。文化不是只有最上層的精神文化，也有底層的器物文化；到美術館參觀藝術作品，是一種文化活動，而到夜市吃小吃，也是涉及到器物文化的活動，端看我們怎麼理解「文化」這一詞。對「文化」的理解不同，就會影響我們對「文化創意產業」的理解。本章所使用的「文化」都是以這種最廣義、包括三層面的意義來理解的。

---

[10] 如撒古流・巴瓦瓦隆（排灣語：Sakuliu Pavavaljung），參照「屏東的美術」一章。

至此為止，我們都是從「理論層面」來看「文化創意產業」和「屏東的文化創意產業」，接下來，我們要從「實務層面」，討論「屏東的文化創意產」的一些實例。

參、屏東文化創意產業的案例分析與討論

由於「屏東的文化創意產業」涉及的面向很廣，跟本書其他章節會有交涉的部分，如「屏東」、「文化」和「藝術」（藝術產業是文化創意產業的重要部分）；我們的處理方式是：為避免重覆，涉及從「空間／地理」、「時間／歷史」來看「屏東」的部分，請參見「屏東縣社會發展的軌跡與形塑」以及「日治時期屏東歷史與文化」二章；涉及族群與文化的部分，請參見「日治時期屏東歷史與文化」、「屏東的魯凱（rukai）族與排灣（paiwan）族」二章；而涉及「藝術」的部分，請參見「屏東文學」、「屏東美術」和「屏東音樂」三章。此外，由於「屏東的文化創意產業」的案例很多，我們只能在篇幅允許的範圍內，討論一些代表性的個案，因此難免會有不周全之處。我們會從如下幾個方面來討論：㈠展演空間與文化園區、㈡歷史空間活化、㈢文化資產（古蹟與歷史建築）、㈣文化活動與文化觀光。

一、展演空間與文化園區

這裡要討論的案例是一個縣級的展演空間與兩個國家級的大型文化園區：屏東演藝廳、臺灣原住民族文化園區與六堆客家文化園區。

㈠屏東演藝廳（圖8-10）

建物空間包括「音樂廳」、「實驗劇場」、「戶外廣場」、「排練室」等[11]，而管理單位「屏東縣政府文化處」也位於此處：

[11] 參考網頁：屏東縣政府文化處／藝文館所／關於演藝廳：https://www.cultural.pthg.gov.tw/cp.aspx?n=040C2E641649E073

圖8-10　（易毅成拍攝）

「屏東演藝廳」隸屬於屏東縣政府文化處，位於農委會高雄區農業改良場舊址，與國立屏東大學民生校區為鄰，對面是「屏菸1936文化基地」。建築設計充滿律動感，以多樣化的服務機能，滿足不同展演活動的需求。

「音樂廳」擁有一臺全臺唯一有「flute Formoas」音管之管風琴，空間採鞋盒式形式，適合古典樂類音樂表演，可容納1,040人。

「實驗劇場」採黑盒子形式，可供實驗性戲劇和舞蹈表演等使用，容納120-180人。

「戶外廣場」（圖8-11、8-12）是一處多元藝文活動的綜合使用空間，搭配傳統臺灣三合院的概念，如同過往的「埕」，形成了開放通透的空間，約可容納1,200人。

圖8-11　（易毅成拍攝）

屏東南國藝術節，以屏東多元藝術內容為主軸，促進屏東在地藝術與民眾的交流。

「2018南國音樂節」，邀請國內外知名音樂團體演出。以優質的音樂饗宴，豐富屏東的聽覺美感。

圖8-12　（易毅成拍攝）

㈡臺灣原住民族文化園區（圖8-13-8-15）

圖8-13　（易毅成拍攝）[12]

　　「臺灣原住民族文化園區」位於瑪家鄉，屬行政院原住民族委員會文化園區管理局管轄。成立於1985年，占地面積約82公頃。園區劃分迎賓、塔馬路灣、娜麓灣與富谷灣四大展區，展示臺灣原住民族各族文化。2016年4月16日正式營運的「山川琉璃吊橋」，入口在園區附近。

---

[12] 原住民族文化園區之照片參考網頁：原住民族委員會原住民族文化發展中心／臺灣原住民族文化園區：https://www.tacp.gov.tw/

圖8-14 （易穀成拍攝）

部落文創美學概念館，展示與販售原住民
文創商品

圖8-15 （易穀成拍攝）

傍晚閉園時刻，延請原住民歌手與舞者，
帶動來賓跳起歡送舞。

(三)六堆客家文化園區（圖8-16-8-18）

　　園區為客家委員會客家文化發展中心所轄，位於屏東縣內埔鄉；內埔
鄉為六堆之後堆所在，約處南北走向的六堆聚落之中心位置。園區設立宗
旨與規劃如下：[13]

　　園區座落於屏東縣內埔鄉，於民國100年（2011年）10月22日
正式開園，園區位於內埔、長治及麟洛三鄉交界處，占地約30公
頃，定位以展示臺灣客家文化、常民生活體驗為主軸，具備語言

---

[13] 引自網頁：客家委員會客家文化發展中心‧六堆客家文化園區／：https://thcdc.hakka.gov.tw/8268/

圖8-16　（易毅成拍攝）

紙傘是美濃的知名工藝，具有鮮明的辨識度，可謂臺灣客家文化的一個名片。建築群以傘架形象設計，採開放形體，以節能與彈性空間的方式使用。

圖8-17　（易毅成拍攝）[14]

園區公共藝術《移墾耕讀》的一部分，此景為母牛與幼犢之慈與愛的畫面，暗喻客家「長幼有序」的親情倫理關係。

圖8-18　（易毅成拍攝）

菸葉種植是部分六堆地區重要的生產活動，近年才停止生產。菸樓是燻烤菸葉的場所，是許多六堆鄉親的共同記憶。

---

[14] 照片說明參考：六堆客家文化園區《移墾史詩 大地劇場—六堆客家文化園區公共藝術設置計劃》

文化傳習、展演行銷及休閒遊憩功能。空間規劃有自然草原區、田園地景區、傘架客家聚落區及九香花園伯公區四大區域。從象徵六堆客家人開墾精神的自然景觀為起點，到建立農田水利的田園地景區、再到象徵團結合作的傘架聚落景觀，最後以現代建築作為新原點，用全新的詮釋觀點，刻劃六堆先民與土地互動的歷史軌跡，傳達南部客家文化永續的繁衍。

二、歷史空間活化

這裡要討論的歷史空間活化的幾個案例，除了「竹田驛園」位於屏東縣竹田鄉之外，其他案例都位於屏東市區之內，是近年來屏東市區熱門的旅遊景點：屏東縣立圖書館總館、屏菸1936文化基地、勝利星村創意生活園區V.I.P Zone、屏東縣民公園、竹田驛園。

㈠屏東縣立圖書館總館（屏東總圖）[15]（圖8-19-8-22）

圖8-19　（圖片來源[16]）　　屏東縣立圖書館總館外觀（南側）

---

[15] 參考自「屏東縣文化處」官網／藝文館所／屏東縣立圖書館總館／關於我們：https://www.cultural.pthg.gov.tw/library/Default.aspx

[16] 參考自「屏東縣文化處」官網／藝文館所／屏東縣立圖書館總館／關於我們／樓層簡介：https://www.cultural.pthg.gov.tw/library/cp.aspx?n=8A456EBC154ED1EB

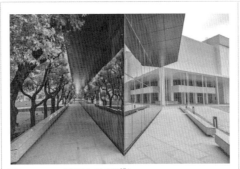

圖8-20　（圖片來源[17]）　　　屏東縣立圖書館總館外觀（大廳外）

圖8-21　（圖片來源[18]）　　　屏東縣立圖書館總館一樓幼兒區

圖8-22　（圖片來源[19]）　　　屏東縣立圖書館總館四樓石板屋

---

[17] 參考自「屏東縣文化處」官網／藝文館所／屏東縣立圖書館總館／關於我們／樓層簡介：https://www.cultural.pthg.gov.tw/library/cp.aspx?n=8A456EBC154ED1EB

[18] 同上。

[19] 同上。

「屏東縣立圖書館總館」是位於屏東市千禧公園內的公共圖書館，隸屬於屏東縣政府文化處。為1983年開館，2020年8月28日新館重新營運。

園區範圍接近5公頃，全臺唯一的森林系圖書館。規劃設計時，捨去建築面積，只為保留整片50年老樟樹的款款綠意，並新植大量鳳凰木、風鈴木及苦楝樹，從館內到館外，編織樹影婆娑的迷濛感覺；夏季到冬季，四季交迭不同自然樣貌。這是松鼠、鳥兒與我們都愛的林蔭環境，2、3樓偌大的戶外陽臺，讓每位讀者細品眼前樹冠與遠方大武山所漸變出不同層次的綠意。

這座建築物是屏東人的記憶，在保留建築歷史與提升營運功能之間的取捨，格外考驗設計能力。館內盡可能保存原有的空間格局，但藏書空間從原本的13萬冊提高為40萬冊，兒童區閱讀空間擴大2倍以上，座位由150席增加500席，另外維持5樓演講廳200席的功能，也在4樓屏東文學區保持珍藏35年的石板屋。

㈡屏菸1936文化基地[20]

菸燻・老故事

2022年春天，曾經見證屏東產業輝煌史的菸葉廠，以「屏菸1936文化基地」嶄新的身份重生，承接著地方記憶，轉化為具有歷史意義的新地標。

前身為屏東菸葉廠的文化基地，設立於1936年，原名為「屏東支局葉菸草再乾燥場」，自日治時期即負責屏東菸區耕作技術指導、收購與加工貯存的工作；1949年國民政府來臺後，改為「臺灣省菸酒公賣局屏東菸葉加工廠」，菸葉廠負責的菸區栽種面積不斷擴大，不僅勝過嘉義、花蓮地區，成長幅度更超越臺中；1953年屏東菸葉加工廠正式歸併並成立捲菸部，改稱「臺灣省菸酒公賣局屏東菸葉廠」；1965年12月捲菸部撤

---

[20] 「屏菸1936文化基地」的官網：https://www.cultural.pthg.gov.tw/pt1936/Default.aspx

銷，菸葉廠恢復以菸葉乾燥加工爲主要工作，在逐年因應業務需求增建廠房之下，全廠區占地約4.2公頃，銘刻著屏東曾以稻米、蔗糖、菸葉領先全臺的時代印記。後因廢止專賣制度、禁菸政策、開放國外菸品競爭等因素，國內菸業產量逐年減少，2002年10月屏東菸葉廠停止運作，行政業務轉移至內埔菸廠。

在關廠後的20年間，屏東縣政府針對菸葉廠的歷史發展、建築空間運用與文化資產價值等面向，進行深度的檢視。2010年縣政府將屏東菸葉廠的除骨加工區、複薰加工區、鍋爐室、中山堂登錄爲歷史建築，進行修復再利用工程，爾後爲能完整工業遺產意義，2017年將全廠區擴大登錄爲歷史建築。

金葉・再生

在政府、各領域學者、民眾的多方共識下，「屏東縣大博物館計畫」焉然而生，運用屏東產業史上極具代表性的菸葉廠作爲醞釀文化的基地，透過「用產業說屏東故事」、「用藝術描繪屏東靈魂」及「讓兒童創造屏東未來」的策略，規劃設置「屏東菸葉館」、「屏東客家館」、「屏東原民館」、「沉浸式體驗館」、「屏東縣立美術館」、「屏東縣典藏庫房」等，藉由博物館的專業，保存並發揚地方知識，亦作爲藝文資源整合、合作平臺，以動態、開放、永續的精神，與縣民共同傳承、詮釋、展演、創造屏東文化魅力。

「屏菸1936文化基地」（圖8-23-8-25）預計分階段開放，目前（2023年）已開放區域包括菸葉館、客家館、原民館、沉浸館、特展空間、商業空間，未來將持續透過多元展示及活動，打造品牌化的屏東縣博物館，從而建立起地方文化自信，深耕居民與土地的關係，成爲屏東縣安居樂業、立足世界的文化前鋒與後盾。

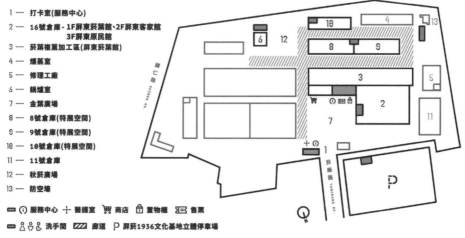

園區平面圖

1 — 打卡室(服務中心)
2 — 16號倉庫 - 1F屏東菸葉館、2F屏東客家館
　　　　　3F屏東原民館
3 — 菸葉複薰加工區(屏東菸葉館)
4 — 燻蒸室
5 — 修理工廠
6 — 鍋爐室
7 — 金葉廣場
8 — 8號倉庫(特展空間)
9 — 9號倉庫(特展空間)
10 — 10號倉庫(特展空間)
11 — 11號倉庫
12 — 秋菸廣場
13 — 防空壕

━ ⓘ 服務中心　╋ 醫護室　🛒 商店　🔒 置物櫃　🎫 售票

━ 👥 洗手間　▨ 廊道　🅿 屏菸1936文化基地立體停車場

未標註區域為未開放場地

屏菸1936文化基地

圖8-23　園區平面圖[21]

PT1936

圖8-24　（圖片來源[22]）

「屏行宇宙」沉浸體驗特展
111.10.07–112.10.31

屏菸1936文化基地8、9號倉庫

---

[21] 圖片來源：「屏菸1936文化基地」的園區地圖：https://www.cultural.pthg.gov.tw/pt1936/cp.aspx?n=12F76FBDFA4DF8C6

[22] 圖片來源：「屏菸1936文化基地」的官網：首頁／展覽活動／展覽與電子DM：https://www.cultural.pthg.gov.tw/pt1936/News.aspx?n=8E5540CA059309A8&sms=9775CFD2833343CC

圖8-25　（圖片來源[23]）

菸·葉·廠—複薰的金黃記憶（常設展）

（三）勝利星村創意生活園區V.I.P Zone[24]

勝利星村歷史

　　1927年日本陸軍飛行第八聯隊進駐屏東，合併先前的警察飛行班，1936年再擴編為第三飛行團，為了安置軍方人員，在附近興建大批官舍，戰後做為國軍眷村接收並再增建，自此讓屏東市區充滿了濃厚的眷村文化風情。

　　勝利星村創意生活園區為全臺灣保存規模最大、數量最多、最完整的日式軍官宿舍建築群，落成時間橫跨日治時期及戰後初期。在屏東縣政府的努力下，2018年爭取文化部「再造歷史現場專案計畫—屏東飛行故事再造歷史場域計畫」，陸續完成修復屏東勝利、崇仁（成功區）、崇仁（通海區）眷村的眷舍空間；同年並將園區正式命名為「勝利星村創意生活園區」，形成了特色創意聚落以及街區，加上推動及扶植地方文創人

---

[23] 同上。

[24] 參考自「屏東縣文化處」官網／藝文館所／勝利星村 V.I.P Zone／園區介紹：https://www.cultural.pthg.gov.tw/vipzone/cp.aspx?n=E70CCEB6206F3DF7

才，加大了屏東在地文創能量的永續發展。園區不僅傳承了眷村文化，更希望藉由各式各樣的活動，讓民眾深刻體驗臺灣的多元性文化及保存的價值意義。

勝利星村介紹（圖8-26-8-30）

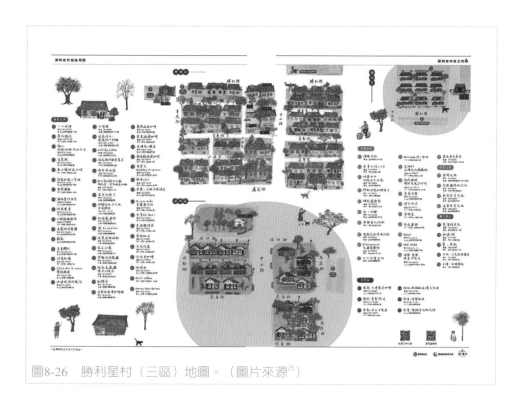

圖8-26　勝利星村（三區）地圖。（圖片來源[25]）

　　勝利星村創意生活園區範圍有勝利新村、崇仁新村成功區與崇仁新村通海區，與中山路及勝利路連接，步行距離5-15分鐘，現階段共有73棟歷史建築為屏東縣政府管理並加以積極活化，達到資產再利用之最佳效益。2018正名為「勝利星村創意生活園區V.I.P Zone」。「星」意指：「承將軍居住之地之先，啟培養明日之星之後」，為新式眷村體驗基地，亦為屏

[25] 參考自「屏東縣文化處」官網／藝文館所／勝利星村 V.I.P Zone／園區介紹／園區地圖：https://www.cultural.pthg.gov.tw/vipzone/cp.aspx?n=94E083C3BB5C8358

圖8-27　園區不定時的文創市集。（圖片來源[26]）

圖8-28　園區夜景。（圖片來源[27]）

圖8-29　（賀瑞麟拍攝）　　　　　勝利星村的特色店家

---

[26] 參考自「屏東縣文化處」官網／藝文館所／勝利星村V.I.P Zone／首頁：https://www.cultural.pthg.gov.tw/vipzone/

[27] 同上。

圖8-30　（易穀成拍攝）

位於屏東市青島街106號的「將軍之屋」，過去是鳳山陸軍官學校校長的官舍。因校長的官階都是少將以上，所以稱為「將軍之屋」，估計曾住過30多位將軍。目是勝利星村創意生活園區的服務中心，提供有關園區各類型的資訊。

東之櫥窗，展現過去的歷史記憶、空間與現代生活融匯，造就了獨樹一格的「勝利星村生活風格」（victorystar lifestyle）。

　　勝利星村創意生活園區內設有常設館：將軍之屋暨服務中心、孫立人將軍行館分別作爲整合眷村原住戶／眷村進駐商家、青年能量、市民大眾的主體館舍，周邊設有特色餐廳與咖啡館、親子餐廳、獨立書店、藝文展覽，讓眷村不再只是歷史文化的展示場域，更是城市的舊城核心區域。

文創進駐策略現況

　　截至目前爲止，勝利星村創意生活園區已有80個品牌進駐，類型多元，包括餐飲業、服飾織品業、在地特色選物店、表演藝術、文學書坊、風格花藝。期望未來勝利星村創意生活園區能夠帶入地方生活，發展文化特色，打造一個「臺灣新式眷村文化與生活風格體驗基地」，讓歷史建築活化再利用。

㈣屏東縣民公園（圖8-31）[28]

　　1909年屏東糖廠設廠營運，帶動殺蛇溪北岸土地產業啟動，經屏東縣府打造，將部分臺糖園區土地更新爲「臺糖縣民公園」，並於107年10

28 參考自「屏東旅遊網」／認識屏東／鄉鎮介紹／屏東市／推薦景點／縣民公園：https://www.i-ping
tung.com/pingtung/view/%E7%B8%A3%E6%B0%91%E5%85%AC%E5%9C%92

圖8-31　縣民公園實景。（圖片來源）²⁹

月15日開放9公頃土地予民眾使用，園區有紙漿廠的古蹟、趣味的特色遊戲場、糖業年輪水景、大樹廣場以及大草原等休憩空間。

　　為顯現臺糖之於屏東的意義，屏東縣府於特色遊戲場建置時，利用早年糖廠種植甘蔗製糖，瓢蟲能夠抵禦害蟲的概念，結合山丘上的甘蔗地景，設立為數不少的瓢蟲，打造活潑生動的遊戲場域，且瓢蟲又象徵傳遞追求夢想的勇氣與無窮希望，讓遊戲場包括歷史文化意義的傳承外，也傳遞勇於接受挑戰的概念。另配合2019臺灣燈會在屏東之後續典藏計畫，園區內移入多座燈會期間之燈組，再次點亮於縣民公園。

　　現今，為提供更舒適且有趣的休憩空間給縣民使用，耗時長達5年多，總經費3.9億的「屏東縣民公園」已於110年2月5日正式啟用。屏東縣府將荒廢27年的臺糖舊紙漿廠遺構活化再生，融入全新的殺蛇溪水岸藍帶與綠帶，打造臺灣第一處以工業遺構為核心，複合水岸廊道的園區。園區總占地20公頃的地景，複合歷史、人文、生態、景觀、水岸等特質；

---

²⁹ 同上。

獨特的設計，創造了銜古接今的全新地景，讓舊工業遺址以多元生態的休閒體驗樣貌再生。

　　屏東縣民公園屢屢獲獎，自開園以來至2021年，已連獲10多項國際獎項肯定[30]，已經成於為屏東市歷史空間活化的重要地標之一。

㈤竹田驛園

　　竹田舊名「頓物」，竹田車站原名「頓物驛」，初建於日治大正八年（1919），昭和十四年（1939）擴建成現在的木造車站。建物為日式傳統「四柱造」形式，是目前臺灣僅剩的少數木造火車站。2000年結合週邊設施整體規劃改造後，命名「竹田驛園」[31]。竹田驛園保留了臺灣舊時的村落鐵道車站景象，也為快速變化的現代，記錄了昔日一幕幕溫馨感人的族群故事。

1. 竹田風味尋訪

　　(1) 竹田驛站（圖8-32-8-33）

圖8-32　　（易毅成拍攝）

---

30 參見「美國IDA設計獎入袋！屏東縣民公園1年獲12座國際獎肯定」（https://news.ltn.com.tw/news/life/breakingnews/3799835 自由時報2022/01/13）以及「屏東縣民公園形象廣告獲德國紅點、美國高峰創意獎肯定」（https://udn.com/news/story/7327/6665867 聯合新聞網，2022/10/07）。

31 當地「竹田驛園」設立說明文。

圖8-33　舊式列車時刻表（左）與候車木製長椅（右）。（易毅成拍攝）

　　竹田，因境內溪流密布，為六堆米穀集散地，故名「頓物」。日治大正八年（1919年）築潮州線鐵路，於此設驛站。亦為臨近之萬巒、內埔鄉民旅、運所據。1991年因營運下降，更為簡易站。鐵路局原議拆除，經爭取後保留。經行政院文建會核定為鐵道文化驛園區。[32]

　　(2)池上一郎文庫（圖8-34-8-35）

圖8-34　　（易毅成拍攝）

池上一郎畢業于東京大學醫學部，二戰時徵招入伍，1943年晉升少佐，被派認為竹田庄附近的野戰病院院長。任職期間常義診鄉民，救人無數，深得鄉民敬重。戰後返日，繼續行醫，濟助留日學生。晚年念茲在茲其第二故鄉—竹田，捐贈文史書籍及獎助學金。竹田鄉公所為感懷先生德澤，特立「池上一郎文庫」。[33]

---

32 資料來源：竹田車站〈竹田驛站簡史〉
33 文引自：竹田鄉公所「池上一郎文庫」設立說明文。

圖8-35　（易穀成拍攝）　　　　　　　池上一郎贈書

2.地方歷史空間活化與傳統產業創新

(1) 碾米廠的活化：「大和頓物所」咖啡廳（圖8-36）

圖8-36　「大和頓物所」咖啡廳，為舊碾米廠改建而成。（易穀成拍攝）

(2) 客家傳統產業再創新：「豆油伯」本鋪（圖8-37）

　　「豆油伯」本鋪，竹田在地生產者，除了開發多樣的醬油商品外，也積極地以文創發展設計包裝。例如以客家五花：樹蘭、桂花、新丁花、含笑花與夜合花的花語與含義，設計小巧的醬油瓶。

圖8-37 （易毅成拍攝）

三、文化資產（古蹟與歷史建築）

這裡要討論的文化資產，為有形的文化資產：佳冬蕭家古厝、宗聖公祠、邱姓河南堂忠實第和老七佳，其中老七佳為準世界文化遺產，蕭家古厝和宗聖公祠為縣級古蹟，而邱姓河南堂忠實第為歷史建築。

㈠佳冬蕭家古厝[34]

蕭家古厝（縣級古蹟）（圖8-38-8-39）

蕭家是早期佳冬大戶，當時人丁眾多，才人輩出，其宅第所在被喻為上乘龍穴，建築至今還留存有古厝、步月樓、洋樓、碾米廠等，其中古屋和步月樓被列為三級古蹟。

---

[34] 屏東縣佳冬鄉公所：https://www.pthg.gov.tw/townjto/cp.aspx?n=2E29A2C51D0E455F&s=0825E6EFC7C8919A

圖8-38　蕭家古厝正面（易毅成拍攝）

蕭家古厝：延請唐山師傅，歷經蕭氏三代建造，於清光緒年間才完工。日治時期曾整修，所以兼有原鄉與日治時代不同的建築特色。

圖8-39　蕭家古厝側面（易毅成拍攝）

蕭家最初以釀酒為業，後又從事染布生意即碾米業。家業不斷地發展後，設立「蕭協興號」商行。在東港、佳冬一帶經營貿易活動，並以海運將生意拓展至臺南。

　　蕭家古屋，面積4千多平方公尺，共有50多間房間，可容納近百人居住，是全臺灣唯一的客家五進大屋古蹟。

　　蕭宅的大門帶有巴洛克風格，空間布局是一種回字形的圍籠式格局，具防禦功能，見證六堆客家的族群住宅特色。布局有5進堂屋和4個內埕，左右對稱。宅內第一至四堂有百年以上歷史，第五堂則為日治時期增建。屋頂由前而後逐漸加高，以第四堂最高，登堂入室步步高升，充分反映中國傳統倫理尊卑次序的觀念。

　　庭院由第一落起逐漸減縮，到第四落時已是一個幾乎全部封閉的空

間，使庭院具有隱私感；內部陳設簡單，色彩以朱、黑色爲主，屋脊全爲馬背型，房間門口掛竹簾……，都是六堆客家住宅的特色，書卷窗、甕窗、八卦門等古拙的雕飾造形，也是佳冬蕭宅的一大特色。

蕭家原籍廣東梅縣，十九世來臺第一代蕭家祖先蕭達梅（清朝嘉慶年間）渡海來臺，以釀酒爲業，後來又從商改作染布與米穀業而致富，古屋的廚房中，還可看到昔日釀酒的場地。

大屋是仿家鄉故居的格局所建造的，延聘唐山師傅建造，建築材料也從大陸船運來臺，大宅的新建工程相當緩慢，從二十世蕭清華（清光緒年間）開始建造，二十一世蕭光明時才完成。

蕭家祖屋管理委員會管理，是屏東縣第一個民營化古蹟，例假日上午九時至下午五時開放外界參觀，非假日只提供團體預約，採取收費措施，所得用來維護古宅修繕，參觀必須先預約。

(二)邱姓河南堂忠實第（原屏東縣鄉土藝術館）[35]

邱姓河南堂忠實第（歷史建築）（圖8-40）

圖8-40　邱姓河南堂忠實第（圖片來源）[36]

---

[35] 屏東縣文化處網頁：https://www.cultural.pthg.gov.tw/cp.aspx?n=36D04B8B78AFA510
[36] 同上。

邱姓河南堂忠實第，位於屏東市中正國中西北角，坐落於昔日阿猴郡的客家伙房四合院。立足於客家、閩南、原住民各民族進出頻繁的長興一帶，是客家六堆的前堆中的重要地帶。邱家的祖先原居於長興村內，明治28年（西元1895年），六堆抗日最後一場戰爭「牙城」之戰結束後，邱鳳揚派下的子孫移居阿猴東區田寮庄，長兄邱元奎與次子邱元壽，分建客家伙房合院兩座，分南北兩邊相鄰，邱元壽的這棟建築即是目前河南堂忠實第。

　　明治33年（1900），阿緱臺灣製糖股份有限公司成立，邱元壽與兒子邱求順與糖廠公司合作經營製糖事業而蓄積了財富，於是在大正4年（1915）將原先舊宅改建，耗費三年的時間，造就了精美的大合院「河南堂忠實第」。

　　民國80年時，邱氏的兩幢祖厝，因屏東市中正國中擴建校地，遂將土地產權贈予校方，其中，邱元奎宅隨即拆除，成為學校運動場用地；另一幢邱元壽宅，經地方文化、藝術界人士，積極力爭保留，整修為「鄉土藝術館」，於民國89年4月21日正式開館。

　　民國110年有鑑於館舍名稱「鄉土藝術館」恐使民眾產生主題不明之疑，考量原始名稱較能直接反映此處作為保存客家文化資產的使命與文資教育的意義，故將「屏東縣鄉土藝術館」更名回其原始名稱「邱姓河南堂忠實第」。

　　邱姓河南堂忠實第，是目前屏東市境內保存最完整的客家歷史建築，平時提供地方舉辦展覽、社區藝文中心或親子教學研習中心，也提供國中小在地鄉土教育場所，館內有著細緻且重要客家文化，裡頭的「木雕」、「交趾陶」、「剪黏」、「泥塑」、「彩繪」裝飾藝術非常豐富，讓本館更添加傳統歷史建築氣氛。

(三)宗聖公祠[37]

宗聖公祠（縣級古蹟）（圖8-41）

圖8-41　宗聖公祠（圖片來源）[38]

　　宗聖公祠供奉「宗聖」曾子、曾子父親曾點、曾姓遠祖夏禹王及六堆客家曾氏宗族歷代祖先，是臺灣著名的客家宗祠。創建於日昭和2年（1927），日昭和4年（1929）完工。

　　當時由前清秀才曾寶琛提議興建，出資者是六堆客家祭祀公業曾裕振、曾啟蒼公嘗，宗祠兼作為到屏東市唸書子弟或辦事族人寄宿聚會之所。

　　昭和16年（1941），嘗會改名為「曾裕振土地株式會社」，當時亦接受其他同宗族親入股，每股入股金50元，後共籌到股份1,200股，但原則上仍以原有六大戶為主要權屬。

---

[37] 文化部網頁：https://cloud.culture.tw/frontsite/inquiry/emapInquiryAction.do?method=showEmapDetail&indexId=45268

[38] 同上。

太平洋戰爭期間，日本軍人借住於此，門窗前的鐵柱均被剪斷以供做戰時子彈的原料。

民國87年（1998），屏東縣立文化中心委託何清朋建築師事務所執行《屏東縣曾姓宗聖公祠調查測繪報告》，該報告提出宗祠價值頗高，亦指出宗祠內已有多處損壞。

民國90年（2001），屏東縣政府出版《宗聖公祠》一書，由曾氏後代子孫曾喜城先生執筆，書中讚揚宗聖公祠之建築、工藝之價值。爾後宗聖公祠在專家學者審查後，於民國91年（2002）正式被公告為縣定古蹟。

民國92年（2003）屏東縣政府委託成大研究發展基金會執行「縣定古蹟宗聖公祠調查研究暨修復計畫」，主持人為建築學系徐明福教授。主要研究內容係針對古蹟修復前作一詳細之調查研究，並研擬修復建議。

民國95年（2006）恆春大地震後，宗祠受損嚴重，經「詩人醫師」曾貴海先生等人奔走，當時文建會南下勘察後，決定立即搶修，獲補助6,700萬元修復經費。然而，由於宗祠屬私有財產，為了修復古蹟，屏東縣政府編列了2,700萬元辦理徵收，這也是屏東縣第一個透過土地徵收搶救的古蹟。

經過三年修復，2012年8月宗聖公祠修復工程竣工，再現上世紀初的富麗堂皇。修復團隊包括規劃監造趙崇欽建築師事務所、施工廠商慶洋營造有限公司與工作報告書永達技術學院賴福林教授等。修復成果並榮獲第13屆公共工程金質獎建築類「優等」，也是當屆唯一的古蹟修復工程案。

㈣老七佳石板屋群落（圖8-42-8-50）

位於春日鄉力里溪上游的老七佳，2009年入選為「臺灣世界遺產潛力點」。據文化部文化資產局公告其「特殊價值」為「展現祖先將人文資源與聚落景觀有機結合的智慧。」其「入選說明」如下：[39]

---

[39] 網頁：文化部文化資產局臺灣世界遺產潛力點／排灣族及魯凱族石版屋聚落／入選說明：https://twh.boch.gov.tw/taiwan/intro.aspx?id=16&lang=zh_tw

圖8-42　（易毅成拍攝）

老七佳海拔高約570公尺，坐落於力里溪上游七佳溪河谷上方的山地。其下方河谷原本狹深、水流湍急清澈，因為近年風災影響，上游山壁土石崩落，以致峽谷受到埋積作用而深淤寬平。。

圖8-43　（易毅成拍攝）

屏東山區谷深溪流彎曲，夏季水流易暴漲沖刷，所以多以吊橋連接交通。原來七佳溪的舊吊橋甚至也被深埋河床，不見蹤影。此為「老七佳吊橋」，以在地原住民的圖騰裝飾橋體，是老七佳重要的入口意象。

圖8-44　（易毅成拍攝）

老七佳石板屋分布圖的石雕，設於聚落入口廣場。石板屋約略沿著等高線分布，小巷蜿蜒曲折卻又環繞通達。頭目家屋位於聚落中心處，族人簇擁而居，有機地顯示部落社會階層與安全機制。

圖8-45　（易毅成拍攝）

屏東中北部山區多板岩，原住民利用其扁平易剝離的特性，將較碎細性質的石板堆疊為牆身，大塊扁平的石板為屋頂之用。至於更南方的山區地質不同，缺少板岩，傳統原住民建築形式因之改變。老七佳約為石板屋分布的南端。

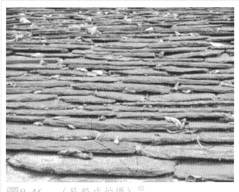
圖8-46　（易毅成拍攝）[40]

屋頂與祖靈的關係：
1. 奉獻給祖靈的祭品擺設處。例如灑祭葉於屋頂、結婚或五年祭宰殺幼豬的儀式。
2. 代表祖靈或天神站立之處。例如站在屋頂灑食物或錢財，象徵天神降福於人間。

圖8-47　（易毅成拍攝）[41]

石板屋是家庭的生命孕育之所，有人的生活，石板屋就有了生命、有了意義；沒有人在屋子裡面升火，沒有人清理維護，石板屋就像一個石頭堆疊的洞窟而已。（石板屋匠師杜蘭胞）

---

[40] 照片解說引自：郭東雄（2019b），報導人為部落資深女巫。
[41] 照片說明引用：郭東雄（2016a）

圖8-48　（易毅成拍攝）

石板屋內的柴火炊煙裊繞，屋頂開窗灑落的光線，在暗黑的室內形成明顯的光柱。光柱隨著陽光強弱與時間流移，上演著光影秀，是現代光電生活中早已遺忘的氣味與風景。

圖8-49　（易毅成拍攝）[42]

頭目貴族家屋在建築構件使用方面，常選擇稀有的材料，藉著隨附著稀有材料的神話、傳說，彰顯自己特別的地位。板岩石材的打剝與搬運，需要相當的集體勞動，越大的石材，須動員的勞力越多。因此，大片石材就必需要動員大量勞動力；也就是權力的象徵。

圖8-50　（易毅成拍攝）

當地的風味餐，以本地的天然食材，運用傳統的料理方式烹調。包括溪魚、溪蝦、山地芋頭、山豬肉、野蔬、「吉那夫」……。

[42] 照片解說引自：郭東雄（2016b）

排灣族及魯凱族石板屋聚落完整地保存排灣族及魯凱族歷史文化遺跡，吸引人類學、建築學等學者的研究興趣，區內的人文資源—聚落景觀與山上自然地景有機結合，配置明顯、保存良好，生動記錄排灣族及魯凱族傳統聚落空間、家屋空間、家屋前庭、採石場、水源地及傳統領域，符合世界遺產登錄標準第二項。

由於日治時代居民遷村至平地，且僻處山區交通不便，也無現代電力，目前居民偶爾利用原有石板屋作為工作基地及休閒，排灣族及魯凱族石板屋聚落歷經長期氣候及時空破壞而處於脆弱狀態，符合世界遺產登錄標準第五項。

四、文化活動與文化觀光

什麼是「文化觀光」？「文化觀光」是一種旅遊形式，強調遊客對目的地的文化和歷史遺產的體驗和欣賞。它結合了旅遊和文化交流的元素，通過參觀博物館、藝術展覽、歷史遺址、傳統節日等活動，遊客可以深入了解當地的文化、藝術、傳統和生活方式。

當然，如上文所述，如果我們從最廣義的三層面來理解「文化」，那麼「文化觀光」，除了最上層的精神文化可以作為觀光對象之外，底層的器物、中層的制度也都可以是我們旅遊的對象。

這裡要討論的文化活動與文化觀光案例有：恆春古城國際豎孤棚觀光文化活動、三年一科迎王平安祭典、黑鮪魚文化觀光季。

(一)恆春古城國際豎孤棚觀光文化活動[43]

1.恆春年度慶典　作伙搶孤慶中元

恆春搶孤、豎孤棚活動是中元節時特有的民俗文化活動。最初原是為

---

43 大鵬灣國家風景區／節慶／恆春古城國際豎孤棚觀光文化活動https://www.dbnsa.gov.tw/Festival-Content.aspx?lang=1&sno=03002417

了救濟生活窮困的民眾，因而將中元節普渡後的豐盛祭品，藉「搶孤、豎孤棚」的方式送出，分享給貧苦人家。

流傳至今已超過百年歷史。如今大家生活環境改善後，恆春鎮公所乃將此別具歷史意義的民俗文化稍作改良、推陳出新成為一個兼具趣味性、挑戰性，並且兼具推動恆春古城觀光旅遊的文化綜合活動。例如有時也會搭配踩街、攝影比賽、兒童豎孤棚等活動舉行。

2. 豎孤棚

豎孤棚主要活動精神是「承續先民人饑己饑、悲天憫人的優良傳統」。目的則是「培養虔誠謙卑、體魄強健的勇漢」。時間訂於每年農曆7月15日中元節晚上吉時。地點在恆春鎮東門古城外側空地。由各路英雄好漢自由組隊參加，參加人員需年滿十八歲。至於每一隊的隊員人數、參與競賽總隊數限制、參賽規則、得獎者的獎金分配等細節，年年不盡相同。須依主辦單位規定。

現今孤棚結構也與早年的不同。早期作法是：豎四根長度三丈六的原木代表恆春城內四座古城，原木上塗滿易滑的牛油，下舖防護網、地板鋪細沙，防止意外。原木上再搭建孤棚，孤棚頂端插放一面錦旗，率先搶得錦旗者即為優勝。

如今將四根原木柱改為卅六柱，參賽隊伍數相對就能擴增。鎮公所廣發英雄帖開放給恆春以外各地好手共襄盛舉，也已經有外籍隊伍越洋來較勁了，活動可看性與新聞性因此更提升。豎孤棚考驗的是團隊合作默契、攀爬技巧與體能挑戰。必須兼具智取與力取才能勝出。

3. 搶孤（圖8-51）

與「豎孤棚」比較起來，「搶孤」輕鬆多了，個人即可簡單完成，且毋需先報名。可於活動時間內撿拾由主辦單位提供的祭品，再憑券至兌換處兌換物品。

圖8-51　恆春搶孤。（圖片來源）[44]

　　現今改良後之搶孤方法爲：將普渡後祭品分別寫在紙張上，捲放至膠管內，由高處向下撒放，讓民眾爭搶。改良作法一方面可避免民眾因爭搶實體祭品過程不愼受傷；另一方面可確保祭品不會被爭搶、群眾踐踏踩損而造成資源浪費。

(二) 三年一科迎王平安祭典[45]

　　迎王平安祭典是東港、小琉球地區每三年一次的年度重要祭典，在臺灣的王爺信仰與祭典文化中，占有極重要的地位，於2010年榮獲行政院文化部核定爲「國家級重要民俗文化資產」，對致力於傳承百年傳統文化的迎王活動來說是實至名歸的肯定與榮耀。三年一科的「迎王平安祭典」，在地居民爲了迎接代天巡狩千歲爺的駕臨，幾乎總動員，祭祀科儀完全遵照古禮，當地處處可見喧囂熱鬧的繞境神轎與陣頭、虔誠膜拜的信徒，尤其，精雕細琢、彩繪華麗的王船更引人注目，當您有機會在迎王平安祭典到東港或小琉球旅遊時，不妨深入體會在地的文化熱情。

[44] 同上。

[45] 大鵬灣國家風景區／節慶／三年一科迎王平安祭典https://www.dbnsa.gov.tw/Festival-Content.aspx?lang=1&sno=03001990

1.祭典緣起

　　「迎王平安祭典」（圖8-52）的最主要目的就是藉代天巡狩大千歲及眾神的神威弭平地方上邪祟、瘟魅、疫疾等不潔之物，庇佑信眾能平安健康。除了展現居民對王爺的崇敬外，更凝聚了認同感，將濃郁的愛鄉意識藉祭典表露無遺。當地人重視迎王祭典更勝於過年和過節，不論是離家再遠的遊子，或出海捕魚的漁民，都會在迎王前趕回故鄉共襄盛舉，有錢出錢、有力出力，齊心協力辦妥迎王活動。「迎王」旨在迎請與溫王爺義結金蘭，奉玉旨代天巡狩的千歲爺至地方繞境，以求平安。

圖8-52　東港東隆宮的迎王平安祭典。（圖片來源）[46]

2.東港東隆宮

　　康熙23年，東港設下淡水巡檢司署，地方逐漸發展，吸引福建泉、

---

[46] 同上。

漳人士移墾，而渡海來臺先民滿載對原鄉親人的不捨及對新墾地的瘴疾病的懼怕，唯一的心靈依靠，只有從原鄉奉請而來的溫王爺香火。

東港東隆宮主祀溫府千歲，溫王原是唐朝進士，在奉旨巡行天下時，遇難而亡，成神之後，常巡行閩、浙沿海，護佑往來船隻，漳、泉移民在清朝時陸續到東港定居，康熙45年（1706），東港崙仔頂（今鎮海里）海灘上，一夜之間擱置大批自福建潮沖而來的木材，上書有「東港溫記」字樣，信徒依神意建廟供奉溫王；光緒20年（1894），東港發生海嘯，東隆宮淪陷駭浪中，溫王爺諭示，擇定「浮水蓮花」穴地建新廟，即東隆宮現址；乾隆28年（1763），福建遊街道士來到東港，見居民常受瘟疫之苦，傳授福建一帶請神送瘟科儀，慢慢成為東隆宮迎王祭典。

3. 琉球鄉三隆宮

三隆宮位於小琉球本福村南端，供奉池府、吳府、朱府等三姓王爺，也就是俗稱的「三府千歲」。三隆宮的由來是清朝乾隆初年，福建省城陳明山，攜帶供奉的三千歲王爺，乘小船抵達小琉球，搭建草廟一間。島上居民到此求神問卜都非常的靈驗，香火鼎盛不衰，一直到現在，漁民們出海捕魚前都會到此祈求賜福。迎王平安祭典對琉球人而言是個極為重要的祭典，不管移居到哪或是在外多久，都會帶著一顆虔誠的心，回到小琉球參與這三年一度的盛典。

4. 祭典活動

迎王平安祭典總共歷時八天七夜，固定每三年舉行一次，謂之三年一科。逢「丑、辰、未、戌」為大科年（意即十二生肖年屬「牛、龍、羊、狗」的年度），就會舉辦迎王平安祭典。每科年迎王日期需請示神明後，才會公布正確活動日期，往例大約於國曆十月間舉行。

每科年所迎代天巡狩大千歲由義結金蘭的36位王爺中依天意安排其中一位輪值大千歲。在舉行請王（請水）儀式，王駕駕臨後，帥燈和帥旗

上就寫上當科大千歲的尊姓。另有二千歲、三千歲、四千歲、五千歲陪同到訪，再加上如同維安部隊的中軍府和地主溫王爺，共有七頂神轎。

5. 迎王平安祭典程序

　　東港東隆宮、小琉球三隆宮和南州溪洲代天府的迎王平安祭典的程序大致相同，主要流程概分為十三項大程序：「角頭職務輪任」、「造王船」、「中軍府安座」、「進表」、「設置代天府」、「請水—恭請王駕」、「過火安座」、「出巡繞境」、「祀王」、「遷船繞境」、「和瘟押煞」、「宴王」、「送王—燒王船」。其中流程一至五是迎王前置作業，六至十三才是迎王期間所呈現的活動。

⑴ 角頭職務輪任：東港東隆宮的王爺轎班是以七角頭劃分，每科都要以抽籤（送王後三天由各角頭總理抽出）決定哪一角頭在下一科年負責哪一個千歲爺。小琉球三隆宮則無此設置，每一科轎班所扛的神轎是一定的。

　① 東隆宮七角頭轎班：在東港東隆宮迎王祭典中，會看到戴著清朝魯笠帽、身穿不同顏色轎班服的轎班，這是東隆宮迎王祭中角色非常重要的「七角頭」，世代相傳，所以，迎王祭中，會看到有小朋友也穿著轎班服。東隆宮迎王祭典代天巡狩千歲爺有5位，加上中軍府、溫府千歲共七位神祇，七位千歲爺的神轎及王船船具，由七角頭轎班負責，每位千歲爺有不同的代表顏色，大千歲黃色、二千歲粉紅色、三千歲黑色、四千歲綠色、五千歲紫灰色、中軍府白色、溫府千歲藍色，所以，只要看轎班身上服裝顏色就知道負責哪個千歲爺。

　所謂「七角頭」是早期東港的7個角頭村莊，為下頭角、頂頭角、下中街、崙仔頂角、頂中街、安海街、埔仔角，每個村莊裡都有角頭主廟，當東隆宮舉行宗教活動時，七角頭請出角頭廟宇的主

神共同參與，也因此七角頭與東隆宮有著密不可分的關係。

(2)造王船：迎王祭典前兩年開始建造。

(3)中軍府安座：中軍府可說是千歲爺的先鋒，中軍府的安座也是代表神界已進入平安祭典的準備階段，迎王祭典前兩年值年中軍府的到來，王船也可正式建造。在王船起舟參前，先恭請值年中軍府安座，以便督視王船的建造。正科中軍府安座時間，約在大科年的前一年。

(4)進表：東隆宮的平安祭典最可貴的是保留著清代祀典科儀，進表即是其中之一，進表的時間是在迎王大科年的農曆六月，東隆宮擺設天案，由大總理與各級總理代表全鎮鎮民，跪拜呈文，恭請居於天河宮代天巡狩千歲爺屆時駕臨，爲地方淨域除疫。

(5)設置代天府：代天巡狩千歲爺奉旨按察，臨時駐蹕的行館稱爲「代天府」，代天府的布置約爲請王的前三天，是設置在東隆宮、三隆宮正殿，正殿內懸掛「代天巡狩」綾縵，代天府閒雜人等不得進入，只有相關執事人員才能進入。（南州溪洲代天府另設「千歲殿」）

(6)請水－恭請王駕：又稱「請水」，是迎王平安祭典的正式開始，代天巡狩千歲爺既是乘船而去，也是乘船而來，因此，都在海邊進行，所有參與的神轎、陣頭等隊伍，全部集合海邊，由角頭轎班持頭籤在海水裡來來回回感應千歲爺的到來，然後報寫請到的千歲姓氏，通常當科要迎接的大千歲姓氏只有廟裡的大總理等少數人知道，如果請到了，就大鳴鞭炮、敲鑼打鼓以示恭迎王爺聖駕。

①帥旗－大千歲的旗幟：請水當天，在確認大千歲姓氏後，立即會將「帥旗」填寫上大千歲姓氏，「奉玉旨代天巡狩某王駕」的「帥旗」將一直跟隨在大千歲的神轎後，在遶境的綿長隊伍中，

只要看到轎後有高豎的「帥旗」，即可確認是大千歲的神轎。

②遶港腳：小琉球這個海島特有的迎王儀式。50艘載神轎的漁船集結在大福（大寮）漁港與白沙漁港，而後遶全島嶼海域一周，祈求各海岸及海港平安，並恭迎代天巡狩五府千歲蒞臨，場面十分壯觀。載有神轎的漁船到了自己的角頭（村莊）時，會停留一下表示敬意。

(7)出巡遶境：王駕出巡是彰顯代天巡狩的神威，具有驅邪、除穢的意義，讓百姓過著合境平安的生活。小琉球三隆宮王駕出巡時，民眾排跪路邊，祈求神明保佑，王駕會掛出「放告」牌示，讓孤魂野鬼有伸冤機會，與古時代天子出巡辦案的風格相似。

①遊縣吃縣、遊府吃府：王駕遶境期間，小琉球家家戶戶會準備飲料、點心供轎班取用，讓辛苦的轎班人員解渴止飢，但不可打包，用以表示對大千歲的崇敬之意，是小琉球特有的迎王民俗。

②攔轎喊冤：王駕遶境期間，有時會有民眾途中「攔轎喊冤」，大千歲會停在路邊就地「辦案」。

(8)過火安座：請王之後，代天巡狩千歲爺先遶境，然後進代天府安座前必須先「過火」。儀式是以5個方位堆起木柴加以燃燒，藉以清淨王令王轎。東隆宮迎請的千歲爺有五位，又叫「五王火」，神火燃燒成木炭後，以長竹竿打平、灑鹽米，道長進行儀式，祈求眾神庇佑過火的轎班及信眾平安。接著轎班扛著各千歲神轎依序踏過燒紅的木炭堆，將千歲送進代天府安座。有信眾會抱著自家神像過火沾靈氣，在東港，民眾會撿拾過火的木炭回家放在米缸或水缸沾靈氣。

(9)祀王：迎王建醮必設素宴祀王，自王駕蒞臨安座，須早晚各一次，直到恭送王駕離去為止，來表達地方鄉親對代天巡狩千歲爺的尊崇

與信賴，進而祈求神佑賜福。

⑽ 遷船遶境（圖8-53）：遷船的時間是在送王的前一天下午舉行，遷
　　船的目的在於沿途收煞驅瘟，一併驅趕並帶走這些地區的疫鬼和災
　　禍。遷船時，偌大的王船「陸上行舟」，相當壯觀。遷船沿途，家
　　家戶戶準備牲禮香案犒賞感謝代天巡狩千歲及其兵馬神將巡域護
　　境，東港還有家戶準備紙人（替身仔）來替家人改運解厄，讓歹運
　　由替身仔承擔，屆時再將替身仔呈交給千歲爺帶走。

圖8-53　遷船遶境。（圖片來源）[47]

⑾ 和瘟押煞：迎王期間，代天巡狩千歲爺遶境出巡收服兇煞疫鬼，在
　　送王前一天晚上的王船法會上，舉辦「和瘟押煞」儀式，如果和瘟
　　對於較頑劣的瘟煞疫鬼沒有作用時，則必須再做一場押煞的武場，
　　由道士作法將這些疫鬼押上王船，隨千歲爺遊天河，讓合境平安，
　　這是舉行平安祭典的最終目的。南州代天府在和瘟押煞裡，有下油

---

[47] 同上

鍋的處置。

⑿ 宴王：自從代天巡狩王駕駐蹕巡視，早晚祀王都用素筵爲主。在恭
送千歲爺回駕（送王）的前夜，代天府內大設108盤的滿漢全席盛宴，
呈請千歲享用，感謝眾千歲的辛勞，爲地方消災解厄、賜福降祥。

⒀ 送王—燒王船（圖8-54）：凌晨時分，各級總理恭請千歲上轎，與
王船一起至海邊送王。王船到達海邊後，七角頭轎班及東隆宮人員
用一袋袋的金紙，將王船堆成矗立的雄姿，並將米包、豆包、天
庫、替身、手桌、刑具架等放在王船外，而後立桅掛帆；升帥燈、
班頭燈、代天巡狩燈、三十六省份燈等。王船一切就緒，開水路，
大千歲頭籤會向民眾致謝和道別，時辰一到收錨鳴炮，燃燒王船送
王駕遊天河。

圖8-54　燒王船。（圖片來源）[48]

---

[48] 同上。

在王船開始燒化同時，祭典人員會廣播要求轎班將涼傘收起來，魯笠腰帶等取下，尤其不可以再打鼓、大聲喧譁，因此迎王平安祭典最後一個儀式燒王船遊天河，是在「偃旗息鼓」中落幕。 依舊例王駕離去，立刻偃旗息鼓，三天之內不得有鞭炮聲、鐘鼓、戲曲之聲，一恐王駕誤以為地方再有迎駕之意而回，二則防瘟神疫鬼尋跡而回。

① 王船添載：「添載」是希望讓代天巡狩千歲爺在回天庭繳旨的旅途中，三餐無虞，並期望未來三年地方合境平安、信眾豐衣足食。添載的物品中包括航行用所備物品、文案用品、衣著服飾、日常工具、煮食用具、食物蔬果、消遣用品、起居用品、梳洗用品等，應有盡有。

② 三十六省份燈：三十六省份燈在迎王祭典時掛於王府戲臺兩側，在遷船法會後的當天晚上，東隆宮、三隆宮典務科工作人員會在王船兩旁掛起三十六省份燈，主要用意在於揭示代天巡狩大千歲巡視的範圍遍布全境。

㈢黑鮪魚文化觀光季[49] （圖8-55）

每年4-6月，洄游性的黑鮪魚在臺灣南端的巴士海峽海域準備產卵，此時正是黑鮪魚最肥美的時候；在屏東縣的漁港，也陸續出現黑鮪魚豐收畫面。俗稱「黑甕串」的黑鮪為北方黑鮪，係世界最大型的鮪類，由於在海中運動量大，肉質結實鮮美、營養豐富，被視為生魚片中的極品，具有高經濟價值。

東港是臺灣黑鮪魚主要捕獲地，因此也被稱為「黑鮪魚的故鄉」。全

---

[49] 大鵬灣國家風景區／節慶／黑鮪魚文化觀光季。https://www.dbnsa.gov.tw/Festival-Content.aspx?lang=1&sno=03001989

圖8-55　2023屏東黑鮪魚文化觀光季。（圖片來源）[50]

盛時期東港黑鮪魚捕獲量不僅是全臺第一，還是全世界第一。一年可創造數十億元的商機。故有人貼切的形容黑鮪魚是東港人的「黑金」。

　　以往東港黑鮪魚貨交易以「外銷為主，內銷為輔」，主要外銷日本，市占率曾高達8成。自2001年起，屏東縣政府開辦「黑鮪魚文化觀光季」迄今，十多年來已成功帶動了國內食用市場大幅成長，加上近年來黑鮪魚捕獲量逐年下降，此消彼長的結果，如今魚貨轉而以供應內需為主。

　　功不可沒的屏東縣政府，除了打響東港黑鮪魚知名度外，相對也造福了鄰近大鵬灣、小琉球和恆春半島的觀光收益。黑鮪魚成了東港最佳代言者，這股海裡來的黑旋風，吹的是讓饕客念念不忘的好滋味。

　　要到哪裡吃黑鮪魚料理？東港鎮內到處林立的餐廳都是選項，尤以海

---

[50] 同上。（屏東縣政府提供）

產街光復路兩側聚集了最多餐廳，是許多熟門熟路饕客的最愛。各餐廳業者為招徠消費者，頻頻在菜色上鑽研較勁，除參加料理比賽爭取肯定外，也注重整體服務品質與用餐環境的提升。

消費者若有興趣觀看整尾黑鮪魚拍賣過程，可就近前往拍賣場感受漁村特有的拍賣文化。拍賣場鄰近漁會大樓，位於同一側，通過停車場收費亭後往左側碼頭邊看去即是鮪魚／黑鮪魚拍賣場，通常星期一和星期五休市，營業日約中午12點多才開賣，特別限定領牌魚販才能競標購買，並不是人人都可以買的喔！

遊客可選擇在東港漁港漁產品直銷中心（華僑市場）購買零售生鮮黑鮪魚肉和黑鮪魚生魚片。若是黑鮪魚文化季辦理期間，在拍賣場邊的零售攤上也買得到。心動了嗎？今年的黑鮪魚文化季請來東港作客喔！

造訪東港鎮最不可錯過的美食「東港三寶」，讓老饕王爺來告訴您。著名的東港三寶－黑鮪魚、櫻花蝦、油魚子，也成為旅遊恆春半島必吃／必買／必帶的伴手禮

1.黑鮪魚

盛產季節為每年4-6月，黑鮪魚全身都是寶。肚子的魚肉是生魚片的極品，媲美冰淇淋入口即化；背部是臺灣松阪，乾煎後口感柔軟有如松阪牛肉；下巴適合香烤；魚頭用來燉湯或清蒸。黑鮪魚瞬間游速高達時速160公里，驚人的爆發力使體內密布的微血管變成紅肉，血液含有豐富的鐵質，魚肉富含EPA、DHA、核酸和多種維生素等營養成分，日本人視其為海鮮極品「TORO」，鮮美甘甜的肉質口感，身價超過民間稱為黑金的烏魚子。

2.櫻花蝦

全世界只有日本駿河與東港兩處河灣有出產，蝦體型小，身體呈現螢光紅色而得名。櫻花蝦每100公克含鈣質量達2,000毫克，比一般蝦皮多

200毫克，成長中的兒童或骨質疏鬆症患者，應多吃櫻花蝦。除可作爲料理食材，當地業者也開發出數種口味不同的櫻花蝦周邊食品。櫻花蝦目前於市場上已經可以全年供應，製成一般的蝦皮料理，可以炒食，或當零食吃。

3.油魚子

油魚子學名薔薇帶鰆，俗稱「粗鱗仔」，爲一種深海魚類，魚卵比烏魚子大，較爲稀有，用火燻烤後切薄片，加上大蒜苗／蘿蔔片，比烏魚子鹹香入口，爲東港鎮海產餐廳必點佳餚。

代結論：實踐與應用

本節擬從學生的立場來進行實踐與應用，以取代結論。

學習完本章所討論的「屏東的文化創意產業」的理論和實例之後，是同學印證所學的開始，去**實踐**你所學的理論，或**應用**到生活和專業領域之上。

我們希望同學可以去探索屏東文化創意產業的案例，就本章之所學，從「文創產業」的視角去進行更深入的考察；或透過「屏東的文化創意產業」這一章，聚焦於一個案例（可以是文化資產、文化活動、藝術作品等）去連結本書其他的章節（如美術、音樂、文學、原民文化、社會發展等），以電視劇《斯卡羅》（2021）爲例，同學們可以嘗試如下兩種應用方式，爲節省篇幅，只以圖示方式呈現，請同學自行發想和延伸：

㈠從文創產業看《斯卡羅》（圖8-56）
㈡從屏東學與跨領域看《斯卡羅》（圖8-57）

或者，你也可以嘗試規劃一個**文化觀光**的行程（可以是一日遊或數日遊），爲你家人或朋友來導覽屏東。你可以規劃一個部落（如禮納里部落、神山部落）、一個鄉鎮（如潮州鎮、三地門鄉、霧臺鄉等）或熱門景

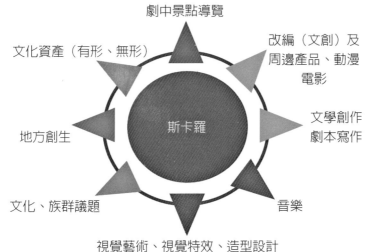

圖8-56 　從文創領域看《斯卡羅》。

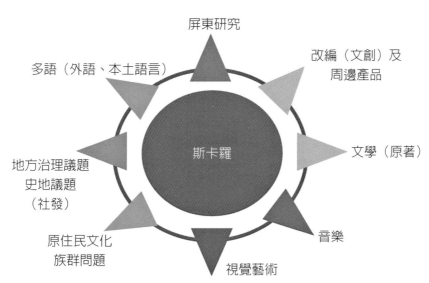

圖8-57 　從屏東學與跨領域看《斯卡羅》。

點（如近來很紅的「海上教堂」），可以做器物層面的美食、購物之旅，也可進行制度層面的在地生活方式與習俗的導覽，更可以進行理念層面的藝術、宗教、精神文化之旅。

　　也許你是屏東人，那你應該更了解你生長的地方；也許你不是屏東

人，那麼在這大學四年，你更應該先熟悉這個讓你成長的地方，去探索並體會這個土地各個層面的細節（器物、制度和理念），然後，當你畢業回到故鄉，就可以把你由「屏東學」所獲取的經驗值，轉移到你的故鄉或未來工作之地的生活上，在「人生」這個遊戲的旅程中，更快升級。

附錄：屏東縣所有夜市的時間與地點[51]

以下附上屏東縣所有鄉鎮夜市的時間和地點（2023年），以便於同學規劃一日遊或數日遊行程之用。

地區	夜市名稱	夜市時間	夜市地址
屏東市	屏東觀光夜市	每日	屏東縣屏東市民族路36號
恆春鎮	墾丁大街	每日	屏東縣恆春鎮墾丁路134號
	恆春夜市	週日	屏東縣恆春鎮城西里恆西路
九如鄉	九如夜市	週一、週五	屏東縣九如鄉維新街三山國王廟九龍路上
	九如廟口夜市	週二	屏東縣九如鄉維新街、九龍路交叉路口
內埔鄉	水門夜市	週六	屏東縣內埔鄉中山路29-1號大洲汽車旅館旁
	龍泉夜市	週日	屏東縣內埔鄉中勝路383號
	老埤夜市	週二	屏東縣內埔鄉老埤村五穀宮廣場
竹田鄉	西勢夜市	週六	屏東縣竹田鄉西勢村忠義祠前面廣場
里港鄉	里港夜市	週四、週日	屏東縣里港鄉中山路雙慈宮後消防隊前
佳冬鄉	石光見夜市	週六	屏東縣佳冬鄉中山路
東港鎮	東港夜市	週三、週六	屏東縣東港鎮長春一路157號
枋寮鄉	北勢寮夜市	週三	屏東縣枋寮鄉北勢寮金龍路樹德國小前
	水底寮夜市	週四	屏東縣枋寮鄉福東路三民路至建興路間路段

---

[51] 參考自網頁「阿青的遊樂日記」：https://achingfoodie.tw/pingtung-nightmarket/

地區	夜市名稱	夜市時間	夜市地址
林邊鄉	林邊夜市	週五	屏東縣林邊鄉中林路（媽祖廟前）
長治鄉	長治夜市	週二	屏東縣長治鄉潭頭路50號
	長治繁華夜市	週一	屏東縣長治鄉惠迪宮一帶
南州鄉	南州代天府夜市	週四	屏東縣南州鄉人和路170號
高樹鄉	高樹夜市	週三、週六	屏東縣高樹鄉南興路58號
新園鄉	新園仙吉夜市	週四	屏東縣新園鄉仙隆路上
萬丹鄉	萬丹夜市	週二、週四、週日	屏東縣萬丹鄉成功路二段
	社皮夜市	週三	屏東縣萬丹鄉大順路50號
	萬丹新莊夜市	週五	屏東縣萬丹鄉新鐘村新莊社區圖書館
潮州鎮	潮州夜市	週一、週五	屏東縣潮州鎮光春路、尊山宮前
麟洛鄉	麟洛夜市	週四	屏東縣麟洛鄉成功路和民權路交叉路口
鹽埔鄉	鹽埔夜市	週三	屏東縣鹽埔鄉新圍村慈天宮旁
	新圍夜市	週五	屏東縣鹽埔鄉新圍村慈天宮旁

參考資料

書籍、期刊與簡篇

文建會（2004）。《文化白皮書2004年》。臺北：行政會文化建設委員會。

朱禹潔、姚嵐齡、莊竣傑、郭東雄、郭漢辰、陳磅礴、黃秀蕙、黃凌霄、趙慧琳（2016）。《一心一意：巨匠的技與美6》。臺北：文化部文化資產。

竹田車站。竹田驛站簡史。（「竹田驛園」設立說明文）

竹田鄉公所。「池上一郎文庫」設立說明文。

郭東雄（2016a）。〈排灣族傳統石板屋建造・杜蘭胞〉，收於朱禹潔、姚嵐齡、莊竣傑、郭東雄、郭漢辰、陳磅礴、黃秀蕙、黃凌霄、趙慧琳（2016）。

郭東雄（2016b）。〈埋藏在綠色叢林中的寶藏—tjuvecekadan七佳部落〉。《原住民族文獻》（第25期）。2016年5月20日。

彭淮棟（譯）（1989）。Raymond Williams原著。《文化與社會：1780至1950年英國文化觀念之發展》。臺北：聯經。

賀瑞麟（2019）。〈從個案研究到文化創意產業理論：由故事導入的哲學思考〉。收於賀瑞麟、周德禎、朱旭中、李欣蓉、施百俊、林思玲、陳運星、葉晉嘉（2019）。

賀瑞麟、周德禎、朱旭中、李欣蓉、施百俊、林思玲、陳運星、葉晉嘉（2019）。《文化創意產業之個案與故事。（二版）》。臺北：五南。

楊明華編著（2009）。《有關文化的100個素養》。臺北：驛站文化。

賴聲川（2006）。《賴聲川的創意學》。臺北：天下。

網頁

「屏東縣民公園形象廣告獲德國紅點、美國高峰創意獎肯定」（https://udn.com/news/story/7327/6665867 聯合新聞網，2022/10/07）。

「美國IDA設計獎入袋！屏東縣民公園1年獲12座國際獎肯定」（https://news.ltn.com.tw/news/life/breakingnews/3799835 自由時報2022/01/13）

https://www.cultural.pthg.gov.tw/cp.aspx?n=36D04B8B78AFA510

大鵬灣國家風景區／節慶／三年一科迎王平安祭典https://www.dbnsa.gov.tw/Festival-Content.aspx?lang=1&sno=03001990

大鵬灣國家風景區／節慶／恆春古城國際暨孤棚觀光文化活動https://www.dbnsa.gov.tw/Festival-Content.aspx?lang=1&sno=03002417

大鵬灣國家風景區／節慶／黑鮪魚文化觀光季。https://www.dbnsa.gov.tw/Festival-Content.aspx?lang=1&sno=03001989

文化部文化資產局臺灣世界遺產潛力點／排灣族及魯凱族石版屋聚落／入選說明：https://twh.boch.gov.tw/taiwan/intro.aspx?id=16&lang=zh_tw

文化部網頁：https://cloud.culture.tw/frontsite/inquiry/emapInquiryAction.do?method=showEmapDetail&indexId=45268

文化創意產業發展法／全國法規資料庫：https://law.moj.gov.tw/LawClass/LawAll.aspx?pcode=H0170075

阿青的遊樂日記：https://achingfoodie.tw/pingtung-nightmarket/

客家委員會客家文化發展中心‧六堆客家文化園區／：https://thcdc.hakka.gov.tw/8268/

屏東旅遊網／認識屏東／鄉鎮介紹／屏東市／推薦景點／縣民公園：https://
www.i-pingtung.com/pingtung/view/%E7%B8%A3%E6%B0%91%E5%85%
AC%E5%9C%92

屏東縣文化處／藝文館所／屏東縣立圖書館總館／關於我們／樓層簡介：
https://www.cultural.pthg.gov.tw/library/cp.aspx?n=8A456EBC154ED1EB

屏東縣文化處／藝文館所／屏東縣立圖書館總館／關於我們／樓層簡介：
https://www.cultural.pthg.gov.tw/library/cp.aspx?n=8A456EBC154ED1EB

屏東縣文化處／藝文館所／屏東縣立圖書館總館／關於我們：https://www.
cultural.pthg.gov.tw/library/Default.aspx

屏東縣文化處／藝文館所／勝利星村 V.I.P Zone／首頁：https://www.cultural.
pthg.gov.tw/vipzone/

屏東縣文化處／藝文館所／勝利星村 V.I.P Zone／園區介紹／園區地圖：
https://www.cultural.pthg.gov.tw/vipzone/cp.aspx?n=94E083C3BB5C8358

屏東縣文化處／藝文館所／勝利星村 V.I.P Zone／園區介紹：https://www.
cultural.pthg.gov.tw/vipzone/cp.aspx?n=E70CCEB6206F3DF7

屏東縣佳冬鄉公所：https://www.pthg.gov.tw/townjto/cp.aspx?n=2E29A2C51
D0E455F&s=0825E6EFC7C8919A

屏東縣政府文化處／藝文館所／關於演藝廳：https://www.cultural.pthg.gov.
tw/cp.aspx?n=040C2E641649E073

屏菸1936文化基地／展覽活動／展覽與電子DM：https://www.cultural.pthg.
gov.tw/pt1936/News.aspx?n=8E5540CA059309A8&sms=9775CFD2833343
CC

屏菸1936文化基地：https://www.cultural.pthg.gov.tw/pt1936/Default.aspx

原住民族委員會原住民族文化發展中心／臺灣原住民族文化園區：https://
www.tacp.gov.tw/

第九章
屏東節慶英文

余慧珠、潘怡靜

壹、如何用英文介紹節慶

一、認識拼音系統：需要將地名、人名或節慶名稱
　　翻譯成英文時，可以使用以下的兩套拼音系統

漢語拼音

通用拼音

注音符號	漢語拼音	通用拼音
ㄅ	b	b
ㄆ	p	p
ㄇ	m	m
ㄈ	f	f
ㄉ	d	d
ㄊ	t	t
ㄋ	n	n
ㄌ	l	l
ㄍ	g	g
ㄎ	k	k
ㄏ	h	h
ㄐ	j	ji
ㄑ	q	ci
ㄒ	x	si

注音符號	漢語拼音	通用拼音
ㄓ	zh, zhi	jh, jhih
ㄔ	ch, chi	ch, chih
ㄕ	sh, shi	sh, shih
ㄖ	r, ri	r, rih
ㄗ	z, zi	z, zih
ㄘ	c, ci	c, cih
ㄙ	s, si	s, sih
ㄦ	-i	-ih
ㄢ	an	an
ㄣ	en	en
ㄤ	ang	ang
ㄥ	eng	eng
ㄦ	er	er
ㄧ	yi, -i	yi, -i
ㄨ	wu, -u	wu, -u
ㄩ	yu, -ü, -u	yu
ㄚ	a	a
ㄛ	o	o
ㄜ	e	e
ㄝ	ê	ê
ㄞ	ai	ai
ㄟ	ei	ei
ㄠ	ao	ao
ㄡ	ou	ou
ㄧㄚ	ya, -ia	ya, -ia
ㄧㄛ	yo	yo
ㄧㄝ	ye, -ie	ye, -ie
ㄧㄞ	yai, -iai	yai, -iai

注音符號	漢語拼音	通用拼音
ㄧㄠ	yao, -iao	yao, -iao
ㄧㄡ	you, -iu	you, -iou
ㄧㄢ	yan, -ian	yan, -ian
ㄧㄣ	yin, -in	yin, -in
ㄧㄤ	yang, -iang	yang, -iang
ㄧㄥ	ying, -ing	ying, -ing
ㄨㄚ	wa, -ua	wa, -ua
ㄨㄛ	wo, -uo	wo, -uo
ㄨㄞ	wai, -uai	wai, -uai
ㄨㄟ	wei, -ui	wei, -uei
ㄨㄢ	wan, -uan	wan, -uan
ㄨㄣ	wen, -un	wen, -un
ㄨㄤ	wang, -uang	wang, -uang
ㄨㄥ	weng, -ong	weng, -ong
ㄩㄝ	yue, -üe, -ue	yue
ㄩㄢ	yuan, -üan, -uan	yuan
ㄩㄣ	yun, -ün, -un	yun
ㄩㄥ	yong, -iong	yong

備註：中文譯音轉換系統網址：http://140.111.34.69: 8080/

二、翻譯地名、人名及節慶名稱的原則

1. 全部音譯：人名之英譯可運用**外交部領事事務局外文姓名中譯英系統**。

2. 音譯加意譯。

3. 意譯。

4. 音譯加注釋。

5. 約定俗成。

6. 避免不雅用字。

7. 避免引起不當聯想之諧音。

8. 避免歧視的語言。

9. 用對單字（勿望文生義）。

10. 善用工具書。

貳、介紹節慶時可強調的重點

1. Origin 起源（地名、人名、族群races/ethnic groups）

2. History 歷史演進

3. Time & Place

4. Features 特色

5. Activities 活動

6. Taboos 禁忌

7. Cultural significance 文化意涵

8. Cross-Cultural comparison 跨文化比較

參、屏東節慶與其他地區節慶的比較

恆春搶孤 vs. 宜蘭搶孤

攻炮城 vs. 鹽水蜂炮

攻炮城 vs. 臺東炸寒單

肆、屏東節慶與跨文化節慶之比較

王爺奶奶回娘家 vs. 希臘羅馬神話

搶孤 vs. 墨西哥亡靈節

屏東學概論

伍、介紹屏東節慶英文範例

一、東港迎王平安祭
Donggang Wangyeh-Worshipping Ceremony

Donggang Wangyeh-Worshipping Ceremony was initiated in the Qing Dynasty to pray for blessings, get rid of plagues, expel evil spirits, and protect fishermen. The ceremony is held every three years and lasts for eight days, going through thirteen processes, namely Enshrinement（安座）, Building Wangyehs' Boat（造王船）, Praying to Heaven（進表）, Setting up Daitian Temple（設置代天府）, Welcoming Wangyehs（請王）, Passing through Divine Fire（過火）, Pilgrimage Tours（出巡繞境）, Worshipping Wangyehs（祀王）, Relocating Wangyehs' Boat（遷船）, Exorcism to stop plagues（和瘟押煞）, Feasting Wangyehs（宴王）, Seeing off Wangyehs（送王）, Burning Wangyehs' Boat（燒王船）. The ceremony manifesting exceptional Taoist rituals is one of the top ten Intangible Cultural Heritagesin Taiwan（ICH無形文化遺產）.

參考資料：國立自然科學博物館http://digimuse.nmns.edu.tw/Donggang/tw/#p11

二、三地門排灣族收穫祭
Masalut of the Paiwan at Sandimen

In the Paiwan language, masalut means "cross," so it signifies the end of the past year and the beginning of a new year. It is a custom to show gratitude for the guardian god's protection all year round. The shaman hosts several rituals including storing millet, selecting millet seeds, and eating new millet. Nowadays, those symbolic acts have been replaced by entertaining activities such as singing contests and archery competitions. Each village can choose to hold the ritual between July and November.

參考資料：臺灣原住民族資訊資源網http://www.tipp.org.tw/aborigines_info.asp?A_ID=10&AC_No=5

三、排灣族人神盟約祭
The Paiwan Maljeveq/The Covenant with Goddess

Maljeveq, commonly known as the five-year ceremony, is held in mid-August to witness the covenant between the Paiwan and the goddess who taught them agricultural techniques, wedding rituals for the chieftains, and harvest rituals. It is also a time for them to have reunions with their ancestral spirits and creator deity. The ceremony lasts for more than fifteen days. During this period, the male and female shamans lead male villagers to perform the rituals. Maljeveq is a significant feature of the Paiwan tradition and cultural heritage because the unique ceremony embodies the Paiwan cosmology, religious view, and social organization.

Legend has it that goddess Ljemedj can travel between the divine and human worlds. Ten days before the ritual, the goddess will inform the shaman of the date to meet. Millet stalks will be burned to make smoke to greet her in order to show their gratitude for bringing preys, millet, taros, and pigeon peas. To ward off evil spirits from the village, the female shaman should perform rituals for shelter and protection. Men are in charge of producing the bamboo, rattan balls, and the ball-piercing stack for the pauqaljay （djemuljat刺球祭; 英雄祭）, a gathering to summon deities and ancestral spirits for blessing. After the main ceremony, the Paiwan will see off deities and ancestral spirits before tearing down the shelter of each altar. The next year, they see off the founding ancestral spirit in each household after they harvest millet. It should be noted that violating some taboos could invite bad luck.

參考資料：譚昌國。2007。《排灣族》。臺北市：三民。http://www.apc.gov.tw/portal/docList.html?CID= E8F97E390107602E&type=1EE2C9E1BA3440B2D0636733C6861689

四、霧臺魯凱族小米祭（收穫祭）
Kalabecengane/Harvest Ceremony of the Rukai at Wutai

Since millet is a staple food for the Rukai, Kalabecengane（小米祭） consists of two essential rituals: Kalaewapaane（小米栽種祭）and Kala-becengane（小米收成祭）. In the past, the ceremony could last for one month at most, starting from the hottest day to harvest time. Since many young people working outside cannot afford such long vacations anymore, the ceremony takes place around August 15th to share the harvest and show gratitude to deities. A swing, millets, and lilies are essential elements for the ceremony.

Traditionally, the day before the harvest ceremony, every family has to build a ㄇ shape with three slates to symbolize their stone slab houses. Then they scatter millet seeds to complete the ritual. Seven to ten days later, each family has to pluck the sprouts and tie them into little bunches to be dried off on the roof to symbolize the harvest in the coming year.

The Paiwan cook food to worship goddess Dapaila and celebrate Tangi-rakalane（起身日）, also called Dalupaane（打獵日）. The chieftain leads male adults to the hunting field to roast millet cakes to foretell the fortune of the upcoming year. Dalupaane used to be an occasion exclusively for males, but women have been allowed to take part in the gathering since 1974.

On the last day, Dakipakaraluwane（結親日）, young ladies playing on the swing are introduced to the community for marriage opportunities, while bachelors have to prepare millet products, peanuts, bananas, and pork for families who have young females or baby girls. Tiyuma (swinging) is both a marital ritual for the chieftain's family and a benevolent deed to share food. More significantly, it is a sacred activity to invite divinities and ancestral spirits to glorify mamazangiljan（頭目貴族）(tjangkus.pasaljaig p. 292).

參考資料：

張慧端、杜韋漢撰。〈魯凱歲時祭儀〉，《宗教知識家》https://religion.moi.gov.tw/Knowledge/Content?ci=2&cid=49

郭東雄（tjangkus.pasaljaig）。〈臺灣原住民tiyuma（鞦韆）文化之研究〉。《屏東教育大學學報—人文社會類》第三十八期，2012年3月，頁275-302

五、元宵拜新丁
Baixinding/Praying for newborn boys

Bai xinding, praying for newborn boys, was a custom developed among early Hakka settlers from China in the Qing dynasty. In a time when the rate of infant mortality was high, parents would prepare Hakka rice cakes and prayed to the Grand Uncle（大伯公）in the hope to protect their newborn boys from diseases and plagues. Some inhabitants of Liouduei and Jiadong Township still follow the Hakka custom, which takes place on January 12th in the lunar calendar. Some parents also pray for their baby girls nowadays. The custom is known as baixinzhi. The change shows Taiwan's progress in gender equality.

參考資料：社團法人屏東縣深耕永續發展協會。〈佳冬新丁福〉，國家文化記憶庫https://southland.culture.tw/pingtung/zh-tw/LDculture/594345

六、王爺奶奶回娘家
Goddess's Homecoming

Goddess's Homecoming is a tradition developed more than two hundred years ago. It refers to a Minnan custom that witnesses the marriage between the Grand Wangyeh worshipped in the Temple of Three Mountain Lords in Jiouru Township and a mortal lady from Linlou Township, Xu Xiu-Tao, in 1819. Wangyeh's wife used to visit her parents' home on January 2nd in the lunar calendar annually. To adapt to the modern lifestyle, the ritual will be performed every three years in the future. The happy event is significant in resolving the conflicts between the Minnan and Hakka peoples living in the two regions after they became relatives-in-law. The happy event contributes to racial conciliation between the two groups.

參考資料：客家委員會客家文化發展中心。客家文化資產數位網https://hch.hakka.gov.tw/

七、恆春搶孤
Cianggu; the Hengchun Ghost Grappling Competition

The Hengchun Ghost Grappling Competition started in the Qing Dynasty and has been held for hundreds of years. It has been a benevolent custom to deliver wandering spirits from hell. Rich people in the ancient Hengchun City distributed offerings to the poor in the Festival of Ghosts in mid-July. The charitable deed often caused conflicts and fighting; therefore, it was later turned into a contest and cultural activity. It is held on July 15th in the lunar calendar. The participants have to climb up 11-meter columns heavily greased with beef tallow. The first team grabbing the lucky flag on the top of the tower will be the winners, who will be blessed by gods and spirits with prosperity and safety.

參考資料：臺灣宗教百景https://taiwangods.moi.gov.tw/html/landscape/1_0011.aspx?i=91

八、攻炮城
Cannon Siege

Cannon Siege is held annually on January 15th in the lunar calendar annually at Luigdui to celebrate the Lantern Festival（元宵節）. Originated at Lioudui in the Qing Dynasty, it was said to have varied origins. It was related to the military training for organized volunteers against robbers and pirates. The militia set off firecrackers in bamboo containers to practice throwing skills and build courage. Another origin was related to the military officers who retired from the army of Zheng Chenggon（鄭成功）. After their retirement, they trained villagers to protect their communities. The custom was also associated with the precautionary measure to ward off the plain tribes. Cannon Siege is now an activity both to cultivate team spirit and get blessings.

參考資料：葉芷柔。臺灣客庄文化數位典藏計畫客庄文化資源普查資庫https://catalog.digitalarchives.tw/item/00/65/9b/d3.html

九、東港黑鮪魚觀光文化季
Donggang Bluefin Tuna Cultural Festival

From April to June, bluefin tunas migrate to Taiwan and bring bountiful profits to the people in Donggang. The cultural festival started in 2001. It's an extremely successful brand-making integrating agriculture, fishery, and tourism. In view of the draining marine resources due to global warming, the festival focuses on ecological conservation as well as economic benefits. One of the most impressive activities is the auction of the first bluefin tuna. It is a climax to kick off the festival. Tourists visit Donggang to savor local delicacies such as *shashimi* and sakura shrimp.

十、萬巒豬腳文化節
Wanluan Pork Knuckle Cultural Festival

Wang I-Ti first sold marinated pork knuckles at Wanluan Township in 1948. Later, Lin Hai-Hon, the founder of Hai Hon Restaurant, and his cousin Chen Yu-Mei marinated pork knuckles with unique recipes and promoted the business. Other restaurants started similar businesses on the same street. Compared with crispy German pork knuckles, those of Wanluan are tender and succulent,no matter served hot or cold with special sauces.

十一、斜坡上的藝術節
The Kacalisiyan Festival

Ever since 2015, Pingtung has held the Kacalisiyan Festival yearly. The Paiwan and Rukai tribes regard themselves as kacalisiyan, the people living on the slope. To promote indigenous arts and music, the Pingtung government holds a series of activities, including entertainers' performances, street dance contests, landscape art installations, cluster workshops, and sketch competitions. The venue is located at Linhousilin Forest Park in Chaozhou Township. It is a marvelous indigenous branding campaign.

陸、節慶與文化省思
Questions to Ponder on festivals and cultural reflections

1. Do you think that some of the customs are outdated and need to be changed? What needs to be done? Why?

2. Have you ever attended traditional rituals in other cultures or foreign countries? How are they different from those in Pingtung?

3. How could we learn the ways to promote traditional rituals from other countries?

4. What do you think about some religious rituals such as Donggang Wangyeh-Worshipping Ceremony?

5. Which custom reflects the change in people's perception of gender roles? Why?

6. Which custom reflected the relationship between different communities?

7. If you were the organizers of the above-mentioned cultural activities, how would you make them creative and appealing?

柒、屏東旅遊景點與美食特產

Pingtung City/Pingtung county（屏東市 / 屏東縣）			
Tourist Attractions	旅遊景點	Agriculture products	農特產
Ahou City Gate	阿猴城門	Banana	香蕉
Craftsman Residential District	職人町	Dragon Fruit	紅龍果
I/o Studio	屏東青創聚落	Indian Jujube	蜜棗
Pingtung Art Museum	屏東美術館	Irwin Mango	愛文芒果
Pingtung Martial Arts Hall	屏東演武場	Indigenous Mango	土芒果

Pingtung Night Market	屏東夜市	Lemon	檸檬
Peace Park	和平公園	Papaya	木瓜
Pingtung Performing Arts Center	屏東演藝廳	Pineapple	鳳梨
Pingtung Tutorial Academy	屏東書院	Wax Apple	蓮霧
Pingtung 1936 Tobacco Culture Base	屏菸1936文化基地		
Pingtung County	屏東縣民公園		
Victory Star V.I.P Zone	勝利星村創意生活園區		
Wan Nian Creek	萬年溪		
Chaozhou Township（潮州鎮）			
Tourist Attractions	旅遊景點	Local delicacies/ Agricultural Products	當地美食／農特產
Chaozhou Cultural Park	潮州日式歷史文化園區	Banana	香蕉
Linhousilin Forest Park	林後四林平地森林園區	Cheese Cake	乳酪
Silin Walking Trail	四林綠蔭大道	Hot and Cold Ice	冷熱冰
Taiwanese Opera & Puppet Museum in Pingtung	屏東戲曲故事館		
Donggang Township（東港鎮）			
Tourist Attractions	旅遊景點	Local delicacies/ Agricultural Products	當地美食／農特產
Dapeng Bay National Scenic Area	大鵬灣國家風景區	Bluefin Tuna	黑鮪魚
Dapeng Bay Bridge	鵬灣跨海大橋	Meatball	肉丸
The Water Church	海上教堂	Oilfish	油魚子
Donglong Temple	東隆宮	Sergestid Shrimp	櫻花蝦
Donggang Wharf	東港碼頭	Steamed Minced Meat Rice Cake	肉粿
Huaqiao Fish Market	華僑市場		

Hengchun Township（恆春鎮）			
Tourist Attractions	旅遊景點	Local delicacies/ Agricultural Products	當地美食 ／農特產
Aga's House	阿嘉的家	Dragon Fruit	紅龍果
Baisha Bay	白砂灣	Onion	洋蔥
Chuanfan Rock (Sail Rock)	船帆石	Onion Egg Roll	洋蔥蛋捲
Eluanbi Park	鵝鑾鼻公園		
Guanshan Sunset	關山夕照		
Hengchun Folk Music Museum	恆春民謠館		
Hengchun Old Street	恆春老街		
Houbihu Yacht Port	後壁湖遊艇港		
Kenting Forest Recreational Area	墾丁森林遊樂區		
Maobitou Park	貓鼻頭		
South Bay Recreation Area	南灣		
The North Gate of Hengchun Ancient City	恆春古城北門		
Tianhou Temple	天后宮		
The West Gate of Hengchun Ancient City	恆春古城西門		

原住民			
Chunrih Township（春日鄉）			
Tourist Attractions	旅遊景點	Local delicacies/ Agricultural Products	當地美食 ／農特產
		Irwin Mango	愛文芒果
		Taiwan Green Taro	山芋
Laiyi Township（來義鄉）			
Tourist Attractions	旅遊景點	Local delicacies/ Agricultural Products	當地美食 ／農特產
		Millet Cinavu	小米奇拿富（小米粽）

Majia Township（瑪家鄉）			
Tourist Attractions	旅遊景點	Agricultural Products	農特產
Liangshan Recreational Area	涼山遊憩區	Cajan	樹豆
Taiwan Indigenous People's Culture Park	臺灣原住民文化園區	Chinese Toon	香椿
		Red Quinoa	紅藜
Mudan Township（牡丹鄉）			
Tourist Attractions	旅遊景點	Agricultural Products	農特產
Alangyi Historic Trail (Xuhai-Guanyinbi Natural Reserve)	阿塱壹古道（旭海觀音鼻自然保留區）	Nostoc Commune (Star Jelly)	雨來菇（情人的眼淚）
Syuhai Hot Spring	旭海溫泉	Shiitake Mushroom	香菇
Mudan Dam	牡丹水庫		
Syuhai Grassland Recreation Area	旭海大草原		
Shimen Historic Battlefield	石門古戰場		
Sandimen Township（三地門鄉）			
Tourist Attractions	旅遊景點	Local delicacies/Agricultural Products	當地美食／農特產
Shanchuan Glass Suspension Bridge	山川琉璃吊橋	Indigenous Mango	土芒果
Dajin Waterfall	大津瀑布	Millet and Aiyu Jelly	小米愛玉
		Red Quinoa Pork Knuckle	紅藜豬腳
		Slate Barbecue (BBQ)	石板烤肉
Shizi Township（獅子鄉）			
Tourist Attractions	旅遊景點	Agricultural Products	農特產
		Irwin Mango	愛文芒果
		Nest Fern (Bird's Nest Fern)	山蘇
Taiwu Township（泰武鄉）			
Tourist Attractions	旅遊景點	Local delicacies/Agricultural Products	當地美食／農特產

Ulaljuc Tribal Café	吾拉魯滋部落咖啡屋	Taiwu Coffee	泰武咖啡
Wutai Township（霧臺鄉）			
Tourist Attractions	旅遊景點	Local delicacies/ Agricultural Products	當地美食／農特產
Hayou River (Dawu Tribe)	哈尤溪（大武部落）	Coffee	咖啡
Rukai Museum	魯凱族文物館	Millet	小米
Stone Slab Alley ofWutai Township	霧臺岩板巷	Shenshan Aiyu Jelly	神山愛玉
Tribal Chief's House	頭目家屋		
Wutai Presbyterian Church	霧臺長老教會		
客家			
Changzhi Township（長治鄉）			
Tourist Attractions	旅遊景點	Agricultural Products	農特產
Pingtung Agricultural Biotechnology Park	農業生物科技園區	Banana	香蕉
		Papaya	木瓜
		Wax Apple	蓮霧
Gaoshu Township（高樹鄉）			
Tourist Attractions	旅遊景點	Agricultural Products	農特產
Chung Li-Ho House	鍾理和故居	Banana	香蕉
		Indian Jujube	蜜棗
		Lemon	檸檬
		Pineapple	鳳梨
		Papaya	木瓜
		Taro	芋頭
Jiadong Township（佳冬鄉）			
Tourist Attractions	旅遊景點	Local delicacies/ Agricultural Products	當地美食／農特產

The Yang Family Ancestral Hall	楊氏宗祠	Peanut Brittle/Peanut Candy	花生糖
The Hsiao Family Complex	蕭家古厝	Watermelon	西瓜
Jing-Zi Ting (Respect Words Pavilion)	敬字亭	Wax Apple	黑珍珠蓮霧

Linluo Township（麟洛鄉）			
Tourist Attractions	旅遊景點	Local delicacies/ Agricultural Products	當地美食/農特產
		Traditional Hakka Rice Cake	傳統客家粿
		Wax Apple	黑珍珠蓮霧

Neipu Township（內埔鄉）			
Tourist Attractions	旅遊景點	Local delicacies/ Agricultural Products	當地美食/農特產
Liudui Hakka Cultural Park	六堆客家文化園區	Banana	香蕉
Pingtung Distillery	屏東觀光酒廠	Pineapple	鳳梨
		Peanut Tofu	花生豆腐
		Shrimp Cake	蝦公粄

Wanluan Township（萬巒鄉）			
Tourist Attractions	旅遊景點	Local delicacies/ Agricultural Products	當地美食/農特產
Wanchin Basilica of the Immaculate Conception	萬金聖母聖殿	Banana	香蕉
		Pineapple	鳳梨
		PorkKnuckle	豬腳

Xinpi Township（新埤鄉）			
Tourist Attractions	旅遊景點	Local delicacies/ Agricultural Products	當地美食/農特產
		Papaya	木瓜

		Phoenix Cake	火鳳酥
Zhutian Township（竹田鄉）			
Tourist Attractions	旅遊景點	Local delicacies/ Agricultural Products	當地美食 ／農特產
Old Master Q Wall Paintings & Villamaya	老夫子彩繪牆 及美崙咖啡	Soy Sauce	醬油
Pingtung Hakka Cultural Museum	屏東客家文物 館		
Zhutian Railway Station	竹田驛站		
閩南			
Checheng Township（車城鄉）			
Tourist Attractions	旅遊景點	Local delicacies/ Agricultural Products	當地美食 ／農特產
Fuan Temple	福安宮	Century Egg	皮蛋
Sichongxi Hot Spring Park	四重溪溫泉公 園	Dragon Fruit	紅龍果
National Museum of Marine Biology & Aquarium	國立海洋生物 博物館	Mung Bean Soup	綠豆蒜
		Salted Duck Egg	鹹鴨蛋
Fangliao Township（枋寮鄉）			
Tourist Attractions	旅遊景點	Local delicacies/ Agricultural Products	當地美食 ／農特產
Fangliao Fishing Port	枋寮漁港	Fourfinger Threadfin	午仔魚
		Irwin Mango	愛文芒果
		Wax Apple	黑珍珠蓮 霧
Fangshan Township（枋山鄉）			
Tourist Attractions	旅遊景點	Local delicacies/ Agricultural Products	當地美食 ／農特產
		Irwin Mango	愛文芒果
		Onion	洋蔥

Jiuru Township（九如鄉）			
Tourist Attractions	旅遊景點	Agricultural Products	農特產
		Indian Jujube	蜜棗
		Lemon	檸檬

Kanding Township（崁頂鄉）			
Tourist Attractions	旅遊景點	Local delicacies/ Agricultural Products	當地美食 ／農特產
		Bitter Gourd	苦瓜
		Handmade Sesame Oil	手工麻油

Ligang Township（里港鄉）			
Tourist Attractions	旅遊景點	Local delicacies/ Agricultural Products	當地美食 ／農特產
		Banana ice	香蕉冰
		Pork Wonton	豬肉餛飩
		Meat Kueh	肉粿

Linbian Township（林邊鄉）			
Tourist Attractions	旅遊景點	Local delicacies/ Agricultural Products	當地美食 ／農特產
Crescent Bay	月牙灣	Duck Egg	鴨蛋
Guangcai Wetland Ecological Education Park	光采濕地	Grouper	石斑魚
Qifeng Wetland/Qingzhou Coastal Recreation Area	崎峰濕地／青洲濱海遊憩區	Wax Apple	黑珍珠蓮霧

Liuqiu Township（琉球鄉）			
Tourist Attractions	旅遊景點	Local delicacies/ Agricultural Products	當地美食 ／農特產
Liuqiu Landscape Ecology	小琉球地景生態	Dolphinfish Crisp	鬼頭刀酥
		Dried Purple Laver	紫菜蘇

		Flattened Dried Squid	手工魷魚片
		Neritic Squid	小卷
		Fried Twisted Roll	麻花捲

Manzhou Township（滿州鄉）			
Tourist Attractions	旅遊景點	Local delicacies/ Agricultural Products	當地美食／農特產
Bitou Grassland	鼻頭草原	Atlantic Sailfish	芭蕉旗魚
Gangkou Suspension Bridge	滿州港口吊橋	Dragon Fruit	紅龍果
Jiupeng Desert	九棚大沙漠	Flying Fish	飛魚
Jialeshuei Scenic Area	佳樂水	Gankou Tea (Oolong Tea)	港口茶（烏龍茶）
Xizaikou Conservation Area	溪仔口	Nostoc Commune (Star Jelly)	雨來菇（情人的眼淚）

Nanzhou Township（南州鄉）			
Tourist Attractions	旅遊景點	Local delicacies/ Agricultural Products	當地美食／農特產
		Bitter Gourd	苦瓜
		Wax Apple	黑珍珠蓮霧

Wandan Township（萬丹鄉）			
Tourist Attractions	旅遊景點	Local delicacies/ Agricultural Products	當地美食／農特產
		Milk	牛奶
		Red Bean	紅豆
		Red Bean Cake	紅豆餅
		Seafood Soup Rice	海鮮飯湯

Xinyuan Township（新園鄉）			
Tourist Attractions	旅遊景點	Agricultural Products	農特產

		Celery Tube	芹菜管
		Wayaka Yambean	豆薯
Yanpu Township（鹽埔鄉）			
Tourist Attractions	旅遊景點	Agricultural Products	農特產
		Indian Jujube	蜜棗
		Indigenous Mango	土芒果
		Lemon	檸檬
		Wax Apple	黑珍珠蓮霧

國家圖書館出版品預行編目資料

屏東學概論／李錦旭，李馨慈，郭東雄，佐藤
敏洋，余昭玟，林秀蓉，黃文車，張繼文，
周明傑，賀瑞麟，易毅成，余慧珠，潘怡靜
著.--二版.--臺北市：五南圖書出版股份有
限公司，2024.09
面；　公分

ISBN 978-626-366-636-8(平裝)

1.區域研究　2.文集
3.屏東縣

733.9/135.07　　　　　　　112015725

1XF7

屏東學概論

主　　　編 — 李錦旭

作　　　者 — 李錦旭　李馨慈　郭東雄　佐藤敏洋

　　　　　　余昭玟　林秀蓉　黃文車　張繼文　周明傑

　　　　　　賀瑞麟　易毅成　余慧珠　潘怡靜 (依章序排)

企劃主編 — 黃惠娟

責任編輯 — 魯曉玟

封面設計 — 黃聖文、姚孝慈

出 版 者 — 五南圖書出版股份有限公司

發 行 人 — 楊榮川

總 經 理 — 楊士清

總 編 輯 — 楊秀麗

地　　　址：106台北市大安區和平東路二段339號4樓

電　　　話：(02)2705-5066　　傳　　真：(02)2706-6100

網　　　址：https://www.wunan.com.tw

電子郵件：wunan@wunan.com.tw

劃撥帳號：01068953

戶　　　名：五南圖書出版股份有限公司

法律顧問　林勝安律師

出版日期　2018年10月初版一刷（共三刷）
　　　　　　2024年 9 月二版一刷

定　　　價　新臺幣530元

經典永恆・名著常在

五十週年的獻禮——經典名著文庫

五南，五十年了，半個世紀，人生旅程的一大半，走過來了。

思索著，邁向百年的未來歷程，能為知識界、文化學術界作些什麼？

在速食文化的生態下，有什麼值得讓人雋永品味的？

歷代經典・當今名著，經過時間的洗禮，千錘百鍊，流傳至今，光芒耀人；

不僅使我們能領悟前人的智慧，同時也增深加廣我們思考的深度與視野。

我們決心投入巨資，有計畫的系統梳選，成立「經典名著文庫」，

希望收入古今中外思想性的、充滿睿智與獨見的經典、名著。

這是一項理想性的、永續性的巨大出版工程。

不在意讀者的眾寡，只考慮它的學術價值，力求完整展現先哲思想的軌跡；

為知識界開啟一片智慧之窗，營造一座百花綻放的世界文明公園，

任君遨遊、取菁吸蜜、嘉惠學子！